成为最有价值的专业化管理咨询公司！

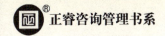正睿咨询管理书系

The Way of Enterprise Reform

THE ENTERPRISE CULTURE CONSTRUCTION AND TEAM BUILDING

企业变革之道

——企业文化构建与团队打造

金 涛◎著

企业变革最重要的是文化与团队的改造

文化培育团队，团队传承文化

企业管理出版社
EMPH ENTERPRISE MANAGEMENT PUBLISHING HOUSE

图书在版编目（CIP）数据

企业变革之道：企业文化构建与团队打造／金涛著
. — 北京：企业管理出版社，2014.6
ISBN 978-7-5164-0836-0

Ⅰ.①企…　Ⅱ.①金…　Ⅲ.①企业文化—研究②企业
管理—研究　Ⅳ.①F270

中国版本图书馆 CIP 数据核字（2014）第 110041 号

书　　名：企业变革之道——企业文化构建与团队打造
作　　者：金　涛
选题策划：刘　刚
责任编辑：程静涵
书　　号：ISBN 978-7-5164-0836-0
出版发行：企业管理出版社
地　　址：北京市海淀区紫竹院南路 17 号　邮编：100048
网　　址：http：//www.emph.cn
电　　话：总编室（010）68701719　发行部（010）68414644
　　　　　编辑部（010）68701891　　（010）68701661
电子信箱：emph003@sina.cn
印　　刷：三河市南阳印刷有限公司
经　　销：新华书店
规　　格：170 毫米×240 毫米　16 开本　15 印张　220 千字
版　　次：2014 年 7 月第 1 版　2014 年 7 月第 1 次印刷
定　　价：42.00 元

序　言

从事企业管理咨询行业十几年来，我服务过大大小小 300 多家企业，见证了中国市场经济在这十几年来的高速发展，对中国企业的现状和发展规律有比较深刻的认识。

中国的改革开放走到今天，市场经济改革的大船已然驶入了"深水区"。在刚落幕的十八届三中全会上，明确提出"经济体制改革是全面深化改革的重点"，并确定了"市场在资源配置中起决定性作用"。这对中国数量上占绝大多数的民营企业来讲，是很大的福音。

中国正处于大转型、大迁移、大变革、大整合、大发展的时代。中国企业发展到今天已经走到了"十字路口"。物竞天择，适者生存。中国企业在这个历史"大变局"中该何去何从？中国企业在日益激烈的市场竞争环境中，是固步自封还是勇于进取？是变革突围还是墨守成规？

企业变革势在必行！

企业变革最需要的是什么？

文化与人才！

本书中我们着重从文化打造和团队打造两个方面具体阐述企业如何进行变革。

企业文化对企业的发展至关重要，它就像水里的盐一样，看不到，但却又无处不在。好的企业文化无形中就会对企业的员工有很好的约束和影响，不好的企业文化对企业的发展会造成巨大的成本消耗。

企业里的每一位员工都能深切感受到企业文化的存在，但是，它是如何存在的？形成的原因和机制是怎样的？它是如何影响到企业的发展的？

企业如何打造好的企业文化？在企业文化中，企业领导者又扮演着什么样的角色……这些问题就像谜一样困惑着他们。

所有这些问题也困惑着企业里的很多管理者。对此，我们也进行了长期的思考、研究和实践，在这个过程中我们逐渐掌握了企业文化的一些规律。企业文化本身就像一个生命体一样，它的起源、生长、发展和消亡等规律是不以人的意志为转移的，但是企业文化无疑是跟"人"有很大的关系。没有了企业老板以及所有员工的共同参与，就没有企业文化的完成。

所以，企业文化纵有千条万条，第一条就是关注"人"，关注、影响和造就企业里所有"人"的感情、成长等。离开了对企业里所有"人"的关注、影响和造就，企业文化就是"无源之水，无本之木"。

古希腊哲学家迪奥金尼斯大白天提着灯笼在雅典的市集上"找人"，他不停地在问："人啊，你在哪里？"当时的雅典经济繁荣，但拜金主义、享乐主义盛行，人们把大部分时间都消磨在了物欲享受上了，人本质的东西在丢失沦丧。企业文化同样也是如此，好的企业文化就是关注人、影响人和造就人，让人能够为企业、为社会创造更多的物质和精神的财富，实现每个人的人生价值。

其实，企业里很多的问题最终都能在企业文化上找到根子。很多企业员工的流失率很高，他们在离开前可能会说"这家企业并不适合我"、"这里的氛围不好"、"这里没有家的感觉"、"我在这里没有朋友"、"我在这里很不开心"……其实这些问题的背后都是企业文化的问题。很多职业经理人跟企业老板之间矛盾重重的背后，很大程度上是因为他们适应不了企业的文化，而这企业文化本身又跟企业老板有着千丝万缕的关系。

按照美国"企业文化之父"埃德加·沙因的观点：企业文化的原点是老板，老板的言行、风格、意志等通过各种渠道首先影响到高层管理者，然后又经过高层管理者传播到中层管理者，最终渗透到基层员工。IBM 总裁郭士纳也说过：企业文化就是老板的影子。这在某种程度上表明了企业老板在企业文化形成中的重要作用。企业老板对企业文化的影响至关重要，但也并不代表着企业老板可以"为所欲为"。因为企业老板如果用不好的方式在做事情，企业文化在形成和传播的过程中，这种错误会被逐渐积累和放大。错误的积累和放大又会反过来倒逼着企业老板去纠正自己的错误，形成一种健康的企业文化。因为，我们的基本假设是：每一位企业老板都想把企业做大做强，他们之所以采用错误的方式，是因为他们并不知道那是错误的方式或者不知道正确的方式是什么。

如果说企业文化是企业变革的"木本水源"，那么人才是企业在这个"大变局"中突出重围的唯一法宝，而拥有一批能征善战的团队更是企业"杀出一条血路"的关键。人才从哪里来？无非就两种：一种是"挖"过来；一种是"造"出来。这两种方式各有利弊。企业"挖"过来的人固然可以迅速"拿来就用"，但是其对企业发展的历史、文化以及团队的融合需要时间，并且不一定会成功，这种挖人失败的案例比比皆是，最关键是挖来的人没留住，原有的团队也不稳定。企业"造"出来的人需要较长时间的选拔、培养等，但是对公司的文化、情感等都有较强的认同度、忠诚度。但归根到底，人才都不是天生的，人才的培养、成长和发展有其自身的规律。在这个问题上，我们更倾向于"造"人才，而不是"挖"人才。"挖"人才是权宜之计，"造"人才是战略之道；"挖"人才只是解决输血问题，"造"人才是解决造血问题。任何一家企业只有能够源源不断地打造出自己的团队，才能在激烈的市场竞争中立于不败之地，才能够在这"大变局"中突出重围！

团队打造之前首先要对当今的时代以及团队成员的定位有清醒而准确的认识。在这个问题上，我们的基本判断是：当今时代是合作共赢的时代，这是时代的基调；对团队成员的定位是"合作"，而非简单的"雇佣"。这也是我们所认为的现代企业运行的基本原理。团队打造是牵扯管理者和被管理者双方的事情。我经常说的一句话就是：管理重在管人，管人就是管心，管心就是关心，关心才能交心，交心才能真心，真心才能用心。管人就是要把人的心"关住"。如何把人的心"关住"？这就需要管理者注意下属的观念和心态变化，并且要及时地进行调整。对领导者而言，领导者的布道也是团队打造的重要内容，领导布道，主要是布自然之道、布经营之道、布正义之道、布仁爱之道。通过领导的反复布道，最终达成企业信仰的形成，好的企业是造出道德高尚的人才，才有好的产品。企业信仰的形成，意味着企业真正有了自己的"魂"，这种企业的团队会更有归属感、凝聚力和战斗力！

　　总之，企业文化的建设和团队的打造是一个长期的工程，是一个伴随着企业的发展永不停息的过程，需要投入巨大的心血和精力。希望我们的这本书能够给咨询行业的同行们、企业界的老板、职业经理人以及所有热爱企业咨询和管理的人们带去帮助。同时，我也衷心希望所有企业在这历史的"大变局"中能够成功实现转型升级！

2013. 11. 20

THE WAY OF ENTERPRISE REFORM—

THE ENTERPRISE CULTURE CONSTRUCTION AND TEAM BUILDING

目录

序 言

第一篇　企业文化构建

第一章　管理，从了解人性开始

学管理从了解人性开始，着重在于心理学和行为学。"文化"的本质是同化，同化的规律是以多胜少。

第二章　企业文化构建

管理源于认同，认同源于接受，接受源于调整心态，调整心态源于改变环境，改变环境源于树立榜样。缺什么，树什么；树什么，得什么。

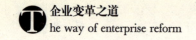

第三章　企业文化传承

企业文化构建，其核心是用标准去同化。企业文化的标准是要坚持，变来变去的标准就失去了同化的力量，更谈不上企业文化的传承，也谈不上健康文化的建设。

第二篇　团队打造

第四章　合作共赢，大势所趋

全球一体化、经济全球化的时代，强调的是合作、分工、共赢的理念。雇佣关系越来越淡化，合作态势越来越明显，这已是不争的事实，亦是大势所趋。

第五章　实现合作的两个前提

合作成功首先要过两道关——财富关和困难关，这是合作成功的基本前提；合作成功的另一个基本前提是责任共担、利益共享。

第六章　夯实合作关系——团队

中国式团队打造的基本特点是：要管事，先管人；要管人，先管心。团队打造的最高境界是实现自动化运作。

第七章　管理的核心在于调整员工的观念和心态

让利益的归利益，让感情的归感情。这就是交付，这才是真正的关心。我们关心员工不要带有利益、投机、投资的动机，我们要真正去理解员工，去发现他的内心诉求。

第八章　团队打造的关键在于领导

一个懂得布道的老板有两大标准：行动有感召力，语言有感染力。这也是老板不断修炼的过程，影响力不断塑造的过程。这种影响力是无形的，是企业的"魂"，懂得布道的老板是企业的"精神领袖"，他们可以振臂一呼应者云集。

第九章　企业信仰的形成

团队打造的关键在于领导，老板要通过这个方式尽力强化企业与员工之间的信任感。

The way of enterprise reform—
The enterprise culture construction
and team building

第一篇

企业文化构建

第一章
管理，从了解人性开始

学管理从了解人性开始，着重在于心理学和行为学。"文化"的本质是同化，同化的规律是以多胜少。

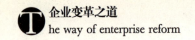

第一节　XYZ 理论对人性的理解

企业文化的整个设计，这本书的整个理论和背景，都是从企业的管理开始的。我对管理的理解是管理要从了解人性开始。管理要从了解人性开始，为什么这么说呢？这要从管理的起源说起。我们都知道，在封建时期我们国家的主要经济形态是自然经济，它是一种以家庭为单位的自我生产自我满足的经济形态。在这样一个经济形态中，我们能不能说有管理呢？严格地说，管理是不存在的。当然，你可以说存在管理，但是这个"管理"就不是那么的严格了，意义显得很随意了。这顶多算是一个"自我管理"，我每天都计划着很多事情，比如买多少原料、生产工具的维修、今天生产什么、生产多少等。等到资本主义经济兴起，交易开始变得频繁。在这种环境下，人们的逐利诉求被大大地激起。

这个时候，有的人想要突破原有的"经营规模"，想着扩大规模，以此赚取利润。这个最初的老板面对的事情就多了，他自己一个人肯定是做不了的，必然要雇佣工人来做事。随着生意规模的扩大，更有相关职能部门的划分，老板下面还会出现相应的管理人员去监督各部门工人作业情况。我们看到，作为老板和管理人员最终关心的是"事情"，因为事情做好了才会有利润。但是事情和利润的前面工序是工人，管理就成为指导、监督工人，这样可以间接地实现对"事情"的把控。可见，管理是和人打交道的，要想把工人的指导监督工作做好就必须要了解人。怎么了解人？人的外貌等是我们关心的，但是还不是终点。我们管理者最关心的是这个人在想什么。我们要想知道这个人在想什么，就必须弄清楚是什么在支配这个人的思维。那么是什么在支配着人的想法呢？我们中国人喜欢把这个东西叫做人性，西方人喜欢把这个东西叫做基本假设（西方人称之为假设，主要是因为这只代表个人精神层面的东西，不代表所有人都认可自己坚信的这些观念，况且这些观念既有一些事实可以肯定它也有一些事实可以反对它，为了科学起见，把这个叫做基本假设）。在后面我们会逐渐认识到这个人性或者说基本假设就是我们所说的人生观、世界观和价值观等这些核心观念。这些核心的观念也是企业文化中愿景使命的来源。因此，管理要从了解人性开始。

管理要从了解人性开始，这是对管理工作作出的方向性指引。但是人性是个很复杂的东西，各种理论与实践对它的探讨非常繁复。比如我们非常熟知的有心理学、行为学以及各种宗教等。就管理实践和管理学角度来说，对人性的理解主要是有三种假设。从这三种基本假设出发，就衍生出了各类管理理论和方法。如图 1-1 所示，这三种理论分别是 X 理论、Y 理论、Z 理论。我们可以把它理解成三个类型，即 X 型、Y 型、Z 型，这三种类型正好代表的是三种类型的人。在这里，看到这个划分，我一直在想，中国人和西方人之间难道差别真的是很大吗？其实人的本性是一码事，只是各个国家对人性的约束或者鼓励机制是不一样的。

类型	特点	管理方法	目的
X 型人	贪婪、自私、被动	指导与控制	
Y 型人	进取、公正、主动	指导、培养	思想和行为的约束
Z 型人	理想、民主、自动	提供平台与环境	

图 1-1 XYZ 理论特点及管理方法

最近有个新闻，在加拿大，一个中国留学生被人肢解，然后尸块被凶手邮寄。中国人有凶狠的，外国人也有。外国也有很多要饭的，很多可怜的，很多极端分子。中国人也是一样，人的本性是一样的。关于人性的理解，中国人叫"人之初，性本善"，西方人叫"人之初，性本恶"。本善和本恶其实是一样的。性本来就是无所谓善恶。我把它总结为"有欲就有恶"，没有欲望就没有恶。虽然说有欲望的时候，你所有的消耗，人一辈子所有的消耗，你所有的需求，都是侵占了别人。说句实话，你本来就是你，本来就没有你。这个世界就是这样，你本来就是无，本来就没有你。

你从诞生那天起，你就有了需求。你要穿衣服，你要吸收大自然的水分，你要吃东西，这些都不是你的。这些是地球的，是别人的，是其他部分的。但是这些是你的需求，你的需求是什么，你一旦有这种需求，就是一种侵占，所以我把它理解成人性无所谓善恶。有欲则恶，无欲则善。其实就这么简单。

管理学把人分成三类人。X 型人是贪婪，自私和被动的。X 型人本来就是被动贪婪自私的人，他的整个思维方式、思维倾向，包括他的主动。对这种人有相应的管理方法，那就是指导与控制。我们整个的中国历史延续至今，经历了很多时期，从母系氏到父系氏，再到奴隶制、封建制，然后到今天。古代的时候，我们通常是在用这种方法在做管理，用 X 理论是指导与控制，就把人性理解到这个层面了。

Y 型人是进取、公正、主动的。这种人是可以培养的，这种人的管理方法是指导和培养，当然这个和上面的有共同点是指导，培养就是教育。我在这里把它理解成为儒家思想也就是孔子的观点，他把人理解成为这种类型的。他的整个管理实践应该就是用这个管理方法来进行教化的，教化、开化人的思维，应该是这么一种方式。儒家的这个管理思想就是 Y 理论。这里就有了一个明显的区别。当然这套理论不是中国人发明的，是西方人发明的。

Z 型人是理想、民主，讲究的是公平，是自动的。这种人的个性需求是非常强的。Z 理论的管理方法，也就是我们现在的管理模式，大部分是提供管理平台和环境给他，让他去发挥，发挥每个人的潜力，发挥每个人的个性，张扬每个人的个性，发挥他们的能力。

我们可以从这三种理论的特点中看出最明显的直接区别：一个是被动的，一个是主动的，一个是自动的。这三种理论支撑着整个管理界理论的延续，这些管理理论的根源就是来源于心理学和行为学。我们可以把管理的来源浓缩到这么简单，简单的就是这么几句话。那么这些理论的目的是什么，其实就是实现对人的思想和行为的约束。这是所有管理理论的共同目的。这就是管理，管人就是约束思维和约束行为，两者同时起步。

第二节　管理的核心

　　前面我讲到管理要从了解人性开始，分成 X、Y、Z 三种类型的理论。在开始，我们再来分析一下。我们企业的管理通常是有三个阶段：一个是人情化，一个是制度化，一个是人性化。我们暂且不谈人性化，也不谈人情化。我们就谈制度化。管理的核心是什么？如图 1－2 所示，我们可以看出：管思想进而管行为是管理的核心。企业现在普遍都在用制度化管理，这在管理界是一个很大的进步。制度化管理是把很多事情变成标准，是约束大家的思想和行为的一种管理方法。在这里，我把它理解成制度规章管理与我们的企业文化管理的区别。制度代表有强制性的有形约束，被动的行为，是不得不做的，是要别人做的。它是这么一个类型的：它是强制的，是外在的。

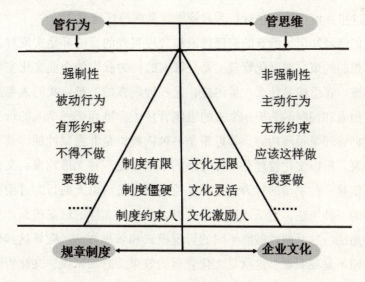

图 1－2　管理的核心

　　我们可以从两个对人性的控制理论与方法来讲，它们分别是外控和内控。制度规章是一种外控，是外在给一个人的。有的时候我们会很困惑，我们这些人来到这个地球，这个地球这么大，既不是你的，也不是别人的。为什么住一个地方，买套房子还要花钱？为什么人一来到这个世界上没有一块东西是属于你自己的？我们所有的东西都是要花钱的，我们找一个住的地方是要花钱的，吃东西比如去摘一个果子是要花钱的。我们有的时候想不明白，但是没办法，你是被社会框住了。框住你的这些是整个社会和整个人类群体共同的游戏规则，你是破坏不了的。这是外在给你的，你还没出生的时候，它们就存在了，你从出生的时候就被整个规则限制了。这叫什么？这叫外控。这不是你自己内心的自我约束、自我控制，是外人给你的，这是一种外控的力量。要按照制度办事，这是管行为的方法。制度管理就是约束行为，就是外控。那我们的企业文化这块是管什么呢？管思维。约束了行为就是约束了思想，这是很多人的理解。但是我经过长时间的思考，认为这个说法是有问题的。约束了行为就约束了思想，这个说法是错误的，我以前也这么认为过。其实，我们约束了他的行为，而他的内心思想和他被要求做出来的行为之间是没有必然因果关系的。问题就在这里。所以我们说管行为和管思维是两种管理方式。

我们已经知道了所有的管理理论和管理实践的目的都是实现对人的行为与思想的约束。制度化管理主要是管人的行为我们的企业文化主要是管人的思维。管思维是什么？是内控，是一种内在的力量。我们人都是被一种思想约束和控制的。把一个人的思维管住了，进而把一个人的行为管住了，这种管理是很成功的。管思想是一种内控，是非强制性的，是一种无形的约束。所以文化管理是一种无形的东西，是一种无形约束，文化管理的结果就是一种主动的行为。它不是通过制度去约束人的行为进而产生企业想要的一种想法，它是通过人的思想去接触什么样的信息进而产生相应的一种想法。这是两种截然不同的管理模式和管理方法。应该这样做，我要做，而不是要我做，这就是文化管理的效果。总的来说，文化管理是管思想的过程，制度规章是管行为的方法。我们通过这两种管理模式才能把人管住，实现对思想和行为的约束。所以，大家在图 1－2 上可以看出行为和思想之间也是互动的。管住了思维，思维决定了行为。管住了行为，也就带来了约束行为之后的思维。

我们再做一个对比：制度是从管行为入手，文化是从管思维入手。制度是有限的，是规范不完的，很多事情是写不到、写不清楚是触及不到的。某种程度上来说，制度是不可能淋漓尽致的。美国的法律200多年了，一直在改。中国的法律也是一直在改。我们企业里的管理制度有的一年改一次，甚至是一年改几次的。换一种人，换一套管理制度，它是不一样的。它是有限的，很多是在制度的边缘。为什么很多人杀了人，法律不能制裁他，原因是什么？法律还没包括进去这些犯罪行为，法律还没有规定的那么细致，因为你甚至还没有想到这个行为，这个事情还没发生过。所以说规章制度是有限的。我们说文化是无限的，这怎么理解呢？文化是一种无形约束。制度是僵硬的，而文化是灵活的；制度重在约束，文化重在激励、对内在潜力的激发。所以，这两种模式就说明了我们企业管理是制度化管理重要还是文化管理重要。当然都重要。但是现在很多企业都只重视制度管理，再小点的企业连这个都没有。这种情况就是还没有提升到管理的层次。很多企业都重视规章制度管理，不重视企业文化这块。这就是核心，所以我为什么要把企业文化的系统思想、系统的逻辑整理出来，原因就在这里。因为我深知企业文化的重要性。企业文化对一个企业，对一个管理方法和管理模式来说是非常重要的，甚至比制度还要重要。一个是从思想入手，一个是从行为入手；一个是从外控入手，一个是从内控入手。这是两种不同的概念。总之，管理的核心是管思维，进而管行为。

我们把管理方式分成制度化管理和企业文化管理两种方式，并不是严格意义上作出的划分。其实我们把管理拆分开来，一种就是制度，它是看得见摸得到的，包括了从企业愿景使命到具体规章等，这是企业管理当中的硬件部分，但是这只是企业文化的表层或者说是物质形式。我们看得出，制度等也是企业文化的一部分，但是我们这里所说的企业文化更多的时候是企业文化深层的东西，也就是我们企业关于内外部环境、人、事的一系列基本假设。这些假设是企业文化最深层次的东西，它们随后会衍生出我们通常看到的这些文字表述和图像表现。这是第一点需要注意的。第二点需要注意的是我们为什么单独说制度化管理。原因在于我们很多企业在管理上太注重技术层面的方法与工具的运用，缺少对问题根源做深层次的文化剖析，所以我们看到很多企业管理是很落后的，很僵硬的。企业文化管理就是为了解决这种管理现状。管理的最高境界是自动化管理，每个人都是积极主动的。这一境界如何达到，就我们的探索而言要依靠企业文化的打造，来实现管理的高层次推进即企业文化管理。企业文化最终要的是同化，要的是动力。动力怎么来？动力最终靠的是信仰，主要的还是要从精神那里获取。我们企业上下只有把企业文化当成了我们共有的思维习惯、生活习惯和行为习惯，我们才能最有效地平衡内部差异，共同应对激烈的外部竞争。

第三节　企业文化的定义

在谈到企业文化的概念时，我们先来看一个奥斯集团的案例。在奥斯集团，企业文化构建渗透在了公司运营管理的各个层面和环节。其中他们最主要的是坚决贯彻一个"按价值规律办事"的理念原则，这个原则体现在公司每个运营管理环节和每个具体事项上了。比如商务中心的设立与运营。

在企业内设商务中心，各部门打字、复印、油印、传真等，均实行经济结算，这也许是奥斯集团首创。商务中心以市场化交易方式，提供开放式的有偿服务，按照经济价值规律自主经营，自我管理。

在承包前，打字室一张纸、一盒油墨都要填采购计划单，公司派专人采购、入库，打字室再开领料单，经批准后领用，程序非常繁琐。如果是设备坏了，那更麻烦，要写维修申请单，报办公室审批，时值办公室主任出差，只好等他回来。假如5天后主任回来了，一看维修预算要5000元，还得向办公室主任请示。经同意后，再联系维修人员，等设备恢复运行时，已经一个星期过去了，严重影响工作效率。

承包后，打字员自己当家作主，设备坏了，一个电话，维修工召之即来，不管花费多少钱，自行可以作主，24小时内修复。商务中心每一个字、每一次复印、传真都包含着经济价值，即使快下班时有人来打印，她们也会爽快地接受，并自觉加班将工作完成，因为这种高效率所带来的是丰厚的经济回报。这就是"人人当家作主、效率就是回报"的体现。现在，到商务中心打印，不论职务高低，一视同仁。有时遇到市场部打印标书等大宗紧急业务，连总裁的讲话稿也得暂时搁在一边等候。近期，有一批总裁的讲话录音交给商务中心整理，由于要边听边录入，特别费劲，所以尽管是"老总要的东西，做得好了是大功一件"，商务中心的两组承包人也还是接单不热衷。最后提出按标准的3倍付费，两组就抢着要得到这笔业务。可见"老总的话"，在"钱的话"面前也要败下阵来。

此外，大家感受更深的是，进行市场化运作后，人们到商务中心去，面对的再也不是冰冷漠然的脸孔，而是发自内心的热情与微笑。

我们谈到企业文化，很多时候人们把它理解成一种道德观念和价值观念。这个说法提到了企业文化最核心的东西：思维方式是企业文化的内核。但是这个内核还不是企业文化的全部。那么，企业文化到底是什么呢？我们先来看文化。文化一般是分成三种方式：思维方式、行为方式和人的生活方式。这三种方式是相互关联的，最根本的还是思维方式，思维方式的调整也是最困难的。有句话叫做世上最困难的事情就是让别人接受你的思想和把别人口袋里的钱装进自己的口袋里。上文奥斯集团为了节约成本提高效率减少浪费等，就必须要把"按经济价值规律办事"这条原则贯彻下去，所以实行了承包制的运作机制，利弊得失很快就显现出来了。在效益面前，抵触这种做法和这种观念的人也是哑口无言，而且收获了更多意想不到的良好效果。如此去做，我们还愁员工们的思维方式调不过来吗？还愁员工产生不了企业所希望的的行为方式吗？我们看到：企业文化是让人产生正确的思想和正确的行为的无形之手。

关于企业文化，我们做了这样一个总结：企业文化是让人产生正确的思想和正确的行为的无形之手；企业文化是思维方式、行为方式和生活方式。企业文化就如同环境、空气和土壤等，人的习惯就是在这个里面养成的。既然我们知道了企业文化是从思想、从思维这块入手，显而易见，企业文化很重要。把管理提升到企业文化管理这个高度成为很多企业当前最殷切的期盼了。企业文化管理又是什么呢？企业文化管理，当然不是企业管理了，是指统一人们的思维方式，让其产生正确的行为。这其实就是企业文化产生、打造和传承的一个过程，这个过程就是企业文化管理。这里，我们还是要注意到企业文化和企业文化管理这两个概念。这是两个不同的概念。企业文化是偏重于"文"，偏重于企业理念价值观的文字陈述；企业文化管理当然就是对这些理念价值观的宣传导入，也就是"化"的过程。关于"文"与"化"，在后面章节我会有详细剖析。上面的分析让大家了解了企业文化的重要性。企业文化渗透在企业经营管理的各个环节，所以企业文化是企业文化管理永恒的主题。从我们企业刚开始创建，管理的整个过程，它的核心就是企业文化管理。企业管理最长远、最有效、最核心、最基础、最困难、最重视的应该就是企业文化管理。

第四节　企业文化是管理的根本

一、管理问题是个企业文化的问题

企业管理中出现的问题归根结底是个企业文化的问题，管理背后是管理层和员工观念冲突或协调的实情。

企业管理最缺少的是什么，是制度吗？不是！有很多企业制度做得非常好，但效果却不理想，这是为什么？我们管理者总是头疼于这些问题找不到根本性的解决方案，这是为什么？原因就在于我们很多企业和管理者没有"文化"，不懂企业文化，对企业文化的理解还停留在表面。其实我们把管理拆分开来，一种就是制度，它看得见摸得到，包括了从企业愿景使命到具体规章等，这是企业管理当中的硬件部分，但是这只是企业文化的表层或者说是物质形式。我们在管理上太注重技术层面的方法与工具的运用，缺少对问题根源即看待问题的角度的认识。要知道，企业文化最终要的是同化，要的是动力。动力怎么来？动力最终靠的是信仰而来。我们企业上下只有把我们的企业文化当成了我们内心的信仰，才能最有效地平衡内部差异，共同应对激烈的外部竞争。企业信仰成为现实了，沟通、协调、执行等方面出现的困局与障碍就不是什么大问题了。

二、管理的四个层次

管理的四个层次分别为： 经验管理、科学管理、管理科学和文化管理。

1. 经验管理

经验管理主要是指生产工人靠师傅带徒弟的方式传授技艺工人根据师傅传授的技艺和工作积累的经验从事操作。管理人员也是靠以师带徒传授个人经验的方法来培养新手。

优点：

（1）经验管理模式具有灵活性。教育管理的对象是复杂多样、不断变化的，管理中所发生的每一件事都有着自己的环境和条件，有着它自己的具体情况，不可能都按照同一个原则处理。对类似问题的处理，经验可以给管理者提供一个参照，这种参照可能是经验，也可能是教训，它可以让管理者灵活地进行调整，发挥管理的艺术性。

（2）经验管理模式可信度高。有例在先，令人信服。经验可以使管理者有效地避开工作中的陷阱和暗礁，提高工作绩效。有经验的管理者也更有号召力、权威性，令行禁止，有利于工作的开展。经验也是管理理论发展完美的物质基础。

缺点：

（1）缺乏理性的、深层的思考。就经验而言，感性的成份比较大，没有上升到理性的高度进行深入的分析。遇事只告诉人们应当怎样做，不应怎样做，无法解释为什么。这就使管理者在管理的过程中，很难得到理性的指导。

（2）经验有局限性，缺乏普遍的指导意义。管理过程中，不同的事件在发生时都有其各自的条件和特点，即使是同一所学校、同一个管理者，遇到类似的问题，处理起来也很难完全一样，更何况世上没有万能的经验和不变的工作情况。

（3）经验有惰性，常引导人向后看，不向前看。正是这些依经验处理问题的成功体验，使得经验论者遇事总爱回想过去，沉浸在过去的成功之中。他们总爱说"想当年……"，而很少想未来怎样。囿于经验的人，往往缺乏开拓性。

2. 科学管理

科学管理以美国 F．W．泰罗（又译为：F．W．泰勒）为代表的管理阶段、管理理论和制度的统称。又称古典管理理论、传统管理理论。20世纪初产生，在西方一直延续到20世纪40年代。泰罗把科学管理概括为：科学，而不是单凭经验办事；和谐，而不是合作；合作，而不是个人主义；以最大限度的产出，取代有限的产出，每人都发挥最大的工作效率，获得最大的成功，就是用高效率的生产方式代替低成本的生产方式，以加强劳动力成本控制。工作主要是通过时间和动作研究及工作分析来达到这一目标。

优点：

（1）在历史上第一次使管理从经验上升为科学。泰勒科学管理的最大贡献在于泰勒所提倡的在管理中运用科学方法和他本人的科学实践精神。泰勒科学管理的精髓是用精确的调查研究和科学知识来代替个人的判断、意见和经验。

泰勒在进行科学管理的研究时以及在推行他的科学管理的过程中遇到了巨大的阻力，有来自工人阶层的，也有来自于雇主们的。但泰勒没有屈服，坚忍不拔，百折不挠，为科学管理献出了自己的毕生精力。

（2）讲求效率的优化思想和调查研究的科学方法。泰勒理论的核心是寻求最佳工作方法，追求最高生产效率。泰勒和他的同事创造和发展了一系列有助于提高生产效率的技术和方法。如时间与动作研究技术和差别计件工资制等。这些技术和方法不仅是过去，而且也是近代合理组织生产的基础。

科学管理与传统管理相比，一个靠科学地制定操作规程和改进管理，另一个靠拼体力和时间；一个靠金钱刺激，另一个靠饥饿政策。从这几点看，科学管理有了很大的进步。

缺点：

（1）泰勒对工人的看法是错误的。他认为工人的主要动机是经济的，工人最关心的是提高自己的金钱收入，即坚持"经济人"的假设。他还认为工人只有单独劳动才能好好干，集体的鼓励通常是无效的。

（2）"泰勒制"仅解决了个别具体工作的作业效率问题，而没有解决企业作为一个整体如何经营和管理的问题。

3. 管理科学

现代管理理论是以"系统理论"、"决策理论"、"管理科学理论"等学派为代表，其特点是以系统论、信息论、控制论为其理论基础，应用数学模型和电子计算机手段来研究解决各种管理问题。

20世纪80年代管理科学已涉及战略规划和战略决策，以进一步优化组织和管理，提高效益。管理科学学派借助于数学模型和计算机技术研究管理问题，重点研究的是操作方法和作业方面的管理问题。现在管理科学也有向组织更高层次发展的趋势，但目前完全采用管理科学的定量方法来解决复杂环境下的组织问题还面临着许多实际困难。管理科学学派一般只研究生产的物质过程，注意管理中应用的先进工具和科学方法，不够注意管理中人的作用，这是它的不足之处。

优点：

（1）使复杂的、大型的问题有可能分解为较小的部分，更便于诊断和处理。

（2）制作与分析模式必须重视细节并遵循逻辑程序，这样就把决策置于系统研究的基础上，增进决策的科学性。

（3）有助于管理人员估价不同的可能选择，如果明确各种方案包含的风险与机会，便更有可能作出正确的选择。

缺点：

（1）管理科学学派的适用范围有限，并不是所有管理问题都是能够定量的，这就影响了它的使用范围。例如，有些管理问题往往涉及许多复杂的社会因素，这些因素大都比较微妙，难以定量，当然就难以采用管理科学的方法去解决。

（2）实际解决问题中存在许多困难。管理人员与管理科学专家之间容易产生隔阂。实际的管理人员可能对复杂、精密的数学方法很少理解，无法做出正确评价。而另一方面，管理科学专家一般又不了解企业经营的实际工作情况，因而提供的方案不能切中要害，解决问题。这样，双方就难以进行合作。

（3）采用此种方法大都需要相当数量的费用和时间。由于人们考虑到费用问题，也使它往往只是用于那些大规模的复杂项目。这一点，也使它的应用范围受到限制。因此，管理科学不是万能的，我们要充分认识到它是一种重要的管理技术和方法，而起决定作用的还是人。所以，管理人员要尽快地掌握管理科学，使之与各种管理技术、管理方法相符合，以便发挥更大的作用。

4. 文化管理

从管理发展的总体趋势看，文化管理是对科学管理的新发展，是管理适应现代社会经济发展大趋势的必然选择，管理实践应当充分体现文化管理的基本精神。文化管理就是从文化的高度来管理企业，以文化为基础，强调人的能动作用，强调团队精神和情感管理，管理的重点在于人的思想和观念。

优点：

管理的核心是管心。上述三个管理层次的管理运用了各种方法做管事和管人的工作，没有考虑人心的事情。文化管理就是要解决人心的问题。因此，上述三个管理层次充其量只是文化辅助工具，它们还是停留在管理的表层，真正深入到管理内层的是文化管理。文化管理之所以能够胜出就是因为它对人的了解是全面的。简言之，企业文化构建是企业运营与管理的核心工程。

第二章
企业文化构建

　　管理源于认同，认同源于接受，接受源于调整心态，调整心态源于改变环境，改变环境源于树立榜样。缺什么，树什么；树什么，得什么。

第一节 企业文化的起源

刚才提到了企业文化的重要性,那么我们怎样去打造企业文化呢? 也就是说怎么实施企业文化管理呢? 我把打造企业文化分成了六大模块,它们分别是企业文化起源、企业文化定位、理念分解、理念识别、文化同化和文化传承。这六大模块实质是企业文化构建的六个阶段,是从个体信念到组织信仰形成的一个过程(如图 2 – 1 所示)。这六大模块,我们会依次加以论述。

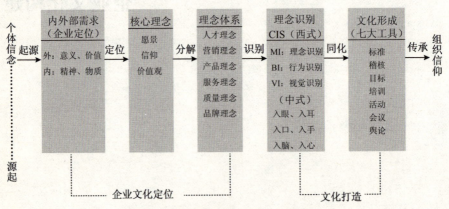

企业文化打造的重点主要分六个阶段
起源·定位·分解·识别·同化·传承

图 2 – 1 个体信念到组织信仰形成的过程

要想了解企业文化,我们就必须先从企业文化的产生开始谈起。企业文化究竟来自哪里呢? 企业文化的产生是与老板及其核心经营层直接相关的,主要就是来自他们。我们把他们统称为领导团队,可以这样来形容企业文化和领导的关系:他们如同一枚硬币的两面。我们所有的企业在创办的初期,都是核心团队在做事。企业文化的起源是从创办之初开始的。我们要把它理解到更前面去,在企业创办之初,就已经注定了这个企业的风格，就注定了这个企业的走向。因为企业文化的打造和传承是靠人来复制的。那一个企业最先存在的人是谁？企业的第一拨人是谁？是开创者。有的时候是一个人，有的时候是一个团队。这是企业的第一拨人。所以，企业最终走向哪里，从企业的第一拨人就已经奠定了这个走向，奠定了企业文化的未来走向，也奠定了企业文化的起源。它是从这里开始的。我们创办一个企业，它的起源是靠什么呢？是靠"你为什么要办这个企业"，开公司的目的就是你的一种信念——原始的信念。

这种创办企业的信念来源于两点。第一个是对物质和精神的追求。很多的企业老板，刚开始创办公司的时候，一个很大的目的是要赚取利润，这样就可以改变我的生活了。我要有多大的经济收入，我要让我的家人都过得幸福，我要帮助我的朋友。某种程度上是我要拥有多少物质上的东西，如有多少房子、有多少车子、有多少资产、有多少钞票。刚开始的时候，都是一种欲望，一种致富的欲望在支撑着你的信念，支撑着你创办这家企业。这是物质层面的。老板们仅仅是因为这个吗？还不是，还有第二个。凡是创办企业的人都有另外一个天性，都有一种不认输的天性，都是有崇高理想和远大目标的人。这一辈子，我要实现我的人生理想、我的意义、我的价值。这是我的精神追求和理想追求。怎么来实现我的这些精神追求呢？创办企业。这些就是企业创办之初这一拨创业团队的原始动力。我们总结成两个字就是"信念"。创办企业的时候，老板们都是凭着一股强烈的信念而来大展拳脚的。试想一下，如果没有这股子信念，会是什么情况？企业刚开始的时候必然面临着很多困难，如果缺失强大的信念支撑，你是没有办法把这家公司支撑下去的。老板是凭着这股信念来创办这家企业的。就拿我所在的管理咨询行业来说，我对这个行业是非常热爱的，因为这个职业可以帮助到很多中小企业，就我个人来说，能够帮助到别人是我人生最有价值和意义的事情。因为这份热爱和对自己人生价值的执着追求支撑着我和正睿走到今天。

河北大午集团董事长孙大午在创业初始就有过这样的经历。1985 年孙大午组织几个人承包了一块荒滩，成立了郎五庄养殖场，并建了一个配套的小型饲料加工厂，第一年的时候亏损了，其他四位股东相继撤出。当记者问到他是什么动力支持着坚持下来。孙大午具体回忆了当时的情况，他总结了两个因素。第一个因素是这五户农民，包括他自己，其他四户农民他们承受不了这种压力打击。当时一家垫资2000元，第一年就亏损了1.6万元，五户才有1万元，都亏进去了。当时在银行给他们贷了2万元，这个款又拿不回去。孙大午没有办法，就对其他四户农民说，如果你们谁继续做下去，这个钱我可以先延期，我来顶这个债务，没人敢接这个。他说，你们要没人来接手，你们四家都撤，我叫我爱人担起来，你们亏损的这个钱由我们自己担起来就行了，因为这个场子还在，就有希望，所以这个亏损不算真的亏损，把钱退给你们。当时那四户农民很高兴。孙大午把每户那2000元都给大家退了，让妻子自己担了下来。第二个因素是，当时主要源于自己的信心。他自己担起来了，能不能做好？他想如果这个地方我还弄不好，我就没有出息了。所以，那种艰苦创业的起步源于自己的信心，他觉得能够做好。

企业家的信心在创业初期艰难时刻太重要了，需要信念，需要准确的判断。在某种程度上，很多人在创办企业的时候是分好几个阶段的：萌芽阶段，只是有一个想法和一个念头；紧接着就是着手创办阶段；然后就是正式成立阶段。我们看到成立之前，他是靠一股信念走过来的。那什么是信念？在这里我们延伸一下，信念是一个自我激励，自我给动力的一个过程，这个在企业创办初期是非常重要的。而且信念是企业文化起源的核动力，是从创办企业的核心团队的信念开始的，然后领导团队的信念扩散到整个企业的所有人。其实你就是靠着这个原有的信念开始的。信念是什么呢？信念是坚信一个结果，坚定一个目标，坚持一个动作，坚守一个念头。这个时候，它还是一个个体的信念。个体的信念要到哪里去呢？到组织信仰那里去。这是一个很漫长的过程。因为你的个人信念变成组织信念也就是组织信仰是需要一个系统的宣贯机制来保证的，这个转化在企业的每一天、每一个环节都在发生着。所以，在创业初期，信念是精神文化的主要来源，领导团队是企业文化的发动机。

最后需要特别指出的是，在企业初创期，领导的决策示范作用非常重要，这是我们理解企业文化起源时需要注意的。比如，在一个刚成立的企业里，产品的销售额始终是不理想。这个时候，老板就会说："必须加大宣传力度。"可以看出老板的观念里，广告是可以有效提升销售额的。但这还只是他的个人观念，因为这个观念的效果还没有事实验证。聚集在他身边的管理团队和员工他听到这个话后会认为这是老板对他自己的价值观和一些观念的基本表述。他们会认为：企业在遇到这类重大问题时候，我们首要的策略选择是广告投入。所以，企业下一步的动作是采纳老板的建议付诸行动。如果广告等投入市场之后，效果很明显，销售额提升。那么，这个时候团队对老板的这个观念的接受则是依据事实而诚心接受的，但是这种接受还不是特别的稳固。这个观念得到稳固是需要多次试验的，在诸多类似的情况下，同样需要产生较大的效果。如果在以后的试验中，没有出现效果，甚至失败，那么，老板的这个观念就不会成为企业共享的观念。如果老板这个观念多次取得了很好的效果，无疑这个观念就成为员工的思想共识：广告是我们应对销售下滑的首要策略。在这个过程中，老板解决问题的思维方式已经为员工普遍接受，奉为圭臬。可以看出，这个观念的提出者——老板是多么的重要。所以，在企业文化构建中，某个角度来说，老板是起着核心作用的。

第二节　核心理念定位

我们从上面的论述知道了领导者们有了创办企业以实现个人追求的这种信念，我们的企业开始创办起来了。创办一家企业，核心理念是非常重要的。信念跟核心理念其实某种程度上是一致的。创办企业刚开始的时候，老板的信念只是他心目中的一个念头，相信了这种念头。但是这个念头成为企业的核心信念后，它跟核心理念还是一样的。问题在于我们企业把这个念头文本化了、书面化了、总结化了。你可以看得到这个核心理念对一个企业的重要性。所有的这些，包括还没开始运作的和还没开始实施的等，企业刚开始都是从核心理念而展开的。那么，核心理念有哪三个？

第一个核心理念是愿景。企业愿景是老板一个人的或者说整个核心团队的目标。老板创办一家企业后，这个企业就成为了老板和核心团队实现目标和理想的桥梁。那么，这个愿景就变成了组织的、企业的愿景，是我们企业员工的愿景。不仅仅是当初创办这个企业时候那几个开创者的愿景，而是企业里所有人的愿景。组织愿景和个人愿景是不一样的，这里面有一个过渡，从个人愿景过渡到组织愿景。个人理想成为组织理想的一部分。创办者的理想是组织理想的一部分。理想是什么？理想就是组织的价值。

第二个核心理念是使命。使命是一个企业在社会上应尽的责任。我发现很多的企业，特别是世界五百强的企业，特别是做的比较好的企业，它的愿景和使命都有一个核心点：都在强调为别人服务。为别人服务是最聪明和最崇高的理想、最崇高的做法、最理性的做法。为什么这些企业要这样做呢？因为这个世界上不可能有个体能独立存在，是有很多群体存在的，人与人之间是相互依存的。这个世界上只有你自己的话，你不可能存活的。所以说，我们只有通过为别人提供帮助才能获取自己的所需，才能实现自己的价值，体现出自己存在的意义。凡是那些做得好的企业，它们的愿景和使命都是和为别人服务进而产生自己的价值及实现自己的价值息息相关的，都有着一种为别人服务崇高理想，都有着很强的责任使命。

第三个核心理念是价值观。价值观是什么？是你的愿景和使命定下来之后的一种倾向、一种价值倾向、一个指南针。价值观是行动的方向，是思维和思考的方向。前面两个核心理念是宗旨；有了前面两个宗旨之后才有了企业的价值观，也就是企业的取向。三者之间是不一样的。例如，华为公司的愿景是丰富人们的沟通和生活；索尼公司的愿景是为包括我们的股东、顾客、员工，乃至商业伙伴在内的所有人提供创造10和实现他们美好的梦想的机会。华为公司的使命是聚焦客户关注的挑战和压力，提供有竞争力的通信与信息解决方案和服务，持续为客户创造最大价值；联想集团的使命是为客户利益而努力创新。华为公司的核心价值观是成就客户，艰苦奋斗，自我批判，开放进取，至诚守信，团队合作；联想集团的核心价值观是企业利益第一、求实进取、以人为本；索尼公司的价值观是体验以科技进步、应用与科技创新造福大众带来的真正快乐，提升日本文化与国家地位，做先驱，不追随别人，但是要做不可能的事情，尊重、鼓励每个人的能力和创造力。这里不需要讲很多故事和案例了，包括其他做得好的企业。它们的愿景、使命和价值观等核心理念都是非常崇高的，都是为别人服务的。简而言之，价值观是围绕着愿景和使命而出现的一个价值倾向。愿景和使命是一个企业运作包括企业文化管理等等所有活动的起源。

关于核心理念的理解，如图2-2所示。这个三角形里对核心理念和整个企业的经营管理关系做了比较详细的总结。我们首先来看目标。目标是什么？目标是企业的什么东西呢？愿景和使命是企业的什么东西呢？愿景和使命是企业的终极目标。企业的价值和意义是跟愿景和使命有关系的。这样，我们看这个三角图就会很清晰。我们从愿景使命一直延伸下来看这个图。有了愿景和使命，才会有组织的发展规划。我们的组织在这个阶段的时候可以用两种形式来阐释它。有的是一种公司行为，比如说，很简单的一个公司，没有分公司，就是一个独立的公司，那叫公司战略。我们是一个集团公司，就叫做集团公司战略。它是两个不同的概念。但是你所有的公司战略都是围绕着你的终极目标而展开的，围绕着你的愿景和使命而展开的。我们可以斜着看，愿景是什么？愿景其实就是目标的体现。那一个企业的目标有很多种目标，所以，企业的愿景也要分很多方面去理解。愿景有长期的和中期的愿景（目标）等，目标有终极目标、组织发展目标、经营规划目标和管理规划目标。从企业的战略层面来讲的话，叫公司战略到竞争战略再到功能战略。

在方框里，我们看到有目标、组织、经营单元和管理单元。经营单元是一个经营独立核算的个体。组织是指一个独立核算的个体，管理单元是一个经营独立核算的个体里面有哪些职能部门。我们再纵向来看：从意义到价值，分解到发展规划，从发展规划分解到经营规划，从经营规划分解到管理规划。企业是不是这么回事？是这样的。有了这个很清晰的思路，

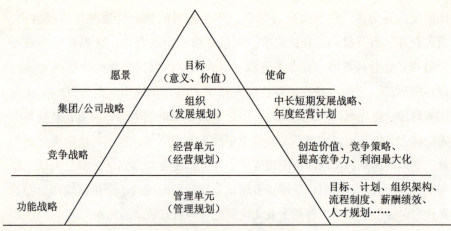

图2-2　企业的核心理念的理解

我们对企业整个的运作管理就很清晰了。我们整个企业的运作，就是这么一回事。有了这几个台阶，这几个层次的规划后，你可以看到，愿景和使命，这是目标，目标是对价值的实现。组织这里，发展规划主要做的是什么呢？发展规划包括做什么和如何做两方面。经营规划主要有四个方向：如何为客户创造价值？如何对付竞争对手？如何提高企业竞争力？如何实现利润最大化？这是四个层面，这是经营需要考虑的问题。

发展规划考虑的是做什么和如何做。我们是做洗衣机还是做微波炉，我们做电器还是做家具。这个层面是集团公司的战略，围绕着这个目标而分解下来的。我通过一个什么样的方式来实现我的价值和意义呢？我要通过做洗衣机这个行业来实现我的终极目标、我们组织的意义和价值。我们可以这样去理解。围绕着这个目标就有了做什么和如何做。这就叫战略，这叫发展规划。那经营规划是什么？就是这四个核心（如何为客户创造价值？如何对付竞争对手？如何提高企业竞争力？如何实现利润最大化?）。那么，管理要考虑的问题是什么？如何做，怎么去达到经营目标。主要是包括目标、计划、组织架构、流程制度、薪酬绩效、人才规划等。这是管理单元需要考虑的问题。从图2-2中，我们可以把组织以下这三个层次理解成一句话：所有企业的经营管理活动都是围绕着企业的愿景和使命而展开的。

大家可以看到，所有的经营管理活动都是围绕着企业的核心理念而展开的。那企业文化从哪里展开呢？企业文化和这个三角形所示的活动之间是一个并行的，同时又是一个相互关联的关系。所有的文化打造围绕着核心理念而展开。这个经营规划也是围绕着核心理念而展开的。但是文化不一样，它不仅仅是围绕着核心理念展开，同时要能落地。企业文化是围绕企业的战略、发展、经营、管理等每一个步骤而展开。文化是从核心理念开始，是对经营管理运作的整个全过程的渗透，也可以说成是对全过程的渗透和帮助。三角形中间的那个箭头就代表着核心理念对整个企业实际运作的渗透。

第三节　理念分解

一、企业理念分解层次

当然，简单加以介绍可能大家还不理解，但是看了下面论述之后，大家就会明白了。如图 2 - 3 所示，我把企业的理念分成了三个层面的理念。第一个层面是核心理念，核心理念是什么？愿景，使命和价值观，这些就是企业的核心理念。那企业整个的经营管理理念是围绕着核心理念而展开的。第二个层面，某种程度上来说我们企业的核心理念，就是企业的精神。我们经常听到的企业精神就是这个东西，不是很复杂的。说实话，你说企业文化是什么？很多人理解成核心理念。没错，因为你所有的企业文化构建都是围绕着核心理念而展开的。你同时展开的每一件事情都是围绕着核心理念而去做的。这就要看你怎么去理解。企业精神是什么？其实就是一种核心理念的体现。核心理念是企业经营管理整个过程的需求。我们在企业里经常提到的经营管理的策略是什么呢？就是从核心理念分解后的第二个层面。

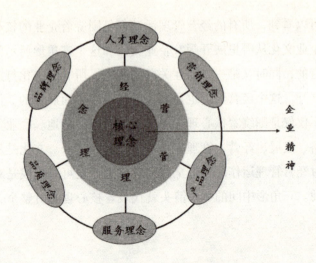

图 2-3 企业理念分解层次

　　我们光有了核心理念还是不够的。核心理念没办法给大家带来很明确的指南和很明确的一种方式（一种对思维产生约束的方式）。有了核心理念，我们还要分解下来。核心理念分解成经营管理理念，经营管理理念再分解成人才理念、营销理念、产品理念、服务理念、品质理念和品牌理念。人才理念、营销理念、产品理念、服务理念、品质理念和品牌理念这六大理念就比较具体了，是企业经营管理需要考虑的六个具体方向。它们的意思比较好理解，不再多说。那么，分解是什么意思呢？我刚才讲到了，企业的发展经营管理规划都是围绕着核心理念而展开的，这是一个系统的过程。在这个过程的展开过程中，企业里的每个模块、每个经营管理的活动背后都有一种理念的存在。我们把这些活动划分所依赖的理念叫做分解后的理念。这就是理念分解的含义。我们可以通过一个很形象的例子来理解。企业里的 ISO 文件分一二三四级，其实，理念也是一样的。理念里面有核心的、一级的、二级的、三级的，甚至还有四级的直至 N 级。文件系统层次和这个理念的分解是很相似的。我们企业的理念划分的越清晰、越透彻，核心理念的辐射就越深入、越广泛。我们下面来看海尔集团关于其愿景、使命、价值观、经营理念等企业文化的一个完整表述。

　　海尔的愿景和使命是成为行业主导，用户首选的第一竞争力的美好住居生活解决方案服务商。依靠锲而不舍的创新追求，通过建立人单合一双赢的自主经营体模式，成为全球白电行业的规则制定和引领者、由制造业向服务业转型的典范、全流程用户体验驱动的虚实网融合领先者，创造世界级品牌。

"海尔之道"即创新之道，其内涵是：打造产生一流人才的机制和平台，由此持续不断地为客户创造价值，进而形成人单合一的双赢文化。同时，海尔致力于打造基业长青的百年企业，一个企业能走多远，取决于适合企业自己的价值观，这是企业战略落地，抵御诱惑的基石。

海尔的核心价值观如下：是非观——以用户为是，以自己为非；发展观——创业精神和创新精神；利益观——人单合一双赢。"永远以用户为是，以自己为非"的是非观是海尔创造用户的动力。海尔人永远以用户为是，不但要满足用户需求，还要创造用户需求；海尔人永远自以为非，只有自以为非才能不断挑战自我突破自我——实现以变制变、变中求胜。这两者形成海尔可持续发展的内在基因特征：不因世界改变而改变，顺应时代发展而复制。这一基因加上每个海尔人的"两创"（创业和创新）精神，形成海尔在永远变化的市场上保持竞争优势的核心能力特征：世界变化愈烈，用户变化愈快，传承愈久。

两创精神是海尔文化不变的基因。海尔不变的观念基因既是对员工个人发展观的指引，也是对员工价值观的约束。"永远以用户为是，以自己为非"的观念基因要求员工个人具备两创精神。创业精神即企业家精神，海尔鼓励每个员工都应具有企业家精神，从被经营变为自主经营，成为自己的 CEO；创新精神的本质是创造新的价值。新的价值的创造来源于创造新的用户资源。

人单合一双赢的利益观是海尔永续经营的保障。海尔是所有利益相关者的海尔，主要包括员工、用户、股东。只有员工、用户和股东持续共赢，海尔才有可能实现永续经营。为实现这一目标，海尔不断进行商业模式创新，逐渐形成和完善具有海尔特色的人单合一模式，"人"即具有两创精神的员工；"单"即用户价值。每个员工都在不同的自主经营体中为用户创造价值，从而实现自身价值，企业价值和股东价值自然得到体现。

每个员工通过加入自主经营体与用户建立契约，从被管理到自主管理，从被经营到自主经营，实现"我的用户我创造，我的增值我分享，我的成功我做主"，这是对人性的充分释放。人单合一的自主经营体为每个员工发挥两创精神提供资源和机制的保障，使每个员工都能以自组织的形式主动创新，以变制变，变中求胜。

上面是海尔集团关于其企业文化的一个完整表述。我们看到这个表述是比较有逻辑性的。我们从第一段就可以看出：海尔集团的核心理念即愿景和使命等是什么，然后海尔集团实现愿景和使命的策略即经营管理理念是什么。后面的段落又围绕着愿景和使命、经营管理理念等详细说明了海尔集团的人才理念、产品理念、服务理念、品质理念和品牌理念等。这个逻辑层次是比较清晰的。所以我们关于理念分解的这个论述符合企业发展实际情况。

我们再来进一步剖析理念的内涵。理念是提供给大家一种思维方式。你有什么样的理念，你才会有什么样的思维。在某种程度上，我们可以这样去理解理念。理念就是我们从事一件事情或者思考一件事情的标准。我们大家这样理解就好了，为什么这样去理解呢？例如，我们在考虑选择哪种饮料的时候，我们是喝绿茶还是喝红茶？这个中间最大的区别是在哪里？你选择红茶还是绿茶，你的思考方式的前面是什么？是有很多的条条框框。你在选择饮料方面的思维一开始动起来，这些条条框框就会形成合力，告诉你选择什么，这些条条框框指引你走向最终的选择。你选择的前提也就是这些条条框框，我们用企业文化的语言来讲就是你的价值观。你选择的是什么，其实是你的理念和价值观已经决定了你的选择，价值观是什么？就是你选择一件事情的标准和前提。

核心理念就好比一个纲。理念是纲，纲举目张。你抓住了纲，纲举起来了，下面的这些分支就容易掌握了，这个目，也就是整个网便张开了。我们把核心理念理解成一个行为的标准。每个人判断一件事情，做一件事情，在这些动作前面是一个思想的过程。思想的过程前面应该是理念做了决定。理念是对一件事情做出选择的前提。所以说理念清晰不乱了才能指导人的行为，道不同不相为谋。这个"道不同不相为谋"是什么意思呢？这主要是指企业职业经理人和老板之间出现的问题。职业经理人给企业带来了很多不同理念,他们刚开始主要是带着这些理念进入工作的。前面我们讲到,我们所有的理念也就是这些经营管理理念是围绕着核心理念而分解出来的。这样,职业经理人往往和老板以及原来的管理团队之间就会有冲突。在企业里,我们看见的冲突还不止这个。很多企业的经营管理理念和核心理念是有冲突的。可以说,这三个层次的理念之间往往互相冲突,它们是不可包容的关系。就像一级文件能否包容二级文件,二级文件能否包容三级文件。是不是这样?那理念也是这么回事。我们企业里的理念,有的时候是有冲突的。一旦冲突,你要去改变就太难了。所以,一个企业在理念层面一定是不能有矛盾,不能有冲突的。

企业里面经常见到的凝聚力不强现象,追其源头,往往是在理念这里出了问题。有很多有能力的员工,老板用不好,也是理念出了问题。为什么?这些员工的理念跟你的企业原有的经营管理理念是违背的。我曾经遇到过这样一个事情:因为企业的实际发展需要,一家企业的老板从外聘请了一位职业经理人。有一次开会,这个职业经理迟到了。按照规定,要对这个职业经理人罚款50元。在会上,处罚人员宣读了处罚决定,老板让他掏罚款。但是职业经理人在会议上公然叫板:"我作为总经理不能被罚,如果你今天罚了我让我交钱,我就不干了。"很明显,这位职业经理人的观念和企业方的观念发生了冲突。这位职业经理人还是带着原来的那套理念进入这家企业工作,没有去主动了解并遵守企业方的规章制度。结果不言而喻。

我们正睿曾经做一个项目,项目组老师进驻后首先对这家企业的企业文化做了调研。结果显示这家企业的经营理念繁杂,核心思想不突出。例如,企业的经营理念:"奉献最好的产品,更好的服务,实现合作双方共赢。"企业精神:"专业、共赢、感恩。"企业管理理念:"我、我们做到就有,不要评估!"企业核心思想:"孝、悌、忠、信、礼、义、廉、耻。"这是我们项目组老师对这家企业的文化做的一个统计。看到这个,你能确切知道这家企业是做什么的吗?你能确切地知道这家企业的目标是什么吗?你能知道这家企业为了达到目标而做出的相应战略举措吗?从这里面,我们得不到这些问题的答案。整个反映出来的问题就是企业的思路不清晰，理念含混复杂，给人一种"假大空"的感觉。这些理念像浮云一样，和企业做的实际工作（这家企业是做电子产品的）并不匹配，根本就不能落地。企业只是知道我们在做这个产品，这个产品做出来把它销售出去就赚到钱了。最要命的是这个企业没有明确的愿景和使命，目标不清晰等于你在稀里糊涂地做事情。在调研中，我们发现老板也是有目标的，老板希望把企业做到上市。但是问题是这个目标没有明确到企业文化里，老板自身也不能说出实现这个目标需要的几个大的步骤。理念含混不清，做的事不只是没有方向指引，做出来的效果也是大打折扣。这样的思路怎么可能把企业做好呢？

从上面的这个案例中，我们可以看出：经营一个企业，首要的一个动作是把理念部分确定下来，主要的是把我们企业的第一层次和第二层次的理念确定下来。我们从核心理念到经营管理理念，一直到人才理念等等，做出划分与确定。当然，人才理念等第三部分还可以一直细分下去。我们一直细分下去，最后变成了什么呢？企业里的每一件事情都是有一种思考问题的标准。是不是这样？例如，我们的人才理念是德才兼备，德在先，那我们招聘这个动作就有一个标准了。我们的营销理念是客户至上，那我们的营销动作就得按照这个来展开。所以我们可以这样来开展企业的培训工作：确定一种理念，理念产生了一种标准，标准约束出了一种思维方式。企业对员工做的培训工作本质就是这么一个线索。这个里面最关键的就是如何让我们的员工接受确定的这个理念。这在后文中会有介绍，这里暂且不说。

我们这样去理解理念，老板的思路就很清晰了。首先，所有的员工来了之后，企业先让他们接受定期的培训。这个培训就好比是放到染缸里面去染色，把这些料染成同一种颜色。这些道理是相通的。企业一定要先把理念部分规范清楚。这个工作，我们不能太粗俗、太简单地去应付。理念规范得越细致，就越容易约束员工的思维。这就是我们说的文化管理是管思维的含义。理念是在管思维前面，而不是在后面。所以，理念要分细。这里面，我要阐述的就是三句话。第一句话，企业管理的理念是所有的思维和行为的标准，企业文化管理从理念的梳理开始。第二句话，企业文化管理的理念之间不能有冲突，只能相互有包容的关系。有很多企业的老板今天谈论的是一种理念，明天谈论的是另一种理念，后天谈论的是又一种理念，变化太多太快。如果理念之间都是有冲突的，理念就不会成为大家遵守的原则。第三句话，理念是标准，管理是原则。这么一总结，我们的思路就很清晰了。我们企业开展工作，抓实质问题就有方向了。

二、企业理念分解原则

上文中我把理念理解成原则和标准，这是我们正睿经过大量的企业调研和咨询项目实施过程中总结出来的一个结论。那么，企业分解核心理念这个动作本身也要遵循五大原则来展开，如果不遵循这五个原则，极有可能令动作失败。上文中指出了一个企业需要哪些方面的理念，这是企业梳理理念这个动作需要的第一个工作。第二个工作就是一家企业必须了解确定这些理念需要考虑的因素有哪些。第三个工作就是刚才说的理念分解需要遵循的五大原则。我们来看第二个工作。

我们已经知道了企业的核心理念在整个理念体系中是最重要的。所以，我重点谈核心理念制定需要考虑的因素。我们先来看愿景。依据愿景的定义，愿景一定是指一个未来的状态，也就是一个长远的奋斗目标。就好比我们国家对共产主义社会的追求和奋斗。这样，我们就可以把愿景看成是"我将成为什么"。要把"我将成为什么"这个问题回答好，就必须回答"我现在是谁"。显而易见，"我现在是谁"这个问题主要是由老板来回答的。老板回答这个问题就必须考虑自身和外部两个方面的现实因素。自身的现实因素主要就是自身优势，自身优势包括技术、现金、客户群等。外部因素主要就是市场的因素了，外部因素主要包括产品的需求量、可以得到的资金来源、可以得到的技术来源、可以输出产品的销售渠道以及政策法规等。这些是基本的常识，我们老板和管理者们看到这些应该心里很清楚。

这里需要指明的一点是企业愿景里最关键的就是"什么"。你要做的这个产品或服务有多长的生命周期，你是否确定这个产品或服务承载了你个人的梦想，你对这个产品的热情会持续多久。这几个问题的答案是老板必须明确的。很多企业做不大或者做失败了，都可以从这些最初问题中找到原因。制定愿景就很简单了，"什么"前面加几个激动人心的、实实在在的修饰语就可以成为愿景了。

我们再来看使命。依据使命的定义，我们可以看出使命是对愿景的一个扩充。使命就是"为谁在哪里通过什么途径提供什么"。"为谁"就是客户，"什么"就是产品，"在哪里"就是市场。所以使命制定要包括"客户"、"产品"（技术创新）、"市场"等几个核心要素。例如，吉利集团的使命："造最安全、最环保、最节能的好车，让吉利汽车走遍全世界！"其之后第二和第三个层次的理念的设定，其实也是要考虑这些因素的，并将这些因素进一步细化。这就如同我们分解细化核心理念一样。

谈到这里，做一个简短的总结。企业文化构建，这张"个人信念到组织信仰"的图是核心的一个东西，是我们正睿自己总结出来的。因为谈到企业文化，各说各的，七说七、八说八。每家公司和每个管理者都有自己的一套思想和说法。我们翻阅了很多资料，发现对企业文化的说法浩如烟海。基于企业文化的重要性和企业文化管理现状，我们把自己的经验进行了系统的总结。我们正睿把企业文化构建分成六个环节、六大步骤，这个过程是一个从个体信念到组织信仰转变的过程。我们做的这个梳理不仅是对我们的客户指明了方向，也对我们自己的工作指明了方向。我们以后到企业做调研在企业文化这块就会按照这个思路来做，先从企业文化起源开始，到企业核心理念的定位，再到核心理念的分解，这样一直下来，一个步骤一个步骤地来做。这样就保证了项目的效果。我们正睿也按照这个思路对我们自己公司的企业文化做了一次梳理。我们对自己的整个理念重新梳理了一遍，我们把自己的企业文化做出来，然后是把标准做出来，把相应的动作细化出来。我们只有自己先做好，才能对客户负责。在企业里，我们正睿的老师们会系统性地去设计和实施动作。当然，一些企业的实际情况可能并不适合做系统性的导入，我们正睿老师会选择企业最迫切需要的版块进行设计并予以落实。这个思路可以快速地帮助企业梳理出企业在企业文化方面存在的问题并作出改善。

现在我们接着来阐述企业梳理理念需要做的第三个工作。理念分解需要遵循五大原则：第一个，与核心理念如母子关系；第二个，促进公司战略规划达成；第三个，围绕经营管理活动展开；第四个，有利于公司效率的提升；第五个，易懂、易记、易学、易接受。这五个原则中需要特别注意的是第一个原则和第五个原则。我们先看第一个原则，与核心理念如母子关系。我们上面讲到，核心理念分解到经营管理理念，经营管理理念分解到人才理念、营销理念、产品理念、服务理念、品质理念、品牌理念。也许还有更多，你还可以再细分。比如说我们的产品理念里面可以再细分。这个关系就是总理念和分理念的关系，也就是包含和被包含的关系。很多企业在发展过程中由于判断失误而出现了盲目扩张。把长期目标的时间压缩变成中短期目标，在背后是整个理念体系的调整。我们会发现，核心理念不再具有"母理念"和"总理念"的地位了，这样就必然导致下层次的理念发生变化，内容也会发生变化与调整。这样我们企业每个版块每个环节的动作都是要做出调整的。这就如同"牵一发而动全身"的效应。所以企业盲目扩张风险很大。当然，企业并不是不可以对理念、目标等做出调整，但是企业做调整的时候务必考虑实际，务必把阻碍目标实现的诸多不可能性分析清楚。再例如，一些企业在愿景里明明说要为客户提供优质产品，但是在实际生产中偷工减料，劣质生产。这就是核心理念和品质理念的冲突。

中间的几个原则我们暂略去不提，我们再来看第五个原则："易懂、易记、易学、易接受。"易接受就是指员工容易接受，社会容易接受。上面提到的那家企业，它的理念非常繁复，很多理念和企业不相关。这样的理念体系，老板自己都说不清、记不住，更何况员工。当然，我们看到的更多的事实是很多老板思路非常清晰。思路清晰其实是成为老板的一个必要条件，自己内心的想法模糊不清楚怎么能够带领众人办好一家企业。我曾经说过：老板一定要简，简到极致；老板不要故作高深，让所有人去猜你的意思；老板要善于把复杂的问题简单化，简单到人人都可以做；大道至简，最简单的一定是最好的，公司是这样，管理也是这样。为什么这么说？原因就在这里，理念一定要简单易懂易记易学，这样才可以把全体员工的思想统一起来，思想意识统一了何愁没有高效的执行力。

三、理念识别

有了理念还不是文化，关键是理念如何成为行为！所以，理念识别是紧接着的一个动作。这是非常重要的，这是我们把企业文化进行深入研究之后得出来的又一个很经典的结论。因为，我们很多企业都重视"文"的层面，"文"的层面在哪里呢？前面讲到的理念体系就是"文"的层面。前面的"理念分解图"把理念分解得非常科学，但是这一步还只是停留在文字层面，还产生不了接受理念后的那种自发行为。这是企业文化构建过程中需要注意的一点。由"文"而"化"是非常不容易的。不是说有了这些东西诸如墙上的标语等，把它们贴得非常好，把企业文化里的这些东西展示得很好，这样做就代表有企业文化了。这是错误的观念。企业文化不仅仅是看得到的，更深层次地来讲，企业文化还是看不到的。在一个事件的处理过程中，主导着大家思维方式背后的东西就是企业文化，企业文化是无形的，问题在于我们怎么去实现企业文化有形和无形之间的互相转化。在这个过程中，我们企业按照有形的去执行。在执行过程中，我们深刻体会企业文化的无形影响。对于这些，我们很多企业的理解是错误的。很多企业以为有了"文"，就是有了文化。我们正睿的老师去很多企业做调研诊断的时候发现，很多企业墙上挂了不少标语；但是在企业的实际运转中就存在着只有"文"，没有"化"的问题。

很多企业的理念分解不清晰，要么相互之间是冲突的，要么就是主流文化不突出。什么叫主流文化不突出？一些企业在办公室里面贴着一个什么东西呢？"好好学习，天天向上。"办公室里写了个什么呢？关于会议的一些相关规定。这些标语和这些规定都不是企业的主流文化，我们可以看得到的是由核心理念分解下来的其他层次的理念，甚至是分解后的第 N 个层次的。我们企业里的主流文化是必须要张贴出来的，要在显要位置张贴主流文化。各个分支是怎么办的呢？这些分支要在员工手册和文件里去体现，不能挂在墙上。所以很多的企业在理念的部分很混乱，它是不整齐的，它是没有通过总结的，它是不科学的。不要以为挂了几个标语，不要以为做了几个活动，就是企业文化了。这是最大的错误。文化是通过把理念部分整理出来之后，把这些理念变成动作，去改变别人的思维和行为。这叫企业文化。所以在企业文化构建这一块，正如大家看到的，我们正睿研究得很深。

大家了解了理念的部分，又了解了企业文化到底是什么，还了解了企业文化构建的整体步骤。在讲到我们正睿自己总结出来的打造方法之前，我们先来看看传统的企业文化构建方法。企业文化传统打造方法，也就是企业形象设计系统这一块主要来自西方的管理知识。西方的管理知识在企业文化构建这一块是分三个部分的。它们分别是 MI、BI 和 VI。严格的来讲，它们叫做 CIS（企业形象设计系统），这是一种传统的做法。MI 是一种理念识别，也是一种思维方式的识别。BI 是行为识别。VI 是视觉识别，是整个企业形象展现出来的、看得见的。这是我们传统的理解方法，是西方管理学传到东方来的。它们的具体做法也已经很成熟了。MI 的实施方法包括文字阐述、教育培训和感官体验；BI 的具体做法包括制度、流程、企业行为、员工行为和管理行为；VI 的具体做法包括宣传、文件单据、广告形象、服装、厂容厂貌、工作现场环境、产品包装、产品质量、活动、仪容仪表和礼仪等。那么，这些东西来到中国是不是也能显示出很好的效果呢？在中国企业，如果仅仅是按照这么一个比较西式的方式去做，很容易产生不好的结果。有企业管理实战经验的人应该对这个很清楚。西方的这套做法在企业里很容易形成两张皮：你说你的，我做我的，理念和行为不挨边，企业方和员工互相拉锯不协调。很多企业以为企业文化就是张贴几个口语、几个标语和几个广告等。他们没有通过一个方式把这些理念打入员工的"骨髓"，这些理念没能转化成为员工内心自动自发的一个行为。

我们正睿曾经做过这么一个项目。进驻之时，据该企业文控中心提供的文件清单统计，该企业已经发布实施的手册、控制程序（含控制卡）、行政管理制度、操作规程、作业指导书、标准、规范等文件（不包含表单、图纸、通知、公告、外来文件）多达 737 份。文件如此之多，不但不能提高效率，反而会成为累赘，大家反而不当一回事了，制度与实操两张皮，就等于没有制度。以《采购控制程序》为例，正睿老师在调研期间曾经就此文件执行情况询问采购部经理，采购部经理说从没看过该文件（据查，采购部经理入职有 10 个月了）。不看文件和不按文件规定去做的结果就是造假。造假成了这家企业的常态。做出来的这些文件不是拿来用的，而是做摆设的。从企业文化管理这个角度来说，这家企业的情况非常糟糕。就如同一个房子外表装修的很漂亮，里面却是一片狼藉。企业文化成了装饰品，企业的实际却是"垃圾"。话有些重，但是事实确实如此。问题的关键就在于这家企业没有把这些"文"的东西给"化"到企业的实际运作中去，没有"化"到全体员工的脑子里去，没有成为行为。当然这家企业出现文件和实操脱节的原因很多，但是主要的原因就是这家企业没有找到"化"、"文"的方法与路径。我们正睿在这么多年管理咨询经历中看到的、听到的和总结出来的就是这么一个情况：CIS 在很多中国企业里并没有发挥出特别明显的作用。

基于中国企业实际情况和 CIS 的理论体系，我们正睿结合自己的管理咨询经验对理念识别做出了一个很独特的理解并付诸实施。我们正睿是这样来理解理念识别的：理念识别是"化"。理念是文，动作是化；文化重要的是要"化"进去。我们要把"文"化到我们的动作中去，化到我们的行为中去。这才是理念识别的真正含义，这才是企业文化构建成败的关键。企业文化构建重在"化"上，"化"是什么呢？"化"是消化、融化和同化的意思，是把一个理念的东西融化到大家的头脑里面去和行为里面去。具体来说，我们正睿的做法是"六入"。这"六入"在我们正睿做的项目中取得了非常好的效果。"六入"包括"入眼"、"入耳"、"入口"、"入手"、"入脑"和"入心"。"入眼"是指眼睛看得到的，我们把它叫做眼到。"入耳"是指听到。我们传统的做法中有"入耳"吗？没有，只有"入眼"。"入口"是指用嘴巴说出来。"入手"是指自己做出来。"入脑"是指大脑里面的概念非常清晰。"入心"是指他的心态的调整和道德文化的培养。企业文化构建应该从这几个方面入手进行。我们把它浓缩出来，就是"六入"。从"六入"这个角度来看，很多企业在企业文化构建方面有了很大进步，比如很多企业摄制了企业宣传片等视频资料然后在公共场所滚动播放。但是最重要的两个"入脑"和"入心"还是不到位，原因还是出在企业没有找到有效方法。"入脑"和"入心"是"化"这个动作的最终落脚点，怎么"化"？我们正睿的观点是先量化、再同化。这点在下文中会详细讲到。

第四节　文化同化

一、意识决定行为

前面讲到理念识别时，我们听到了一个观点：企业文化构建必须坚持先量化再同化这个原则。量化是什么？量化的是理念。同化是什么？我们通过相关动作设计把理念同化到大家的思维中去。这里最关键的是"同化"二字，如何理解"同化"？我们先来看同化原理即个人行为与企业文化互动模型（见图2-4）。从这张图，我们对"同化"能够有一个大体的理解。

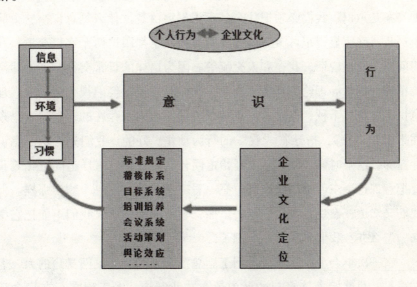

图2-4　个人行为与企业文化互动模型

要想打造企业文化，首先必须了解什么是文化，由此才能悟透什么是企业文化，这样才能游刃有余地实施企业文化构建工程。我以前讲到文化的本质是同化。因此，"同化原理"这里是了解和打造企业文化的关键点。但是为了能更好地理解文化和企业文化的本质及打造企业文化的效果，我首先把意识和行为的关系说清楚。这张图是分四个部分的：第一部分是意识（思维）决定行为；第二部分是信息、环境和习惯等决定意识（思维），第三部分是塑造环境、传递信息的七大工具（标准规定、稽核体系、目标系统、会议系统、活动策划和舆论效应等）；第四部分是企业文化定位。这是按照空间位置画出的顺序，逻辑顺序是正好从后往前看。我们来看图的第一部分。

"意识（思维）决定行为"，这是我们再熟悉不过的一句话了，但是让我们真正解释这句话，哪怕是举例子说明，我们都会显得"捉襟见肘"，解释上的混乱和匮乏就是我们思维上的混乱和匮乏，就是证明我们没有把它理解透。因为这句话是我们实施企业文化构建动作的理论起点。如果不把它说清楚，我们后面的动作就会是无源之水，显得很苍白，我们的动作就不会收到预期的理想效果。那么，理解这句话的突破口在哪里呢？我们的答案是意识。我们必须把什么是意识理解清楚。什么是意识？这个问题乍一听，确实显得很可笑。因为我们每天几乎都跟这两个字打交道：我在想问题，我在说话，我在和人交流等。因为这样的日常交往，还有弗洛伊德精神分析学等理论的世俗化普及，我们对意识已经熟视无睹。众人理解意识可能各有千秋，但是有一点可以确认：意识是存在的；意识这个东西在指引着"我"，指导着"我"的行为动作。好的，我们先确认了意识是存在的。这个时候，我们就要开始追问什么是意识。这样追问意味着我们要把意识这个东西给端出来亮一亮、看一看，就如同一个物质那样。但是我们又知道：意识是在我们脑袋里面，它不同于物质，我们不能把它拿出来。怎么办？我们先来看一个例子。

在一次早会上，陈老板看到王副总没有来开会，就问身边的人，老王在哪里？我就接着陈老板的话说道："我知道，老王现在正在宿舍睡觉呢。"我知道老王正在宿舍睡觉，在这一情境下，我有没有意识呢？如果我有意识，那么它是什么，我们能把它亮出来吗？无疑，这个情境下，我是有意识的。我们来分析一下这个情境。这个情景是"我知道老王正在宿舍睡觉"。这个情境可以分成三个部分："我"、"知道"、"老王正在宿舍睡觉"。这三个要素其实就是我们所有人、所有理论关于意识的三个认知。有的是把意识看成是"我"，有的是把意识看成是"知道"，有的是把意识看成是"老王正在宿舍睡觉"。也就是说，我们把意识理解成了"主体"或者"动作本身"或者"客观事实"。这个三个要素即意识主体、意识动作本身、意识对象就是我们目前为止能够涉及理解"意识"的所有要素。

关于"什么是意识"的答案就只能在这个情境范围内去寻找。那么，意识是什么？

从上面这个例子的分析中，我们就可以看出：关于"意识"是什么产生了两种典型观点，就是"关系论"和"产品论"。我们把意识看做是"我"或者"老王正在宿舍睡觉"，这是一个典型的产品论观点，意识是个产品即那个客观事实。"我"这个主体就好比是一台机器，客体即客观事实就好比是材料，意识就是主体加工客体做出来的产品。我们都熟悉马克思主义，有一句话是这样讲的：意识客观事物在我们人脑中的反映，意识就是客观存在的主观映像。这个反映论也就是我们这里说的产品论。反映论把意识看成了客观事物在我们人脑中的映像，这个映像就是意识。我是一个主体，在我之外是客观事物，这些客观事物在我们的大脑中有关于这些客观事物的样子，这个样子是我们对这些客观事物的摹写。

我们把意识看做是"知道"，这是一个典型的关系论观点，意识是个关系即连接着主体和客观对象，"知道"就是个"指向"，由主体指向客观对象。当我说我有意识时候，意思就是说我与一个东西建立了一种关系，也就是我知道了这个东西的存在或者它的某些属性。所以，一句话简单概括：关系论认为意识是一种联系，是主体和客体建立了一种关系——"知道"、"意识到"。

这两种观点是有很大区别的，我们来看一个案例。我看到一只蝴蝶。在这个情境下有没有意识呢？如果有意识，持产品论者就会认为，这个时候有一个客观存在的蝴蝶，"我"是一个主体，通过"看"这个动作，客观存在的这个蝴蝶在"我"的大脑中就留下一个"映像"，这个"映像"

就是意识。我们再来深究一下，当我正在看这个蝴蝶的时候，在我的脑海中这个关于蝴蝶的映像到底存不存在？有的话，这个映像在此时此刻又在哪里？我们的经验表明：这个时候，我只是在看这个蝴蝶，我们拥有的只是"看"这个动作。但是产品论者认为这个时候在"我"的脑海中还是有"映像"存在，"映像"是正在生成，在"看"这个动作进行过程中生成。当我闭上眼睛时候或者在事后回忆的时候，这个关于蝴蝶的"映像"才在脑海中呈现出来。产品论者认为这个呈现出来的"映像"就是意识。

我们再来看关系论者。关系论者会认为，"我"作为一个行为主体和眼前的这只蝴蝶发生了关系，这个关系就是"我看到"、"我知道"它的存在。"我"作为动作主体发出动作，这个动作的指向就是这只蝴蝶，最终的结果就是我知道了它的存在。这个"知道"就是我们所说的意识，"知道"连接着主体"我"和客体"蝴蝶"。这时，"意识"只起着连接作用。

从上面的分析，我们可以看出：就时间顺序上来说，"意识"是关系，之后因为我们人脑的认知结构在脑海产生了"物"的映像。我们说"意识"是关系，是因为最初的情况是外界"物"刺激了"我"，"我"随之对其做出了反应，这个反应就是我知道，就是"映像"在脑海中的生成。"我知道"和"映像"的生成是几乎同时进行的。蝴蝶在我面前飞来飞去，我知道了它，这是意识，是意识这个动作生成了"蝴蝶"这个对象。至于蝴蝶是飞来飞去的，是黄色的，是小的，这些特性的描述则是我们人脑下一步的工作即认识。认识的结果就是我们脑海中关于此物的"映像"。所以，从时间的顺序上，我们就把关于意识的两种观点解释清楚了，关系论的说法是在先，产品论的说法是在后。先有意识这个指向性动作，生成了一个对象；然后我们有了关于这个对象的模型，这是一个认识的过程。这样，我们就把意识以及与意识有关的认识解释清楚了。因此，我们通常所说的"意识"其实就包括了这里所说的"意识"和"认识"这两个过程。

现在，我们再来看意识对象和"我"（主体）的关系。蝴蝶作为一个意识对象，不能离开我而独立存在，是由"我"生成的。为什么这么说呢？这里所说的不能离开"我"独立存在的蝴蝶是指"映像"，实际那个蝴蝶只是起到了刺激作用。因为我们人类的大脑也就是意识的属性是指向性，所以做出反应是所有人的共同点。那么，这个蝴蝶映像是什么呢？就是关于蝴蝶的属性，比如颜色、大小、重量等，这些属性的认知是由"我"发出的，因为只有人类才有这些认知结构，结果就是生成了"蝴蝶映像"。每个人的认知结构即关于属性的标准是不一样的，所以每个人具体生成的"蝴蝶映像"就有所不同。再如，我吃了一个苹果，这个苹果真甜。这个"甜"是因为"我"产生的，但是对别人而言可能是另外一种口味。因为我们的认知结构即评价标准是不一样的。我的手流血了，很疼。如果这一系列信息不经过我们的大脑，没有产生出感觉认知，那么这个"流血"、"吃"和蝴蝶的飞舞就成为了一种纯粹物理存在的状态或者信息。对于色盲来说，蝴蝶就无所谓粉色与否，尽管颜色这个自在的信息是存在的，但是没有经过人脑认知，粉色之于蝴蝶就是不存在的。

文字是人类创造出来的，它里面包含着信息。但是不经过我们的认知即解码，文字就只是一堆符号，尽管那些包含着的信息是存在的，但是对于我们来说这些信息就是不存在的。我们人脑的认知其实就是我们通常说的意义和价值等。一个对象可能是在某个地方自由自在地存在着，但是没有经过我们的大脑认知，它就是不存在的。存在的意思是指它是有意义的。所以，"物"只有经过了"我"才可以称之为"意识对象"，才可以称之为有意义有价值。

上面这些就是我们对意识的解释。我们按照通常所说的这个意识来讲，是包含"意识"这个指向动作本身和认识即"映像"这两个层面。而且，我们还必须知道："物"只有经过了"我"的认知才会有意义有价值。在教育培训中，为什么我们经常说"言传身教"很重要，很有效果？原因就在这里，我们总是给学生讲一些道理，这些道理在学生头脑中有一个认知的过程，有的学生快速吸收了马上做出相应的动作，但是有的学生认知能力差，认知过程缓慢，显得有些迟钝，那么动作效果就不会很快地显示出来。聪明的老师可能做出一个体现着某个道理的行为动作，所有的学生就会很快地吸收并作出类似的动作回应。这其实是缩短了学生认知这个过程。我们在企业文化构建的过程中也是如此，我们关于规章制度等做的培训、标语和宣传栏之类的在员工这里就变成了员工对文字信息的解读，这个解读过程有时候可能需要很长的时间才会有相应的行为动作。例如，公司规定八点准时上班。某天，老板正好八点五分到办公室，当着众员工面主动交了 10 元罚款。这种示范带动作用胜过让员工解读规章制度的效果，所以我们经常说老板的身体力行和身先士卒对于企业文化的打造和传承很重要，原因就在于这些动作大大缩短了员工的认知过程。所以，每个企业都希望招到高学历高素质的人才，原因也就在这里。知识是什么？知识就是我们大脑的认知结构、认知标准，仅此而已。所以企业文化构建中，员工的认知结构也就是看待问题的标准等是我们特别需要重视的。我们培育员工就是要把员工的认识标准调到我们公司的标准上来。

我们对员工做培训等工作，公司所需要的东西和禁止的东西尽可能地让我们的员工得到确认，我们员工知道了这些东西的存在。这些东西随之会在员工头脑形成意识即"映像"。当然大家都知道，这一步还不是我们企业最终需要的。我们企业最终需要的是这些"映像"能够在员工自身上显示出来，一系列标准动作要转换成为员工自己发出的行为动作。也就是说"意识决定行为"，这个员工头脑里已经有的意识如何转换成为员工的外在行为。"决定"即转换才是我们这里需要解决的最关键问题。这样，我们需要回答的问题就是如何实现"转换"。"转换"涉及的就是一系列动作了。图 2-4 方框里的这些动作（标准规定和稽核体系等）是正睿做的一个系统总结与归纳，后面会一一介绍。

二、同化的本质含义

在具体阐述这些"转换"的动作之前，我还是觉得有必要再"啰嗦"一下，换个角度把文化的本质也就是同化彻底给解释清楚。要想打造企业文化，首先我们要通过两个字来悟透它什么叫企业文化。我们现在从文化这个角度来看这个问题。文化是什么？我们把这个中国汉字来拆分一下。文化的"文"，在中国古代汉语里是怎么写的呢？古代的文字是什么意思呢？文字的旧时写法是个"彣"。《说文解字》里对文的解释是：文，错画也。象交文。今字作纹。古代的"化"字是怎么写的？那么"化"是什么意思呢？古代的"化"字在甲骨文里是一个正立的人和一个倒立的人组合而成的。由它的古文写法，我们可以推测，"化"字的本意在"变"，即变化，也就是说和原来不一样了。这个"化"字，我们再来进一步理解一下，就是通过一个东西融入到另外一个东西。也就是融入、交融、融合的意思。是不是这么个意思？融入是怎么产生的呢？从它的古字写法就可以看出是两个个体产生的，就是 A 和 B 的关系，就是 A 和 B 互相交叉的关系。要融入，那么把什么东西融入呢？我们要好好研究一下这个文字了。刚才提到"文"是纹理，"文"是纹路。由此，我们可以把"文"进一步理解成为"刻"的意思。我们可以形象的来一个说法：把一个东西刻到另一个东西上去，在另一个东西上产生了"纹理"，融到了另一个东西上了。所以我们称之为"文化"。我们这样去理解文化的本意时，这两个汉字的本意就很清楚了。"文化"就是把一个东西刻到融入到另外一个东西的身上去，也就是 A 和 B 之间的交融过程和交融的结果。

为什么这样讲文化呢？其实我们这样去理解文化的本意时，文化就是一个动词，它不是一个名词。文化的本质就是一个动作即刻和融。动词是什么？动词表示一个动态过程。这样去理解的话，我们试想一下一个企业做的是什么呢？我们经常说一个企业要提高质量，做优质产品。那么，我们企业输出的到底是产品还是品牌还是什么呢？比如我们做家具的输出的是什么？我们会回答输出的是一个桌子等。我们做电子的输出的是什么呢？输出的是相机等电子产品。除此之外，在输出这方面，我们能不能够看到其他的什么东西呢？做桌子的有很多个生产厂商，做相机的也是有很多个生产商。有的是买宜家的，有的是买红星美凯龙的；有的是买索尼的，有的是买佳能的。这里，它们是有产品之间的区别的。消费者对哪一种产品的接受，这是一种对品牌认知的过程。既然到了对品牌的认识，意思就是把一个东西刻到融入到消费者的大脑里去。消费者听了很多的广告，听到很多的口碑。最后是在消费者的大脑里形成了一种意识。久而久之，消费者接触到的和感受到的更多的是这家企业的"软实力"，这个"软实力"包括这家企业的服务理念、产品理念和营销氛围等等。这种接触久了，这种感受多了；最后在消费者那里形成的就是一种认同，然后就是购买这个动作。

那么，我们再问一下，一个企业输出的是产品是品牌还是什么？企业输出的是文化。所有企业的核心输出一定是文化。企业最后的经营之路，企业最后向社会向市场输出的产品是文化的产品，输出的是产品的"文化"。产品的文化是什么？产品的文化都是为了别人，帮助别人，爱别人，帮助别人解决什么问题。这个在前面我们讲企业理念体系时候已经说的很清楚了。我们做空调的是帮助人家解决什么问题呢？是帮助人家解决炎热和寒冷的问题，给人家带来舒适的生活。空调品牌美的是怎么说的？"生活是更美的。"企业的广告语是什么？体现的是一种文化。产品背后是一种文化的东西在支撑着这家企业。这种文化是服务于别人的。你的企业的存在，一定是文化输出的存在。你的企业的存在，一定是你的企业在市场上受到消费者认可的存在。那你输出的是什么？你输出的是一种文化，是让大家接受的一个过程。产品只是你的服务理念和助人理念的载体，它不是你最终要的那个东西。相机不是产品，相机是载体。你的目的是通过相机这么个东西让客户认同你和你的理念。你最终要的是消费者接受你的理念。所以，索尼才有索尼文化，佳能才有佳能文化。企业文化不仅仅是对企业自己内部的，也是对市场对社会的。企业的文化相当于这家企业的风格，相当于这家企业的一张脸，相当于这家企业的"人品"。企业的这种"人品"，像一个人的为人之道。企业文化是给大家的、给内部所有的员工共有的一张脸。我们正睿也是一样。我们正睿所有的老师，其实大家都共有着一张脸。正睿这两个字就是我们共有的一张脸。这张脸在社会上，人们说它如何如何，这其实是社会对我们大家的一个共同评价。这也是一种文化的输出。我讲的这些，最后得出的就是这么一个结论：企业输出的是文化，而不是产品。这是由文化的本质即刻与融进而讲到的企业文化输出的问题。

我上面这么阐述的目的是为了把大家引到一种思想认识的轨道上来，让大家知道这么一个情况。我最后落到一句话上来：企业的输出是文化的输出。我们做水龙头的，本质上不是卖水龙头，本质上是给人家生活带来便利、带来美好和带来享受。这是一家企业理念体系的输出；消费者接受了，它就成一种文化了。那么，既然是企业理念体系的输出和文化的形成；我们企业就有一个对内和对外。文化输出是什么？是从 A 到 B 的一个关系。那么 A 是什么？A 在企业里是 N 个人、N 个部门共同努力完成的一件作品。这个作品输入到市场，面对的是众多的消费者。B 就是市场，就是众多消费者，它也是 N 多个。那么，我们企业文化构建分两个部分：一个是企业内部文化；另外一个就是市场的影响，也可以叫做品牌。这样，我们对企业文化就更加清楚了：一个是内部过程，让员工产生认同的过程；一个是向外输出的，客户产生认同的过程。企业文化在企业内部贯通，让员工产生认同；向外输出产品去影响市场上的客户，而且着力提升品牌影响力。企业文化就是这么一个过程。这样剖析其实就涉及了市场营销学，但是本书的重点在探讨第一个过程即企业内部员工认同的过程，这个过程是市场开拓成功的重要保证。关于市场营销，我们会在另外一本书做专门介绍。这里话题岔开一下，我们做人力资源的和做市场营销的是两种不同的职业。这两种职业都需要一个核心知识的掌握。做市场营销一定要懂得消费者的心理，懂得人性的优劣，懂得人的需求变化。做人力资源的也是，一定要懂得人性，懂得人心的需求。这里专门有个市场消费者心理学的。市场消费者心理学就是研究怎么让消费者认同，怎么获取信息，让他们产生认同。这是一个系统知识分析，关键是在了解人。我们企业文化的落地是与经营管理这些环节的相互渗透，所以文化打造的核心是了解人。

三、环境决定意识（思维）

前面我们讲到了同化原理（如图 2 - 4 所示）的第一个部分，即意识与行为的关系，又从文化二字的古文词义进一步剖析了文化的含义，延伸地讲到做企业就是做文化这个观点，最后，我还讲到文化打造的核心是了解人。文化打造的核心是了解人，换言之，企业文化构建的主要对象就是人。这一点就是我要讲到的第二部分即信息、环境和习惯等与人的关系。怎么去理解人？我们从意识与行为关系这个角度也就是意识这个角度去理解这里所说的人。我们现在阐述左边这一栏的内容（信息、环境和习惯）。谈到企业文化，有的人会说企业文化是有形又无形之间的东西。有形的当然就是指这些制度文件了。那么，无形是什么呢？无形的意思就是说企业文化像空气一样是种氛围。这种氛围对人的意识的影响是很深的。比如说，在有很多人的时候，为什么我喜欢喝可乐，不喜欢喝白水；我喜欢吃"肯德基"，不喜欢吃"真功夫"。这是什么原因呢？你在做这个决定的时候，一定是有什么东西在影响着你。那是什么影响了你的思维呢？应该是众人聚在一起形成的那种环境和氛围。你在这个过程中，久而久之，是不是产生了一种习惯？一旦在这么一个相似的环境氛围中，你就会不由自主地做出和往常一样的选择。你的口味是什么？你是中国人，你喜欢吃中餐，吃西餐只是偶尔；但是你一旦进入到这样的一个环境氛围中，你就会选择去吃肯德基。因为你在类似的环境中养成了一种习惯。我前面讲到企业文化就是思维方式、行为方式和生活方式。企业文化构建的目的就是要形成这三样东西。这三样东西首先是个意识，这些意识从哪里来？我们很清楚了，它们是从信息、环境和习惯这里来的。我们在企业里面，要打造企业文化，文化是什么？就是让更多的人去认同企业，让更多的人去认同一个方式，即一种思维方式、一种行为方式和一种生活方式。我们企业就要在信息、环境和习惯这些方面下功夫，让它们共同指向企业需要的思维方式、行为方式和生活方式。

企业肯定是想要培养出员工的统一行为，但是很多企业并没有统一的方式去培养，或者说找不到方向路径去培养；所以企业管理产生了很多的矛盾。培育行为肯定是要从思维习惯入手，这里说到的习惯，大家一听可能觉得有点抽象，不实际。其实这里讲到的习惯是比较具体的，关键是这个习惯能不能产生很好的效果出来。我举一个案例，思维习惯的一个案例。在我们公司铺设地毯的时候，负责人找到了三家供应商。三家供应商的情况分别是：一个价格很贵；一个时间很慢；一个价格便宜但是服务态度不好。负责人不能做出最后决定，于是拿着三家供应商的报价单找到我。我看到后感觉很困惑，这样的问题应该是比较容易解决的。为了帮助负责人养成一个有效解决问题的思维习惯，我就想了一个办法，设计了一个原则，测验一下负责人按照这个原则做出的选择和我的选择是否一样。这个原则就是"两高一低法则"：最高价值（质量），最高效率，最低成本。最后负责人的选择和我的选择一样，我很高兴。这个过程其实是一个思维习惯的传输，是一个标准的传输。接受了它，我们做出的行为就是一致的。

我们企业企业文化构建就是如此，我们输出的是一个标准，按照这个标准，我们就会产生统一的思维和统一的行为。这就是企业文化的魅力。再比如，我们在工厂里通常会碰到很急的任务。我们的货物送到客户手里，品质出了问题有可能被退货，交货期出了问题，客户有可能会提出索赔。这个时候，我们选择的是什么？是选择品质还是选择交期呢？这是一个价值观的问题。我们正睿的"两高一低法则"也是一个价值观的问题。价值观其实就是一个思维方式而已。思维方式的含义就是理念在起着作用，是理念在支配着我们的行为方式。我们的行为方式在执行着我们的思维方式，思维方式是开始，行为方式是结果。所以我们再次把讨论的起点放在了理念上。所以说一家企业的核心理念如何，这是非常重要的。这个理念的形成是公司诞生的开始，是企业文化输出的开始，是文化定位的开始。关于文化定位，在理念体系那里，我们讲到了需要注意的因素。文化定位是同化原理图里的第四个部分，我们不再阐释了。

我们都知道了，意识（思维）决定行为。那么什么决定思维呢？环境（信息，习惯等）决定了思维。我们古语常说："龙生龙，凤生凤，老鼠的儿子会打洞。"我们不是在鼓吹基因决定论、环境决定论的思想，我们只是想指出环境对一个人的思维方式的形成是至关重要的。你是一个农民，就是一个农民的思维，你是一个工人，就是一个工人的思维，你是一个军人，就是一个军人的思维。所以我们一直在追问管理是什么。到这里，我们就会明白管理就是管土壤、管空气、管环境。管理难在哪里？难在对环境的改良、对土壤的改良和对空气的改良。你在沙漠里，你只能种得出仙人掌这些沙漠植物来。你在水田里，你只能种得出水稻来，种不出小麦来。这些道理都是相通的。我们管理做得好不好，决定着我们员工思维方式和行为方式的走向。一个做管理的高手，一定是对企业环境、土壤、空气变革管理的高手。这里面就形成了一个关键的东西：我们的思维方式、行为方式和生活习惯是环境决定的。

打造企业文化就是改变环境，改变环境就是改变人，我们做企业文化的高手就是改变环境。我经常提到在企业里打造企业文化就是"缺什么、树什么，树什么、得什么"。有时候大家缺积极性就树一个积极性的榜样，缺好人好事就树一个好人好事的典范。我们就是要靠典范去同化员工，这是企业需要的文化。现在的问题是我们企业老板不知道企业里缺什么，只是一种感觉而已。我们做人力资源的就要非常清楚，我们企业的氛围现在处在什么样的位置。我下去看企业、看我们正睿老师做的项目时，我最关心的是：这个企业处在什么位置，这些老师处在什么位置，这个项目处在什么位置。把所处的位置弄清楚之后，我就知道怎么去调、怎么去处理。如果我不知道处在什么位置，我就不知道怎么去处理。这里说的"位置"其实就是我们企业的环境氛围，就是员工和管理者的心理状态，也就是我们企业的文化。我们很多企业不知道这个原理，不知道我们企业缺什么，不知道环境有没有污染，不知道污染源在哪里，不知道企业处在什么位置，所以企业就不知道怎么去调整，不知道树什么，不知道怎么去树，不知道怎么去选择。这里，我再延伸一下。我们正睿做项目的时候会召开管理升级誓师大会，不定期地有一些造势活动。再有甚者，我们正睿还会对企业方的组织架构重新设计。为什么要做这些呢？我们做这些就是在造势，把一种氛围营造出来，把一些信息传递过去。这种造势是在影响大家，是在把企业员工负面的东西打消掉，引到正面上来。有些老师说人越多越好，为什么做项目人越多越好？人多了，势就容易造起来了。

这里我们就讲到信息的问题了。企业里信息流通是无时无刻地在进行着。书面的信息我们是容易把控的，但是口头的信息传播就不容易控制了，很多口头的信息传播一旦出错就容易滋生谣言。所以我们正睿老师在企业里的一举一动都要注意，老师在企业里是专家的身份，企业方对老师的心理期待是很高的，这样老师的一言一行的影响就是很大的，所以老师必须要严格要求自己。为了把项目顺利推行下去，我们老师的言语里是不能有消极信息流露出来的。例如"这家企业怎么这个样子"、"人员素质低下"、"环境这么差"……这种信息一旦从老师口里讲出来，对整个企业的管理层和员工都是一次很大地冲击。企业里的实际情况，本来大家是在忍着，老师这么一说，企业员工的信心估计彻底就没了。这是说到信息，顺便提到的咨询师的一些问题。刚才说到，企业里信息在口头很容易失控，容易滋生谣言。比如，高层开会的时候，老板说：大家现在加把劲啊，现在环境这么恶劣，我们企业日子不好过啊。经理下去跟主管说：大家要努力啊，你们再不这样，你们看着办吧，就要走人了。主管下去跟员工说：企业现在非常紧张了，你想干就干，不想干就拉倒，反正现在企业经营也不善，我也想你早点离开了。这样一口头传讲就麻烦了。员工然后再出去跟社会上的人讲：企业现在欠了很多的钱了，你们不要再来了。你说有谁还愿意来企业？所以说，正一定要压住邪。可能做不到百分百的效果，但是你起码要把企业里负面的信息灭杀掉，灭杀到萌芽状态。不能让这些负面的信息继续蔓延，一旦让它们继续蔓延，企业整个的氛围就变了。

在员工之间，往往更容易出现这种负面信息的传播和影响，容易滋生谣言，我经常讲到一个"烂苹果效应"。"烂苹果效应"是指有一个员工在说丧气话，有一个员工倒戈，有一个员工是消极的，他会影响身边的员工消极，说丧气话。而且这里边还会产生很多的谣言，企业里产生一些无中生有的谣言。员工对企业不认同产生离心，很多是因为这些无中生有的谣言。我们很多企业经常会有这样一个问题出现，一些新员工刚来两天就走了，为什么？因为老员工告诉新员工说："我们都准备走了，你还来干嘛？""为什么？""公司三个月没发薪水了"……这是谣言，这是误会，所以要辟谣。关于辟谣，我们在舆论和会议等几个工具的阐述里会讲到。你掌握了底下，整个群体，整个团队，在什么样的环境，他的思维倾向在什么位置，你就要树什么。这个时候，缺什么就补什么，缺盐补盐，缺油补油。这是企业需要的东西，我们要把正面的东西给树起来。

第五节　企业文化构建的七大工具

一、"同"与"化"的关系

"同"与"化"的关系如图 2－5 所示。这是对"同化原理"中第三

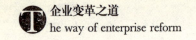
部分的一个细化。我们看到：文与化之间是标准、稽核、目标、培训、会议、活动、舆论七大工具，七大工具的实施是一个化的过程，是一个"行为同化"与"思维同化"的过程。

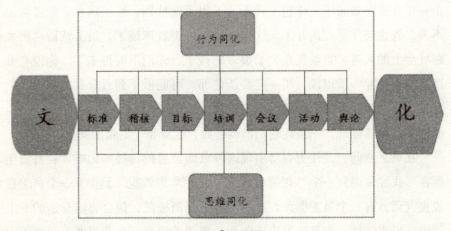

七大工具

图2－5　"同"与"化"的关系图

通过这些动作，我们就会产生一种正确的环境和习惯，会传播正确的信息；进而带来正确的行为。正确的行为是什么？这是企业文化的定位和传输的过程。这七大工具是企业文化构建非常核心的东西。我经常讲到的一句话：管人靠活动，管事靠标准。活动和标准其实都是企业文化管理的一部分。经过反复总结和研究，我把管人管事的活动和标准等理出来了，我们把理出来的这些叫做七大工具。所有的文化打造，怎么去同化，我们企业都必须要通过这些去化。左边是"文"，通过这些动作，变成右边的"化"。大家需要注意的是这些是叫做工具，不要叫做活动，里面的活动和其他的没有包含关系。这些是管理中正常运用的管理工具和方法。我自己仔细思考了这个问题，分类总结，反复地推敲，最后分门别类，就形成了这七个概念。

我们在这七大工具的实施过程中培养出来的和传播出去的是信息、环境和习惯。你生活在一个什么样的环境，你养成了一个什么样的习惯，你接受的是什么信息。这些最终培育出来的就是一种意识，也就是思维方式。这个过程是你的思维过程，这个过程是你的行为过程。七大工具培育的是环境和信息等，环境支配你的意识，思维支配着你的行为，员工的行为其实就是企业文化的定位和企业需要的东西。①目视化，你看到的。比如说我们的可视化教育。我们把打造企业文化的传统方式用光碟录制下来，让企业的经验得到积累和传承。让大家有一个统一的标准。服装怎么穿？这样穿才是标准的。你一开始就要听这张光碟。这只是一个例子。这就是可视化的魅力。有的一些工厂里，就有这样的屏幕放映，一张碟反复地播放，早上听，中午听，晚上听。反反复复，慢慢地就影响人了。②树榜样，你看到的。舆论效应是别人影响你的。那些说话的声音是影响你的。③会议，我们在企业里经常开会。会议是做什么的？会议就是通过这么一个过程去培养员工的统一意识。会议更是思想改造的过程。开会也是在辟谣。树立正确的价值观，把正确的价值观让员工都感受到。有些人说的那些乱七八糟的东西就会不攻自破。这就是大会的魅力。很多人不懂这个原理。④制度，制度是什么？就是你行为的标准，做事的方法。

活动是什么？活动就是通过一个活动产生一种记忆，带来一种情感。活动很重要，活动是一种情感的培养，一种兴趣的培养。通过这种情感和兴趣产生的一种记忆，他就离不开。这种记忆是什么？就是习惯。比如说，我们做项目的叶老师和罗老师配合非常好。为什么？因为他们中间有很多的过程和故事。哪一天，他们两个拆分了，叶老师去上海了，罗老师去新疆了。那么这个时候，在十天之内，他还是有些不习惯，他还在惦记着他的搭档，这就是习惯的养成，这就是打造企业文化的工具。打造企业文化就是改变环境，改变环境就是靠这些方法去改变的。持之以恒的把你企业需要的东西也就是文化的定位通过这些途径这些工具传达出去灌输进去。这个行为就是企业需要的。原来就这么简单。企业文化构建的核心，这才是真正的核心。这就是工具。下面我们来依次阐述这七大工具。

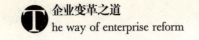
二、标准统一行为

1. "标准化" 是文化打造的基础

在开始讲标准之前，我们先来看一个案例。

企业要的是效率，是效益。效率"利滚利"源于科学管理的"利滚利"。复利就是常说的利滚利。爱因斯坦说：复利的威力比原子弹还大。例如，一个人掌握了一项技能，只要教会两个人，这两个人再各自教会两个人，不出 20 层，就可以教会全世界所有人。有趣的是，汉字"众"的形状正好阐述了复利的意思，它既说明一种方法由一个人传授给两个人的复制过程，也说明企业的壮大就是通过人复制有效的方法从而产生规模化的效益。

我们曾提出这样的问题，你是像诸葛亮那样思考，还是像美国管理学家泰勒那样思考？这两个人思考问题的关键差异就在于，他们提出的方法是否具有可复制性。诸葛亮是伟大的谋略家，但是诸如空城计、草船借箭这些妙计是不容易在企业中复制的。而泰勒总结出来的管理学规律可以在企业中不断复制的，使企业不断壮大。

我们重视标准，把标准当做企业文化构建的一个关键工具，原因在于其标准是量化出来的，标准是可以执行的；标准是知识，标准是大家都可以学习掌握的；标准能够成就一个组织，使得一个企业变得强大起来，不同于诸葛亮式的"个人智慧"，其他人掌握这种"个人智慧"需要的条件因素很多很复杂，这个掌握难度远比掌握标准要大得多。关于标准的整体理解，如图 2-6 所示。标准主要是包括形象、制度、流程、规定、机制和表单等。标准化的核心部分是在该图的第一点："标准化"是文化打造的基础，经验→标准→复制→规模→经济效率与文化传承。大家好好理解一下，这个是非常重要的。我们很多的企业，包括我们正睿前期，往往就在经验与标准的转换这里遇到阻碍了。我们很多企业没有办法完成由经验到标准的转变，没有办法过渡到规模这个位置，没有办法做到经济效率和文化传承。但是这种没办法，究竟是由什么导致的呢？是因为我们很多企业没有这么一个清晰的思路，这个逻辑关系没有弄明白，最关键的是在经验和标准的转换这里没有弄明白。这样，我们很多企业积累的宝贵经验随着时间的流逝也一同消失了。在这个问题上，我们很多的中小企业尤其严重。很多中小企业没有把经验变成标准，带来了很多的问题。人才的复制非常慢，走了一个人，就走了一批经验。企业永远是从零开始的，没有得到积累。是不是这样？所以说，我们做企业首先就要把经验变成标准。这是最核心的问题。因为只有有了标准才统一了行为，只有有了标准才统一了大家的思想，只有有了标准才有了统一思想的过程、方法和工具。

图2-6 "标准化"是文化打造的基础

这里面，我经过反复的研究，认为这个公式和流向是非常符合企业运作的实际情况。我们怎么让经验变成标准？很核心的东西就是总结两个字。

说到总结和标准化，我就想起了修车的事情了。我那个车经常出一些问题，所以我经常光顾修车店。修车店很有意思，他们把电脑连接在车上，几下子很多问题就出来了，没有这一步，我们就是这么单纯地去看、去检查，能知道哪里有问题吗？要是经验主义的话，他是东看看，西摸摸，是不是这样？但是现在，你看修车店把感性的东西变成理性的了，经验变成标准了，在电脑里面操作，输入几个数据进去。我查什么，那电脑自己说话，就出来答案了。哪个地方出问题了，它就帮你锁定。修车已经到了这个程度了。你说现在修车要是没有这个工具，该怎么办呢？这就是经验变成了标准。这是企业文化构建的核心，是非常重要的一步。

为什么我们公司这么拼命地抓总结？就是要把总结出来的变成标准，然后拿来复制，每位员工都可以拿来进行操作。我们企业里就是在这里出了问题。例如，我们去很多企业做管理升级的时候，有些企业方心里总是有疑虑：咨询老师懂我们服装行业吗？咨询老师懂我们的水利工程安装吗？咨询老师懂我们的机械设计吗？咨询老师懂我们的某某这个行业吗？

这个时候，我总是不厌其烦地向企业方讲述这么一个最核心的观念：管理其实是个共性的东西，不是一个个性的东西；我们老师可能不是很懂你这个行业，但是我们懂得把企业里这些有经验的人召集起来，把他们的好东西总结出来，把这些东西变成标准。我们正睿老师的优势就在如何去发现与总结经验并将经验变成标准，这个优势是企业方所不具备的。这就是我们正睿懂的地方，这就是我们正睿的卖点，也是企业方的买点。把经验变成标准是我们正睿最厉害的地方之一，我们可能并不如老板对某一个行业有很深刻的洞察力，甚至我们可能并不如企业里的那些管理人员、技术人员那么专业；但是我们也是有专业能力的，专业能力之一就是我们能把大家的经验变成标准。我们老师做项目在这方面是非常熟练的。

把企业的经验变成标准，就是靠两个字——总结。不要怕不懂这个行业，不要怕不懂这个技术。没有关系，你把握了这个规律，抓住了这种方法，你就懂得怎么去做事情了。从不懂到懂，吸取别人身上的经验，变成标准，拿到自己身上来进行复制。这就是组织的能力。我们正睿做项目的优势也在这里：把一个不懂的东西变成懂的东西，我们要善于总结。只有经验变成了标准，才可以复制。企业的发展一定是从复制开始的。你嘴巴里老是讲我的经验如何如何，你老是看重那些身怀经验的人，就没有办法把这些东西最大程度地去进行复制，就没办法把这个企业管好，更没办法把这个企业做大。经验可以复制，但是远不如标准复制效果好。我们中小企业不能总是有意无意地停留在经验主义这个层面，我们要有意识地提高自己的思想高度。按照这么一个逻辑线索，这个思想高度是不难提升的。经验一定要变成标准，你才可以复制。我们复制的不是经验，是标准。复制了才能带来规模，有了规模才会有经济效益和文化传承。没有这个规律，你的企业永远是做不大的，你永远都是在经验主义的路子上摸索。所以说很多企业做了十年还是像刚开始的时候那样，我们没有变成标准，总是在经验那里折腾，深陷在经验的漩涡中走不出来了。

一个懂得经营管理的人，一定是善于把复杂的事情变得简单，人人都能够操作。这是我的亲身体会。为什么？因为一个企业里，你一个人去掌握企业里所有的东西是非常困难的，除非你是超人。我们中国文化里有

"超人"这么一个传统的,这个和封建社会时期的长期专制是分不开的。一些人总想着一揽独大,总是把自己变成超人知道一切,掌控一切,自己成为能力超群的人,别人成为你的花瓶和摆设。这种思想习俗和现代企业管理制度是严重冲突的。我们企业一定要懂得把事情切分,要进行专业分工,然后让员工各司其职,这样效率才会出来,企业才会强大起来。我们一个产品,比如一个茶杯,要经过 20 道工序,才能做出来。当然,有经验的人也可以独自做出来,但是你能力再强一天能做多少个呢?在工业化的今天,我们需要的是效率,是专业分工。就这个茶杯来说,把它分成 20 道工序,20 个人按照工序来做,甚至你可以分得更细,让 80 个人去做。本来做茶杯这个复杂的事情就变得简单了嘛,效率也就提高了。你看,抛光的抛光,做模具的做模具。我们管理者就要具备这样一种能力,把一件很有难度的事情变成简单,每个人一学就会,人人能操作。这个工作就叫做模式设计。

2. 标准的作用和意义

标准的重要作用在于标准明确地约束了行为,约束了行为就约束了思维。没有标准就给管理带了不确定,不确定是管理最大的障碍。标准约束了行为,约束了行为就约束了思想。这是在前面剖析企业文化概念时已经说得很透了,这里不再多说。那么如何理解标准消除不确定呢?现代化大生产决定了管理是一项非常复杂而有序的系统工程,所以我们说企业的运营管理是高度理性化的工作。我们知道,理性和感性很多情况下是有冲突的,某种程度上,我们也可以说二者是一对天敌。我们这里说的理性严格来说是工具理性,工具理性和感性与随意的冲突是显而易见的。工具理性的具体表现就是形象设计、制度、流程、规定、机制、表单、信息,工具理性的这些具体内容也就是标准的内容。所以说,很多情况下标准和感性是有冲突的。我们说的企业里的不确定就主要是指感性的东西和随意的东西。那么为什么说标准和感性的东西是有冲突的呢?因为百分之百地按照标准去做,效率就会最大化,这是老板最愿意看到的。

为了更清楚地了解这个问题,有必要了解企业里的不确定究竟是指什么。企业里的不确定主要是指规章制度没有覆盖的地方,这个没有覆盖的地方主要是指企业对工作没有细分到位，工序之间衔接处没有明确规定，个人的内心想法和情绪不能很好地预测。专业分工和工作细分是为了减少模糊性，是为了增强工作内容的清晰度，这样就可以有效提高工作质量和效率。个人情绪预测是企业管理上不容易做到的，为了最大限度地消除员工个人的情绪对工作的不利影响，企业需要做的就是让员工的工作变得更加清晰以及增强奖罚规则的透明与公平。企业做的这几点工作最终都要落实到标准上来。我们还常见的不确定有企业里的突发事件，突发事件的处理就需要有应急机制。我们看到很多突发事故产生的原因，往往是对已有规章制度的不遵守和随意抵触造成的。所以说，企业解决理性和感性的冲突主要是靠标准来解决，这样做不是说我们就不需要一些感性的东西了。我记得古罗马有一位哲学家曾经说过："遵守规律才是自由，才是幸福的开端与保证。"这话同样适合于企业，问题在于如何使得规章制度等更加透明与公平。这点在中国现实里格外醒目。我们正睿在企业表单、流程等标准制定方面是有丰富积累的，并且已经从中总结出了一套系统解决方案。

现实中，我们很多中小企业是根本就没有什么标准，作业指导书不完善，是在凭经验做事。我们正睿曾经为一家音响制作企业做管理升级。我们老师在企业生产现场调研时发现很多工位没有作业指导书。这说明企业根本就不知道什么是标准，不知道怎么做标准，不知道标准的作用和意义。我们在一家机械制造企业调研时发现作业指导书有很多问题。作业指导书可操作性不强，指导书的内容不够全面和准确，方法不够准确，没有结合材料、图纸、操作步骤、检验等实际情况，对生产没有产生实际指导意义。比如有一张工序图上显示，有两个装配孔的要求相当严格，但是工艺上没有防呆措施，新手操作时容易装偏，对不上又要敲打出来，容易敲坏，造成物损。这说明工程师在设计作业指导书时，没有深入生产现场详细了解工装夹具是否到位、操作是否方便简单、关键的参数如何在装配工作中实现等情况，而是凭个人经验做指导书，脱离实际。更为要命的是企业对显而易见的地方（没有防呆措施）都没有做出相应规定。这里还有一个问题，为什么制作出的作业指导书没人遵守？标准的来源出了问题，经验要转换成标准，但是在成为标准之前我们要对企业实际情况有充分地了解。这是经验形成标准这点上需要特别注意的地方。

我们的管理如果是数学，那就好办了，数学是有答案的，管理不是数学，所以没有答案。有很多事情是未知的，未知的会带来不确定性，不确定就会产生很多的问题，这些问题是没有办法去掌控的。所以，我们企业尽量是要做到规章制度全覆盖。我们没有标准就带来很多的不确定。不确定是管理最大的障碍，是不可控的，是未知的。把不确定尽量变成确定。所以，管理这里，我们在努力的做一件事情：把感性的变成理性的，把语文题变成数学题。

3. 标准为主，会议为辅

在标准这里，我们还需要注意的就是在企业里要坚持标准为主、会议为辅的原则。我们去企业调研的时候基本上都会遇到一个相同的问题：会议繁多，会议决议取代流程制度，本末倒置。会议是我们企业文化构建一个很重要的工具，但是很多企业对会议高度依赖，这就混淆了标准和会议的职能。出现这个问题原因主要是两方面的：第一，制度文件太多，标准不统一；第二，会议太多，会议决议有取代制度文件职能的趋势。上面我们提到那家企业有多达 737 份文件，这么多的制度文件反映出的是企业方思维混乱，思路不清晰。文件如此之多更本质地反映出的是企业没有标准，不知道什么是标准。没有标准，就不能提高效率，反而成为了累赘，制度文件成了摆设。规矩不在于多，而在于落实，否则，再多的规矩也没用。当然，标准最大的障碍还是中国传统文化的专制习俗。古语有云"一朝天子一朝臣"，一个时期一套制度。这种情况怎么可能有标准出来，标准是要保持稳定性的。美国宪法已经有 200 多的历史了，至今补充的条文也不多，保持了相对的稳定性。所以美国能够发展到今天这么强大，是因为宪法提供了一个基本框架和游戏规则，大家在这个框架内玩。这就是标准的力量，标准产生效率就要高起点和高度科学化，必须要保持相对的稳定性，不要朝令夕改。这么做才是标准，不是说制定了几个文件出来就是标准就是制度。形成标准要有很多因素做支撑的。

会议太多，会议决议严重削弱了文件的职能。我们做过一个项目，老师在调研时，管理部提供了一份《例行会议一览表》，该表所列的会议多达 28 种。这 28 种会议是例行会议，还不是临时性会议，这样一来，使得各级领导养成了不下现场、不按流程制度办事的坏习惯，本来属于职责范围内或者按照流程制度规定办，能够及时解决的问题也拖到会上解决，能推则推，形成了会议决议实在不能推卸了才动，而高一级的领导也乐于利用会议发号施令。我们老师在查看一次产销会议的会议记录时发现了一项会议决议：要求各部门必须做好会议前准备工作。而该企业《会议管理制度》明文规定："4 职责 4.5 参会人员 4.5.1 事先准备相关资料和发言准备。"把文件制度里的规定拿到会议上去了，制度文件和会议的职能混淆混乱。标准是用来预防异常问题产生的，真正执行到位的话异常问题将极少发生。我们追其原因，是因为管理层没有养成按制度办事的习惯，养成了官僚习性，再加之管理层更换频繁，换一个人就换一种做法，管理失去了连续性，长长的管理系统慢慢被破坏了，从而导致异常几乎天天发生，而且同类异常重复发生，久而久之，管理层把制度当做累赘，错把异常当做正常，天天"救火"，而不是"防火"，有时甚至在"纵火"。这样做是会议不再是会议，标准不再是标准。会议决议之间有矛盾，会议决议与制度之间有矛盾，并且重复发生，周而复始，破坏了流程制度的权威性，导致管理没有标准化和会议效率低下，从而导致整个组织运作效率低下。另外一个原因是标准本身制定的不合理，可操作性不强。

标准是企业强大的最基本保障，这是一个基本常识。欧美日韩企业和中国企业的最大区别也就是在标准上，事实是我们中小企业在标准方面做得较差。我们企业做不大就是因为在企业日常运作中有太多非标准的东西占据上风，甚至是取代了标准。肯德基已经风行全球，但是中式快餐始终做不大。固然，中式快餐本身就存在对标准的抵触，但是标准还是可以做出来的。中式快餐缺的是流程，缺的是不能流水线生产，缺的是标准。大家都知道这个理，但是始终做不到。看来关键还是要找到经验转变为标准的路径和方法。以上就是标准方面的阐述，标准是企业做大做强的第一位的因素，是企业文化构建的第一个核心工具。

4. 重经验、轻标准的不利影响

丰富的工作经验对工作的顺利开展固然重要，但只凭经验做事也有一定的局限性、随意性和保守性。在企业创始阶段，我们主要是靠自身的经验推动着企业向前发展。但是当企业发展到一定阶段时，企业就需要一套完整的管理思想与标准体系来规范与引导所有的员工朝着对企业有益的方向发展，而不再是凭着经验"头痛医头，脚痛医脚"。企业也就不能再靠走一步算一步的管理模式来带动企业发展。现在的中小企业核心问题往往也就是在标准这里。我们缺标准，缺技术标准，缺规范的各种运作流程，缺合理的薪酬与考核标准等。没有标准就等于缺乏规范员工工作行为的依据，缺乏企业正常运转的程序。标准的缺乏就会造成员工工作和企业管理的随意性很大。

企业如果只注重经验而轻标准，好的经验就不能变成企业标准得以传承，从而形成个人垄断，企业运作只能依赖个人经验，有经验的人不仅拿高薪，还享有特权，甚至企业不敢管，并且会导致走一个有经验的人某项工作陷入瘫痪局面，更不用说企业规范化和标准化管理运作了。我们很多企业实际上就是停留在原始时期，原始时期就是一个凭经验做事的时代，信息是口头传播。企业重经验轻标准就是这么一个情况。经验做事和口头决议就势必造成企业人治大于法治。缺乏标准最不利的影响就是在这里，企业人治大于法治，企业完全依赖个人能力，能人统管一切。看看百年老店，哪个是依靠能人，依靠人治走过了这么长的岁月？

三、稽核提升执行力

1. 稽核的含义

上面在讲标准时提到，我们很多企业是有作业指导书却不遵守。为什么会这样呢？就是因为没有稽核。关于稽核，在正睿的另一本书《为实业加油》中专门讲述了企业稽核系统的建立，从概念到工具做了详细阐述。这里，我们对稽核只做一个简单说明，着重指出需要注意的几个地方。什么是稽核？稽核就是检查、核实。从大体上来说，企业需要稽核各种流程制度、会议决议的执行情况。企业为什么要稽核？就是因为人们只关心要

被检查的事情。很常见的例子，上学的时候，老师说哪个作业要检查，学生们保证完成任务；那些没有提到说检查的作业，事实是很多同学没有去做的。你跟对方明说，这个事情要兑现啊，我要核实跟进的，他就会去做，否则，肯定是做不到位。人都有偷懒省事的天性，而稽核就是一种信号，传达着某人对某事的重视，对某些规章制度的重视。稽核更像是一把达摩克利斯之剑，悬挂在头顶。所以说，稽核可以减少异常事故的发生，可以有效制止偷懒省事的现象，能够提高员工的执行力。

我们知道企业文化管理更多是一种内控，思想上的统一与约束。为了达到企业文化管理的效果，我们必须重视稽核。稽核是一种外控，而不是内控。外控是别人施加给你的。让内外控相互嵌合，这样才可以达到很好的效果。这里需要明确的是：稽核发挥效果的前提是制度尽量完善。制度完善是稽核发挥效力的前提，有些企业是制度不完善，很多标准并没有建立起来，这种情况下去做稽核，稽核本身就丧失了明确的稽核对象，使得稽核成为标准的替代品。还是那句话，先防火（把制度尽量做完整），再去救火和灭火（补救措施如稽核和会议等）。总的来说，稽核是针对人的天性而来的一项具体管理措施。

2. 稽核的内容

稽核包含了领导、上下工序和组织三个方面。其实我们通常讲的稽核只是谈了一个部分，即组织稽核。什么叫组织稽核？组织稽核是稽核这个岗位，就是企业里的稽核办和稽核组。稽核组是这个企业运作里的一个部分。这是叫做组织稽核。除了组织稽核，还有上下工序稽核。上下工序稽核就是相互之间的检查和监督，比如我是PMC的，我当然就要去给生产的带来稽核。我是生产的，我就会给物控带来稽核，我没有物料，我做什么做。它在相互制约。还有就是领导的稽核。领导的稽核是什么？我布置了作业，我安排下去，领导有没有义务去追究去检查去指导呢？肯定是有的。我们在做管理升级的时候，往往忽略了这个东西。我们现在很多企业在稽核这方面的问题就是只有组织稽核和上下工序稽核这两个稽核，没有领导稽核。很多的时候，我们把所有的标准都建起来了，建起来之后呢？稽核办去稽核。稽核之后，稽核就变成了管理层的一种依赖，久而久之的那种依赖。领导失去了领导稽核的这种作用，不主动去询问下属执行情况如何了，不去找问题了，不去稽核了。领导变成了什么呢？全部是跟着稽核办去稽核。得罪人也是你稽核办，找问题也是你稽核办。我这个领导我不管这些了，难得逍遥啊。

企业里出现的很多问题和领导稽核是分不开的。领导的这个稽核功能被夺走了，被剥削了，被侵占了。组织稽核侵占了领导这个本身具有的稽核功能。本来是一个领导有权力去稽核他的下属的。所以这里，我们一定要分清楚，什么叫组织稽核，什么叫领导稽核，什么叫上下工序稽核。我们一定要清楚，我们的组织稽核不要去侵占了领导稽核的功能。我们正睿老师到企业里去做项目，就在不断地灌输这种理念，灌输这种行为。领导本来就有责无旁贷的和不可推卸的稽核责任。以前我们是把这个稽核，这个非常规的在西方管理学中的组织运作的模式弄过来了，但我们很多问题还是没有解决。现在终于想明白了，组织稽核侵占了领导稽核的功能，领导就变得被动了，而不主动了。领导的责任也就变得被动了。人是很奇怪的个体。

3. 稽核的功能

稽核的功能主要是培训、组织信息反馈和公正性。稽核不仅仅是抓毛病，挑问题，这还是前提。挑问题和抓毛病的目的是什么呢？目的是最重要的，是你让对方得到改正。很多稽核的人在这个地方往往犯一个错误。他稽核别人的时候，就只知道抓人家的小辫子，抓别人的短板，却不知道怎么让人家去改变。你稽核就是让人家得到提升，得到学习，稽核就是培训。我们不要把稽核仅仅理解成是找错误，我们正睿老师们到企业里去通常会跟所有的稽核人员阐述这种观念，还要进行系统性培训。稽核是一种培训，这是我们首先必须要认识清楚的。稽核是组织信息反馈，稽核是"情报机构"，这怎么理解呢？意思就是说整个组织的信息一定要反馈及时，我们除了这种正常的 ERP 信息化的传递，更重要的是组织其他人员的信息、经营管理业绩的信息和过程的数据的信息等，这些信息需要靠稽核去核实去收集。还有企业里出现的各种异常情况以及征兆，也是靠稽核来去查实和发现的。

公正性是稽核的自我要求。这点很重要。通常来讲，稽核是个"得罪人"的事情，是个纪检部的事情。稽核这个工作本身的性质要求更应该坚持公正性，铁面无私是必须的。很多企业有个很普遍的现象。我们老师和企业的管理层交流时发现：这些管理层在谈本部门的时候，要么轻描淡写，要么闪烁其词，要么避重就轻；而谈其他部门问题时则滔滔不绝，而且，没有任何人谈过自己有什么不足之处和失误之处，相互抱怨。这说明管理团队的自我检讨意识很差，自觉修正行为就更谈不上了。这个部门间的监督做得很好，但是相互抱怨，都不改正错误是最麻烦的。监督的目的是改正错误。这个问题的解决就需要钦差大臣了，稽核办必须要客观公正地把各部门间的问题和事实都要找出来，亮出来。你不是相互抱怨吗？你不是相互推诿吗？你不是不改吗？我们稽核人员等要出马去调查取证了，把事实和问题都亮出来。在会上亮出来，相应的惩罚措施拿出来。问题就会得到解决了。倘若在这个过程中，稽核没有坚持公正性，纠偏纠错就失去了标准，稽核成了包庇和纵容的事情了，稽核就失去作用了。总而言之，稽核弥补了传统的组织结构中的不足，稽核是提升执行力的有力保证。这里我总结一下稽核为什么提升执行力。就三点：第一，稽核提升能力，所以稽核提升执行力；第二，稽核是检查你的工作任务，稽核是外控，所以稽核提升执行力；第三，稽核是情报机构，所以提升你的执行力。

现在很多中小企业现状是有制度却不遵守，而且有些企业是有《稽核管理制度》和《问责制》两个制度，但是企业实际执行力非常低。我们正睿为一家机械制造企业做调研时，就发现这个情况很严重。企业一开始就颁布了《7S管理办法》，但是到我们老师去做调研时，这个办法已经颁布两年了却还没有任何执行的迹象，车间、仓库和办公室等非常混乱。企业也制定颁布了《稽核管理制度》和《问责制》两个制度，我们老师在调研时就这两个制度执行情况询问了稽核专员，稽核专员明确说执行不到位，尤其是问责制难以执行。我们老师又进一步询问为什么《问责制》难以执行，稽核专员说追究责任会降低效率，还会影响公司与员工的关系。执行力本应最强的稽核专员居然有这种意识，稽核的效果也就不言而喻了。但是，这还不是更本质的原因。我们老师经过系统总结和分析发现主要的原因是管理层随意性大，规则意识不强，这样势必"上行下效"。一般来讲，企业里管理层的守规程度和员工的守规程度是成正比例关系的，管理层的执行力和员工的执行力也是成正比例关系的。这个规律大家可能都懂，但是就是不遵守它。归结到一点，企业管理层主要是老板"心不够狠"，对自己"不够狠"，谈什么对别人"心狠"。老板在规则上不遵守，凭什么去说服下面的人去遵守。我们很多企业现实就是违反这些常识，难怪企业没有效率可言。

四、统一目标 统一行为

1. 什么样的员工是企业最想要的

关于目标，我们在前文中做过阐述。那时我们更多是停留在精神层面做说明。现在，我把目标进一步具体化了，把目标看成是企业文化构建的一个重要工具。这样去阐述，我们对目标就更加有认识和更易把握了。图2-7是我们正睿关于目标的最新研究成果，主要是从目标的切分来实现企业和员工个人的互动，最大程度去提高员工的积极性，这张图是一个从理念接受到行动落实的体系。目标也即是我们工厂说的计划，企业里对这个都是很重视的，但是实际情况是企业对目标计划缺乏整体认知。就图2-7来说，很多企业认识不全面，不系统，很多关系企业没有弄清楚。我们先来看一个故事。

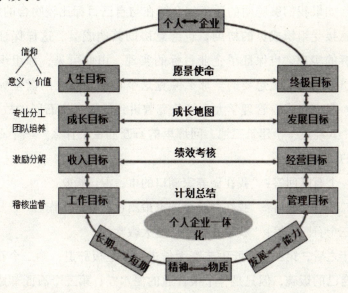

图2-7 个人目标与企业目标互动模型

　　我们都知道，大雁通常是一个群体排成"一"字形或"人"字形来飞翔的。"一"字形多出现在风和日丽、没有压力的时候。等到秋天的时候，大雁要飞回南方去，因为天气越来越凉，雁群必须保证飞行效率，这个时候是"人"字形飞行。当"人"字形飞时，领头雁在前面飞翔，它猛烈地煽动翅膀，在翅膀下边形成一个相对真空的环境，这样跟在它后边的一只大雁就会占领这个位置，飞行的阻力就小了。跟在后边的大雁，相继都会得到同样的力量。这样一来，前面的大雁给后面的大雁营造了一种环境，使得它们在飞翔过程中，要克服的阻力比单飞时候要克服的阻力小很多。每只大雁都借助到了前面的大雁的力量，唯独领头雁没有。但是在雁群中，领头雁的角色并不是固定的，是交换的。飞行过程中，头雁最辛苦，没有任何力量可以借助，一旦头雁疲倦，就会主动的退回到队伍中而由另外一只雁取代。科学家所做实验表明，当雁阵飞行的时候，它是单只大雁飞行速度的 1.71 倍。可以想象，落伍的单雁不只是飞行速度的减慢，极有可能是飞行过程中受冷致死。

　　在这里，我们可以把一个组织、一个企业的运作比作一个雁群飞行。和拥有相同目标的人在一起能更快更容易的到达目的地；因为彼此能相互推动。如果我们够聪明的话，就会留在与自己目标比较吻合的组织中，而且乐意接受组织成员的协助，也愿意协助其他成员。这样保证了员工个人目标的实现，也保证了企业目标的实现。由此可见，和组织目标相吻合的员工是企业最想要的。那么究竟这个目标相吻合的衡量标准是怎样的呢？我们再来看管理学大师德鲁克曾讲到的"三个石匠的故事"。

　　有个人经过一个建筑工地，问那里的石匠们在干什么？三个石匠有三个不同的回答。

　　第一个石匠回答："我在做养家糊口的事，混口饭吃。"

　　第二个石匠回答："我在做整个国家最出色的石匠工作。"

　　第三个石匠回答："我正在建造一座大教堂。"

　　十年之后，第一个石匠手艺毫无长进，被老板辞退；第二个石匠勉强保住了自己的饭碗，但只是一个很普通的泥水匠；第三个石匠却成了著名的建筑师。在这里，我们不必为前面两个人的命运惊异。因为从他们回答问题的答案就可以看出，他们只顾眼前利益，对于未来并没有一个明确的目标，而且对待工作的态度也是截然不同的。可以说，前两个石匠之所以会有这样的遭遇，是因为他们对工作本身没有明确的定位，不知道公司给他们的工作具体是什么，更提不上有明确的目标了。因此，第一个石匠对工作毫无感情，只是把工作当谋生的手段，除此之外没有任何其他意义，"做一天和尚，撞一天钟"；第二个石匠对工作缺乏足够的认识，对工作的关注点只是自己的技艺要如何的高超，这样就忽略了工作本身，这是一个"艺术家"幻想色彩很浓厚、本末倒置的石匠，没有考虑到技艺的精湛需要熟悉工作本身最基本的套路；第三个石匠很明白自己的工作和公司的目标是什么，把自己的工作目标和公司的目标合理的统一起来了，这样的员工是公司最想要的。所以，第三个石匠经过时间的锤炼最终脱颖而出。

这个故事很好地说明了什么样的员工才是企业最想要的，这样的员工才可以成长为优秀的管理者。每个管理（包括员工）人员的工作必须注重于企业整体的成功，我们必须要保证企业的每个成员的工作能够融成一体，产生出一种整体的业绩，员工工作应该是没有隔阂、没有冲突、没有重复投入。想要成为一个合格的员工，必须保证自己的付出是整个企业所达成目标的一个组成部分。做到这一点并不容易。需要员工和管理者双方的联动——内在的、外在的联动。

2. 什么才是企业真正的目标

什么才是企业真正的目标？我们的回答可能会是"企业利润"，这是企业需要达到的目标，这在核心理念那章剖析的很清楚了。但是这个思路帮助我们找到了问题的关键了吗？未必。这些目标还没有击中企业的真正目标。企业的真正目标应该是"造就顾客，成就顾客，服务顾客"。就如同我们个人来说，我们总是那些造就他人的人心存感激，我们愿意在这些人的带领下做事，愿意把所有的资源甚至是包括自己交给这样的人来配置。这让我们想起了宗教，为什么这么多人在信仰者宗教？原因之一是宗教是造就人的，是在帮助一个人成就他自己。仔细想一下，是不是这么回事？所以，造就顾客是企业动作展开的关键点，一切思考的核心点。服务顾客的工作是核心工作，是企业真正的目标。这个目标也就是我们说过的产品理念和服务理念。其他目标则是这个目标的附属品。所以说，整个企业的目标体系最核心的就是服务顾客这个目标了。但是这个常识，小到小企业，大到大企业，往往都在忽略它，并为此付出了惨重的代价：失去顾客，就意味着失去了生存的理由，你的价值和意义也无从谈起。

手机业巨头诺基亚在最近几年接连失势，业绩出现大幅度下滑。苹果第一代手机诞生时，诺基亚并没有认识到消费者需求的变化，还是依然固守着塞班系统，把主要的研发力量放在了这个系统，对智能操作系统不屑一顾。诺基亚并没有认识到手机硬件上的竞争优势已在减弱，手机行业越来越注重操作系统等软件开发上。由此，诺基亚在技术创新上一再延误战机。公司在技术创新上，也显得很怪异。据说，诺基亚的一家研发中心做了一个很奇怪的试验，是冰块切割的试验。总的来说，诺基亚仅仅是把手机当做了手机，并没认识到手机的娱乐功能，没有清楚地认识到人们对社交等多元业务的需求。诺基亚在由苹果开启的智能化手机时代迷失了方向，公司业绩已经出现大幅度下滑。

诺基亚之所以在技术创新上和战略决策方面出现严重失误，最根本的原因就是没有充分了解消费者的诉求，还是停留在以前的认知上。满足顾客，服务顾客是企业所有工作的核心，是衡量员工业绩、管理者业绩和企业业绩的标准。所以，我们企业很多的动作最需要的还是常规性的动作，还是对常识的坚持，对变化的快速反应。

3. 目标分解和互动

所有的企业，都从终极目标而展开。既然是从终极目标而展开的，企业里面最核心的问题就是要解决组织上所有人目标的一致性。这个叫做同向的问题。同向就是同一个方向。我们知道有同向、相向和背向。这几个中，同向的时候，力量是最大的，这是很明显的道理。所以，我们企业一定要解决个人和组织同向的问题。我们怎么解决？我们要把个人的目标和组织的目标进行分解。如图 2 - 8 所示，我们把个人目标分解成了人生目标、成长目标、收入目标和工作目标，我们把企业目标分解成终极目标、发展目标、经营目标和管理目标。我们发现这里面有一个规律。个人追求和组织追求的其实是一码事情。你看个人的人生目标大不了也就是两个东西：精神的和物质的。我能赚多少钱，我要活的有价值有意义一些，我要实现我自己的理想和抱负。企业也是一样，企业要实现自己的理想和抱负。企业的成长和个人的发展不是一回事吗？个人没成长，企业怎么成长呢？收入也是一样。收入当然就要和企业的经营进行对比。你的个人的收入，比如业务人员，你的收入达不到，你的提成达不到，原因是什么？你没有达到公司的经营目标，你的个人收入目标能达到吗？公司经营困难，员工的收入也就会受影响。个人和企业的目标是相互关联的，是一回事。大家看见这个规律了吧。你看工作目标，员工每个人每天做的事情是与企业管理目标一致的。右边是总的，左边是分的。右边是组织，是企业；左边是个体，是员工。就是这么一个规律，我们很多企业是没有发现这个规律，没有按照这个规律去办事。

发现了这个规律后，我们就需要总结一套方法去解决个人和组织同向的问题。上图2-8分别在人生目标和终极目标、成长目标和发展目标、收入目标和经营目标、工作目标和管理目标之间设置了愿景使命、成长地图、绩效考核和计划总结这几个方法和工具。这些方法和工具大家都已经耳熟能详，这里不再赘述。问题关键是要明白这张图揭示出来的规律和这些方法与工具的位置。我们看到，愿景使命的目的是在打造企业信仰，意在揭示我们企业和员工双方的生存意义和价值；成长地图主要是在专业分工和团队培养的工作；绩效考核在做激励分解的工作；计划总结是在做稽核监督的工作。企业的整个经营管理就是这么一个情况。总的一句话就是：统一了目标，就统一了行为。

4. 关于个人目标与组织目标脱节的原因分析

现在很多中小企业在目标管控这方面的表现比较差，就我们正睿的管理咨询经历来看，企业里年度经营目标制定不合理，各部门分目标和企业总目标相脱节。企业产生目标脱节的原因很多，下面从员工个人和企业方这两个角度来剖析。

从员工个人角度来分析主要两种情况。首先，是时间上的冲突。刚才提到了一个规律就是个人目标和企业目标在分解后来看其实是一回事，如图2-8所示，哲学上有一个共性（抽象）和个性（具体）的关系。把这个道理拿到这里来，我们会发现一些东西。无论是个人目标和企业目标的分解，显示的都是共性。也就是说，我们是从所有员工这个角度总结出的员工个人目标，然后进行了分解；我们是从所有企业这个角度总结出的企业目标，然后进行了分解。这些都是抽象的概念术语，我们说的目标一致也只是指的这个抽象意义层面上的。真正到了现实中，具体到每一家企业和每一个员工身上，情况往往并非如此。从现实角度来看，个人目标是贯穿一个人一生的职业生涯规划，是终生的。而组织的生命尤其是企业则是短暂的。有统计显示，世界 500 强企业的平均寿命为 40 年；中国 500 强企业的平均寿命是 10 年。这是一个客观存在的事实。因此，没有人会把整个职业生涯规划放在一个企业上；因为企业的经营是有风险的，而员工职业生涯规划的前提与假设是无风险状态。这是企业经营者必须承认的一个客观事实。所以，员工个人目标和企业目标发生脱节是有这方面的因素存在的。

其次，个人目标的局限性导致个人目标与组织目标脱节。在实际工作中，员工容易把个人目标锁定在本职工作上，不能意识到本职工作与组织整体工作之间的关系，导致个人目标与组织目标脱节。管理学上把这个现象叫做"局限思考"，当企业中的员工们只专注于自身工作上，他们便不会对所有工作因互动而产生的结果有责任感。这就常常导致员工与员工、部门与部门之间隔阂的出现。这个"局限思考"在所有的企业都不同程度地存在着，所以企业要在这个方面多注意。这种专注一旦在企业里养成很浓的风气，对企业经营是很不利的。我们企业，尤其是大型企业都很注重员工个人成长，会采取很多措施，比如做培训、做技能竞赛、做技术创新竞争等。这种专注的过度重视产生的不利影响主要是这么两点。一是造成了员工之间和部门之间的紧张，这种紧张直接让员工的主要注意力由市场转移到了企业内部；二是造成了员工或部门和企业整体的脱节，员工或者每个部门的注意力主要集中在了技艺的成长上，对其他员工或者其他部门以及企业整体的工作与目的认知就会大大削弱，这是非常不利的。我们企业的生存是在社会，是在市场，是在顾客。我们做的这些工作就不能把这个最基本的目标给模糊掉。

　　在打破员工和部门"局限思考"上，美国通用电器施行的"无边界管理"是个很典型的例子。其实，"无边界管理"在所有的企业都存在，老板就是无边界管理的典型代表，因为是自己办的厂子，所以对每一个版块细节都关心是理所当然的。关键是老板要把自己身上这个"无边界管理"的意识和行为输入到每一个员工身上去。所以说，老板在物质上和精神上对员工都要有很实在的动作。

　　从企业方面来看，产生脱节的原因主要有两点。首先，企业管理层的整体驾驭能力偏弱。我们正睿在为很多企业做诊断时，发现管理层在企业的理念认知上是很模糊的，老板在这方面还好一些。但是老板也只是有一个比较清楚的远景目标，在具体的战略规划方面，比如短期和中长期的部署上也是比较模糊的。企业在战略规划方面上比较脆弱，管理层基本上缺乏战略规划的能力。企业很多管理人员只是知道如同蚂蚁一样做搬家工作，做具体的活儿。企业管理层没有战略上的一个清晰认识，企业是在做"死活儿"，不是在做"活活儿"。也就是说我们企业没有高瞻远瞩。这是管理层整体驾驭能力偏弱的第一个表现。很多企业在生产计划和物料计划方面做得很差。订单管理不到位，业务员和PMC之间配合不到位，生管完全不能准确掌握当月要生产的订单数量有多少，订单管理完全失控，丧失计划功能。更有甚者，各车间的计划冲突，上下工序间的计划脱节。生产计划是企业运营的一个核心，这个工作都做不好，可想而知，整个企业的运作好不到哪里去。这是管理层专业能力和整体驾驭能力偏弱的第二个表现。管理层的能力偏弱直接导致了一线员工拼死地在做事，比蚂蚁还要蚂蚁。我们企业每天看着都很忙，上下都忙了个死去活来的，但是效益不大。为什么？企业人员的整体素质能力偏弱，我们把管理给做死了，把管理做得不像管理了。

　　其次，激励措施不当或者不到位。激励措施不当会产生两种结果。一是导致员工产生不公平感。根据亚当·斯密的公平理论，员工会将自己的付出与所得与同事进行比较，如果员工不公平感产生，员工感觉受到不公正待遇，员工会用降低工作效率或者工作质量等手段来表示抗议。二是激励措施不是员工需要的，没有起到激励的作用。根据马斯洛需要说，一种需要得到满足以后相应的激励措施就不再起激励作用。组织实施的奖励如果不是员工真正需要的，员工个人目标无法在组织中得到满足，员工工作积极性就会下降，直接影响组织目标实现进程。有些企业，给员工的薪酬设计是计件工资，但是计算方法很费解，员工根本不知道这个工资是怎么计算出来的。还有些企业明确规定给业务员发放提成，但是到了发放时间却不执行，至于提成怎么算出来的，业务员不清楚。这些本应该很透明的管理细节，我们企业总是玩模糊战略，是不是只有玩模糊战略企业才能生存得更好？未必。这些都是企业奖励措施不到位的表现。

五、培训

1. 企业为什么要重视培训

现在社会已经步入知识与信息时代，企业要想谋得生存，就必须对知识和高素质人才高度重视。现在很多中小企业由于太过依赖经验运转，对标准不怎么重视。标准是什么？标准就是知识。所以说，没有知识我们的企业就不能做到做大做强。标准在企业得到贯彻，一个重要的工具就是要做培训，培训必然要成为日常管理的一个重要环节。在很多知名企业里，培训已经是人才培养机制里一个系统的常规动作了，但是很多中小企业在这方面的表现欠佳。企业建立一个系统的人才培养机制是非常重要的，这个培养机制不只是企业方贯彻标准的一个重要渠道，也是培育员工清净心、事业心和企业心的重要渠道。员工来到我们企业无非有三个目的：一是赚钱，二是需要这个平台成长，三是需要这个平台来给自己一个机会展现自己。员工留在我们企业是需要理由的，企业需要去满足员工的这些目的。我们正睿曾经为很多高新技术企业做过管理咨询，这些企业本应在这方面做得很好，但是这些企业的人才策略是重招轻培，自己没有建立系统的人才梯队培养机制，中高层管理人员主要是靠外招，但是事实是外招人员的忠诚度是很低的。我们中小企业应该去除20世纪八九十年代那种人才观念了，中小企业整个培训机制建立起来，主要是在为自己的运营发展提供后劲，在为自己培养人，是增强企业稳定性的一个重要工作。整个人才培养机制的有无和好坏是企业留住人的一个重要工具。

　　中小企业在人才培养机制方面的落后，反映了一家企业没有清晰的认识，这是战略上的缺乏。我们很多企业的做法就是一种农民做法，思想意识就是一种农民意识。农民做法和农民意识很重要，勤劳刻苦和朴实认真都是企业必须的。但是现在是工商时代，是工业文明时代；我们更多的是需要在知识上、在战略上有突破和立足。在工业文明时代，农民做法显得格局太小了，我们这样做法只能把管理做死，把员工做死，把企业做死，直至把自己做死。企业为什么总是死气沉沉的，总是那么压抑？我们太土了，我们要做的就是"土"去"美"来。企业要在思想认识上有突破，必须要有一个战略上的清晰认识。中小企业现在这么难做，除去环境因素，内在因素就是战略上的问题，战略就是一个宽度、深度和长度的问题。因为没有这个战略上的清晰度，我们企业很多做法就是短期行为，很多做法就是"一刀切"。现在很多中小企业都在贪求短期的小利，在经济环境景气的时候更是如此，这会导致企业忘了自己的那些长期的奋斗目标，只关心快点把产品生产出来和快点卖出去，所以企业更愿意说务实。但是我们的"实"做得太过度了，我们的"实"就是太多的细活儿，我们都沉浸在细活儿里去了，扎进去出不来了。整个企业看起来是忙忙碌碌的，但是很多都是在应急，都是在救火。我们企业需要"虚"的，"虚"的就是说的这些战略上的东西，就是梳理出的这些企业文化方面的东西。企业里，人才培养与培训机制是企业维持健康运行的核心战略，是企业家运筹帷幄、凝聚共识以及提升沟通能力的最佳途径，是当今企业吸引众多优秀人才加盟的利器之一。人才培养与培训机制这些工作是一家企业运作的活血剂。

　　我们企业要把自己打造成一个学校，人人学习的地方。我们服务过的一家企业，在新员工入职培训、员工技能培训、管理技术培训方面都没有一个明确的制度和方案，员工能力和技能得不到提升。有些员工在企业工作多年了，接受的就是一种师徒式的经验式的培养。但是由于企业做活很实在，员工做事很认真，企业发展的还是不错的，企业规模逐渐在壮大。企业一壮大起来，问题就更多地暴露出来了。最突出的就是企业提供的产品服务和企业现有规模不匹配，员工能力和企业发展之间的冲突比较严重。原因就是这家企业在人才培养机制方面是几乎为零。企业其他方面工作已经做

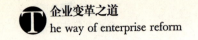
得很大了，但这个人才培养机制却没有做起来，这样企业肯定要出问题。

2. 培训的主要内容和要求

一个合格的管理者一定是一个好的教育者。管理者不但知道做什么，还知道为什么要这样做。这决定了管理者是个教育者，这是原因，原因的追寻与掌握就是知识的掌握，教育者就是知识的掌握者与传授者。而普通员工更多的是知道做什么，做什么是知识的起点，但还不能构成知识，知识是对为什么做这个和为什么这样做的深层次剖析。可以看出，员工在知识的掌握上是不足于管理者的，企业的正常运转离不开管理者对员工的教育，所以我们说一个合格的管理者一定是个好的教育者，因此，培训的实质就是教育，就是一个明理的过程。如图2-8所示，培训的主要内容有技能、见识、思维和心态。现在企业里的很多管理者只知道培训就是培训技能，把培训理解得比较窄。但是就这么一个理解，我们很多企业也没有做到位。刚才提及的那家企业，规模很大了，但是员工在技能掌握上还是靠老师带徒弟式的经验培养。这个跟企业没有把自己的经验变成标准有关系，更跟企业不重视专业知识培训有关。技能是培训的基础，所以培训首要的是要做好技能的传授。在很多中小企业里，企业内训做的很少，外部交流学习也只是局限在高层管理者身上，知识上的匮乏必然影响到企业的健康发展。

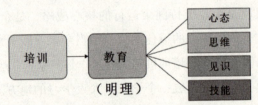

图2-8　培训的主要内容

关于培训的其他三个内容，即见识、思维和心态。我们已经知道了管理者是个教育者，做好教育者更重要的是在见识、思维和心态的培育上。普通员工总是会出现"局部思考"的现象，这个"局部"是什么意思？"局部"就是只知道把自己的事情做好，只知道自己做什么和怎么做，至于其他的则知之甚少。我们管理者不同于普通员工的地方就在这里，管理者更多是"全局思考"，拥有的是一种"全局意识"。这个"全局"是什么意思？"全局"就是知道为什么这样做。为什么就是原因，原因是什么？原因是怎么得来的呢？我们寻找原因就是要把事与事之间的关系给找出来，就是要把生产、物料和仓库等之间的关系给找出来。关系找出来了，原因也就出来了。这就是管理者胜于普通员工的地方。"全局意识"就是对事与事之间的关系掌握得很清楚。这个"全局意识"也就是我们这里说的见识、思维和心态。为了更好地把事情做好并得到一个整体上的良好效果，我们管理者一个核心工作就是要想方设法地向员工灌输这种全局意识，也就是要培育这种见识、思维和心态。可能我们很多管理者一看到见识、思维和心态这些东西觉得很抽象，但是知道了这个道理，它们就不再是抽象的东西了。关键还是要弄明白员工和管理者的工作实质，工作实质就是刚才讲的那些。增长见识、拓展思维和调理心态这三项工作是很有挑战性的，这和管理者的经验与功力有很大关系。但是我们明白了，做好这三项工作需要遵循的一个基本思路：把事与事之间的"关系"讲给员工，我们管理者做工作就会顺利很多。至于讲得巧妙与否，这就和管理者个人功力有关了。

培训的实质是知识的传授，企业最终需要的是这个知识和这个标准能够在企业里落地。知识不落地就产生不了力量，成了企业里的累赘与摆设。所以在培训这方面就要有两方面的责任者。

第一个责任者是企业方，企业方对自己要有一个比较充分和正确的认识，要知道自己的主要问题在哪里。这样，企业在做培训就会有针对性。很多企业对自己的认识不够，对自己需求的重点把握不够准确。要对企业各个部门的问题、员工的技能现状、管理者的素质现状、知识、见识、思维和心态各个层面的问题及严重性都要了解清楚。企业要做好培训的工作，先要自明。这个道理很简单，但是很多企业就是做不到。我们正睿曾经遇到这么一家企业。这家企业之前聘请过其他咨询公司做管理升级，但是做的效果不理想。请到我们正睿后，我们老师对其做了充分的调研。在调研过程中，我们发现企业对自己的认识是不清楚的，企业对自己的问题和需求把握不准，这直接导致了上家咨询公司做管理升级的失败。我们老师在项目进行当中逐渐帮助企业认清了自己并及时纠正了企业需求上的偏差，这个项目目前进行得很顺利。先自救，再他救；先自助，再他助。所以企业一定要对自己有一个清晰的认识，这样才不至于在培训或做管理升级上花冤枉钱。

培训的第二个责任者是培训方。现在企业通常的做法是聘请外部人员来企业做培训。培训方必须明白自己做得不是一次性买卖。培训方必须要保证知识能够落地。就管理咨询公司来说，我们的特点就是能够帮助企业认清自己，能够把企业里好的东西变成标准变成知识，能够知道什么知识适合这家企业，能够做到量身定制。

六、会议灌输

会议对企业文化的重要作用，我们首先要理解清楚。我把它总结了一下，一共有五点，它们分别是统一思想、端正行为、鼓励士气、理念灌输和辟谣。会议可以解决问题，但是我说的是企业文化构建。也就是企业文化管理过程中，我们的会议应该扮演什么角色。统一思想，会议一定是思想建设的过程。"会"字拆分来看，是由"人"和"云"组成的。发现了没有？人云亦云。人云亦云不就是统一思想形成的过程吗？会议是统一思想的过程，是端正行为、鼓舞士气、灌输理念和辟谣的过程。理念灌输是什么？前面讲了，整个理念是通过会议灌输进去。你把理念分解好了之后，你处理每件事情和每一个行为要和理念是相吻合的。下面分三个方面剖析会议工具。

1. 会议规范

在讲到标准的时候，我们提到企业经常出现的一个问题是会议决议取代了制度。这会把标准和会议两者的主次地位和功能混淆了。会议应该是对标准的宣导、执行和补充。这是会议规范方面需要注意的第一点。会议规范方面需要注意的第二点是要对会议种类和时间安排进行分类整理，并形成制度。很多企业会议种类繁多，管理者的时间很多是耗费在了会议上。企业要把会议种类删繁就简，归纳出常规会议和非常规会议（应对异常情况的会议）。一旦会议类型确定，就不要再随意更改。我们企业对会议很随意，动不动就是开会。这可能是由执行力和效率低这些客观现实导致的，但是企业不能过度依赖会议去解决这些问题，否则会议就取代了制度。执行力和效率的问题主要是依靠稽核的。企业专门有一个稽核专项会议，就是解决这些问题的。因此，不要再因为这些问题去生出其他的会议形式了。

会议规范需要注意的第三点是开会的规则。很多企业根本就不会开会，我们正睿归纳了企业在开会方面出现的几个常见问题。第一，高层有时迟到，自己不说明是否已提前请假还是迟到，主持人也不做说明。第二，主持人缺乏主持会议的能力，引导会议偏离主题。第三，主管、经理的计划与总结没有提交给主持人，也没有通过正规形式演示如投影等，只是口头表述。第四，平时通过沟通、协调或者通过制定流程制度可以及时解决的问题拖到会上解决。第五，部分与会人员准备不足，汇报时没有提出需要别人支持的事项，别人发言时却提了出来，想起来的时候又提出一个。第六，会议讨论出现冲突矛盾，情况严重的还进行人身攻击。这些问题都是因为不遵守会议规则造成的，一个完善的会议规则可以有效避免这些问题。

会上，我们常见到参会人员要么沉默无语，不会辩论；要么如同打架，争吵不休，情绪化很严重，不能理性地倾听和说服别人。这些表现的不是能力的差异，也不是道德上的优劣，其实都是人性。这些人性的反应，我们可以通过相应的开会规则来避免或者鼓励。西方国家在这方面做得比较好，如《南塘十二条》就是根据《罗伯特议事规则》改装的，很实用。我们企业在开会时能够采用其中的一些规则来开会，可以提高会议效率和公平性。众所周知，我们企业所有动作的目的都是为了建立规则，提高效率，增加效益。为了谋取利润，规则的建立和效率的提高是前提。我们看到，会议和规则是一体的，把会开好，就意味着我们把规则建立起来了，规则开始能够执行下去和发挥作用了。要开好会议，企业主要注意两点：第一，要选好主持人；第二，要在会上把领导者尤其是老板限制在规则内。

2. 会议辟谣

关于辟谣，我们企业并不陌生。流言的作用就如同烂苹果效应。一个企业其实是一种氛围和环境。如果一个人的思想和心态有问题，他的这些问题会影响周围的人。就像一个苹果一样，一个苹果烂掉了，几天要是没有清理掉，这一箱苹果就会烂掉。这一箱苹果烂掉了，几天要是没有清理掉，这一屋子的苹果就会烂掉。这是细菌感染。人也是一样，人也是相互可以传染的，最怕的是交叉感染。企业里经常会面临着这样一个问题。例如，某企业老板发了很多钱给管理层，这个工厂的工资是很高的。发给大家后，没有一个人感谢老板。一开会，没有感谢两字，没有一个人有敬畏之心，没有发现一个人对组织有组织观念。大家都是不可一世，他们的眼睛就是冒绿光。你老板就是赚的我的钱，他们从来没有想到说我赚了你企业的钱和你老板的钱。他没想到他养活了企业，企业也养活了他。这些人没有这种观念。这种企业的人大有人在。我在深圳的时候碰见一个企业。企业老板非常有钱，而且也非常大方，一诺千金，给员工的工资在同类企业是最高的。但是没有一个人去感谢他。原因是什么？这些人之间的议论和心态问题。员工天天看着老板的缺点。"你看今天开会的时候老板打瞌睡呢"、"老板的确有时候打瞌睡，我们这个老板太没出息了"……老板已经十来个亿的资产了，怎么会还没有出息呢？这种说法肯定是错误的。这些人的眼睛里光盯着老板的这些缺点，光看着组织的问题，光看着这个组织里面存在着的不好的东西。在私底下就是相互传，你看到老板打瞌睡，我看到老板和某某个女的在一起，老板行为有问题。你看，这种一来二去的交叉感染一多了，企业里哪有凝聚力啊。再如，刚好老板这几天经济有点紧张，过两天发工资。不行，我刚才看到办公室里好像有很多人去要债了。下面就开始议论开了：办公室里很多要债的，公司搞不了多久了，马上要倒闭了。人就是这样奇怪，一走到一起就七嘴八舌地说开了，企业里面天天在发生着这种事情。

作为管理者，你越是位置高，你就越要注意自己的一举一动。管理层真的是要自我约束；因为你的一言一行都会变成整个企业的走向，变成整个企业的氛围。有的时候企业高层真的是很苦恼，你已经越来越不属于自己了，而是属于整个企业。比如，老板和管理者通过高层会议讲到：大家辛苦了，五一放假两天。那管理者下去跟员工讲：大家辛苦了，老板说了，五一一定要放两天假，还要加餐。有的管理者下去会这样说：你看，老板真是要不得，但是没办法，这是老板的决定，五一本来是三天假，但是这是老板的决定，我只能放两天假。你看老板这么一个决议传达下去，在基层员工那里变得面目全非了。企业里的这些人和这些谣言是祸害企业最核心的东西。你可以看到历史上很多事情都是谣言引起的。这种不正确的企业氛围影响了企业的走向。这就是千里之堤，毁于蚁穴。所以说，我们要在这个管理的过程中，通过大会去辟谣。有的企业从来没有开过大会，要通过这个全厂大会去辟谣，以正视听。会议就是让大家有一个正确的信息渠道，把各种不好的言行风气击垮掉。但是前提是领导者一定要知道企业里面产生了哪些谣言。稽核是什么？是信息的传递，是人的信息的传递。领导者不知道现在这个企业的氛围在什么位置，你怎么去辟谣？所以一定要去了解企业的现实情况。我们正睿老师一去到企业，大概就会知道这个企业处在什么位置，下一步就是去实地调研和论证。这是长期咨询管理经历养成的一种职业素养。

作为一个企业的领导者，重要的是一定要知道大家的思想处在什么位置，状态在哪里。知道了之后，领导者还要有一个系统的辟谣方法。企业里往往是这个地方没有做到，要通过大会，每个月开一次全厂大会，各种类型的会议去辟谣。我们做管理升级开始时为什么要搞一次全厂誓师大会？目的就是要正视听辟谣，统一思想，消除各种不利于管理升级的思想情绪和行为，还有各种流言蜚语。人是很奇怪的，人都是相互改变的，我们的思想行为都是互相影响的。在会议这样正式的场合，企业公开标榜什么，反对什么，这些就是在对员工进行思想指导。事实就是这么一回事，这是思想的影响，这是辟谣。

3. 会议灌输

企业里面经常面临着一个问题：公司文件上传下达会有热度递减的病症。往往是高层非常着急的一件事情，很紧急，马上就要执行。但是这个事情到了中层的时候，它就只有 50 度了，高层是 100 度，员工是 0 度（如图 2-9 所示）。下面员工对你高层着急的这件事情基本上不怎么感冒。企业的人数越多，这个事情热度的辐射面就越小。企业里经常会有这种情况，人越多，就经常出现这种情况。所以，企业一定要通过会议这样的正规形式把重要事情灌输下去。不然的话，就很容易扭曲很多东西，传达不到员工那里。员工接到事情，心里的重视程度是不高的。所以说，会议是保证热度的一个利器。在会议中会有各个层级的决议，所以必须要做好会议记录，并把这些决议分解。会议记录分解的过程有两个核心问题。第一个是它的正确性。不能歪曲了从上到下的这种思想、这种思路。例如，我们上面讲一句，下面的讲几句，再下面的再讲几句。到员工那里的内容和董事长给总经理的内容是不一样的了。往往这是歪曲了。第二个是要保证它的及时。100 度，50 度，0 度，为什么会这样？极有可能是在传达的速度上出了问题。董事会开完了，过了很久才开总经理会议，然后又过了很久再开部门会议。这样一拖再拖，高层的思想热度不能及时完整传到基层员工那里。这些问题怎么解决？要保持会议记录的连续性，要保持速度。董事会的会议开完了，把决议分解下了。然后开总经理例会，把会议记录分解。分解到部门会议，部门会议再接着开，会议记录也要做出来。总之，就是要和上面的会议记录要吻合的。公司的每个会议都要做好记录，然后分解传到相关级别和相关部门。企业里越是人多，越是要这样去规范。你要保证班组会的会议记录和总经理会议的会议记录方向上都是一致的，下一层级的会议记录是对上一级记录的贯彻和丰富。总经理讲的内容要一直传达到员工的心里当中，传达到基层当中。这种信息传递是不能有错误的。这是会议传递信息的一大优势。

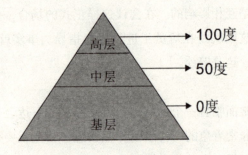

图 2-9　上传下达的病症

　　总之，会议对整个企业的决议灌输和氛围塑造很有效。会议对一个企业来说，对企业文化构建来说，就是一种理念的灌输。我们要通过这种会议方法去把这些东西化到员工心里去。这个就是会议工具在企业文化构建中发挥的具体作用。

七、活动策划

1. 活动的参与感受

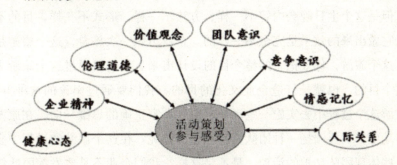

图 2 – 10　活动策划

最后一个工具是活动。活动对企业来说已经不陌生了，但是现实中很多企业在活动这方面做的很差。我们首先来看活动是怎么来的，为什么要组织活动。我曾经说过："管个体靠沟通，管群体靠活动。"企业是一个大家庭，规章制度的宣导如果主要靠单对单去沟通是不现实的，效果会很差。所以更多的时候，我们企业是把大家召集起来做公共宣导，比如会议、培训和活动等。面对个人的时候，主要是沟通来达到共识的。面对群体的话，是通过活动来影响大家的。关于活动，我们首先需要明白活动的目的是什么，也就是活动的参与感受是什么。目的明确了，至于何种活动形式则是很容易策划的。很多中小企业在文娱设施上有了很大改进，但是在活动的目的策划这方面却比较匮乏。例如，我们正睿在一家企业做诊断时，发现该企业人力资源部有一名文化专员，因为能力有限，未能做好文化活动。比如为员工集体庆生时，只是为生日员工发蛋糕和生日礼品，没有其他环节的安排，气氛沉闷，没有达到应有的效果。所以活动目的是非常重要的，我们企业做每一个活动，都要把目的给总结出来，然后再按照目的去规划每一个环节。

　　活动不是随意做一下就能做好的。我们开一个生日晚会是为了什么？很多人不明白，都是为了做活动而做活动。所以说，我们在企业里要引导这些老板去开展活动，比如组织旅游。旅游的整个的结构设计是非常科学的。你崇尚的是什么东西，你想要传达出的是什么？这些都要在活动之前设计好，你要把大家的这种思维引导到这里来。我们办一个员工生日晚会，但是这个生日晚会内容不一样，方法不一样，形式不一样，目的不一样，它做出来的效果是完全不一样的。企业组织一次旅游，这个旅游是什么？这个旅游，你要把它的整个目的设计出来。我们要通过这个旅游去达到这个目的，也就是打造企业文化的目的。我们要通过舆论的这种方法，在旅游这个过程中去实施一些动作，引导大家正确的思维导向。在旅游这个活动中，我要颂扬一种团队精神。怎么办呢？在这个旅游的过程中去举办一些体现团队精神的活动。是不是这样？我们企业不是要发挥团队精神吗？那就设计一些互帮互助的游戏细节。我们要在这个旅游的过程中去达到热爱企业的目的。

　　图2-10基本上把活动的参与感受罗列出来了。这种活动策划的参与感受主要是健康心态的打造、企业精神的灌输、伦理道德的灌输、价值观念的培养、团队意识的培养、竞争意识的培养、情感记忆和人际关系的处理。这些是活动的目的，企业一定要通过活动去达到其中的目的。比如说情感记忆，情感记忆是什么？我们要通过一个活动让大家在活动中产生一种情感，形成记忆。很多员工不想离职，为什么呢？因为他在这个企业里的人际关系很好，我和大家的关系很好。我对面还有一帮兄弟一帮哥们儿呢，还有一帮老师、一帮上司和一帮下属，我们的关系非常好。我不想离开这个企业，哪怕是工资很低，我也不想去找别的地方了。我已经在这里做了十年了。这是什么？这是一种情感。这种情感是靠什么来打造的？就是靠日常的点点滴滴，特别是公司历次组织的活动。情感是靠一种记忆，他的记忆多了，无形中就会"日久生情"。活动是一种体验，在这种体验中展现出来的结果当然就是企业价值理念的接受了。再如竞争意识，竞争意识是什么？在活动中让员工们去PK，培养大家优胜劣汰的竞争意识。我们在内部做竞聘，内部搞产业提升，搞竞赛。这些都是在培养员工的竞争

意识，培养团队的竞争意识。这些是整个活动策划的目的。围绕着这些目的去开展一些活动，通过这些活动把这些方面的理念给激发出来，把这些理念输入到员工的脑子里去。

2. 活动策划的基本原则

上面讲到的是活动的目的，这是首要的。我们现在来看如何策划一场活动。要想把一场活动策划好，就必须坚持几个基本原则。是先有了目的，才有了活动；不是先有了活动，才有目的。我要达到一个什么样的目的，最后通过什么样的活动去支撑达到这个目的。这个活动里面要设计很多的结构：目的、活动形式、方法。这里，我把它们总结了一下，有这么几个关键点，这几个关键因素是必须要有的。第一个，每一场活动里面必须要有一个精神的东西在里面。你要打造一个什么样的精神基础。第二个，每一场活动里面必须要有一个榜样在里面，有好有坏，有一个榜样有一个模范有一个典型在里面。这个榜样其实就是显示我们要的那个精神的载体。第三个，每一个活动里面必须要有一个主角和亮点。主角就是我们所说的榜样，亮点就是我们在整个活动中设计出的最高潮，是活动最耀眼的地方，也是氛围最浓厚的地方。我们组织一次拔河比赛，拔河比赛是什么？它不是一个简单的拔河动作。严格来讲，它是一个显示企业文化的载体。在动作发生的过程中有很多呐喊声，还有条幅，这整个就营造出了一种团队精神，人们在这种环境中感受到了这种精神。

很多名牌企业在活动策划方面是非常系统的。比如江苏华宇电缆有限公司在这方面就做的非常好。

在华宇电缆，随着年轻员工的不断加入，80后已占到了30%以上。作为青年员工，他们的人生观、价值观还没有成型，追求事业的渴望没有那么强，同时依赖性强、内生动力弱。如何改变这种状况，提高团队的整体战斗力？总经理方成健自有他的一套。"公司基本上每两个月组织一次较大规模的群体活动，增加员工相互间的沟通和了解，对团队文化产生共识。"

在一次春季拓展训练期间，华宇电缆组织全体青年员工到徽杭古道进行徒步训练，刚开始有些员工就抱怨这是自讨苦吃，有些还没开始就喊着做不来。总经理方成健看到了，一边鼓励员工增加斗志，一边做表率带头训练。员工们看到老板都开始行动了，就不再说什么，也跟着训练起来。一路上，在相互间的扶持、鼓励下，几十公里的徒步训练任务很快就完成了。"原来几十公里的徒步并不那么困难啊，我们还是有巨大潜力的。"员工们纷纷表示，通过徒步训练，他们看到了自身的闪光点。"希望通过让员工吃苦，来磨练意志，在面对困难时，能发挥团队合作的精神。"方成健由衷地说道。

每年的 7 月，是华宇电缆的关爱家庭月，方成健和公司中高层管理者都会分别到情况特殊的员工家里坐坐，和他们聊聊天，了解他们的需求，至今这项活动已经推行了 3 年。有一年，方成健走访一名老员工时，发现这名员工家里一尘不染，房间打扫得干干净净，东西堆放得整整齐齐，当时他非常惊讶。要知道这名老员工家里就他一人，老婆和孩子并不经常在他身边。细问之下，这名老员工告诉他，公司在搞 6S 管理（整理、整顿、清扫、清洁、素养、安全），他家里也要搞 6S，要跟上公司的步伐，体现自我价值。员工的这番话让方成健非常感动，更感到欣慰。"公司推行现代化管理的时候，有些老员工不愿意配合甚至反对，认为这样做只会让程序更加繁琐，增加工作量。但是执行下来，还是有一定的效果，这让我更加坚持要推动全员做下去。"

不仅如此，华宇电缆还经常组织员工积极参与社会活动，让员工在活动中学会付出、学会分享。1 月初是管理团队赴外参观学习期；3 月 5 日是华宇的志愿者活动日，公司组织员工到省庄老年公寓慰问老人，为他们打扫卫生；5 月举行青年员工野外拓展训练；7 月是员工家庭关爱月，会举行员工家属亲子活动；9 月组织全体员工外出参观旅游；11 月是公司固定的安全与消防活动主题月；12 月会举办健身运动会和健康知识讲座，组织员工进行体检……"在华宇电缆，我们时时都能感受到关怀，处处都能实现自我价值。"员工们自豪地说道。

活动必须要做成一个系统的东西，和企业整体运营以及日常管理工作互相渗透。活动成为一个系统在运转，才能发挥出很好的效果出来。华宇电缆的例子很好地说明了这点。总的来说，活动策划的原则就是第一要有目的，这是精神的东西；第二要有一个故事；第三要有人物，要有主角，要有榜样；第四就是要有亮点，要有一个活动的高潮；第五就是一些典型的活动要常态化，不能今天组织这个活动，明天组织那个活动，活动不能总是换来换去，也不能很久才组织一次活动。这些东西你要放进去。这样才能打造团队意识，才能打造价值观念的培养。活动是个纽带，把员工和企业连在一起。活动里面的策划，你是看得见的；活动带来的效果是看不见的，却是可以感受到的，这正是企业需要的。这样子才能把企业文化构建起来。活动策划在体会和体验中感受企业主流文化，让员工们参与进去，让员工去体验。所以说，活动是引导员工的思维，让员工产生一种正确的想法和行动。活动策划必须周全，包括活动的目的、意义和典型等。

八、舆论效应

1. 舆论的含义

舆论引导正确的价值观，这主要是从人的本性来看的。人都有从众心理。从人类的起源看，从整个发展过程看，人是有从众心理的。这是人的本性。所以说，管理要从了解人的本性开始。第二个，人都有正邪两面。这就是人性。他正的时候，正的不得了；邪的时候，邪得很坏。他有自私的一面，也有公正的一面。面对利益的时候，他就变得模糊了。当然有的人面对利益的时候，他也不变模糊，很清晰。但是大部分人面对自己的利益时候，他的邪的一面就显现出来了。这就是人的本性。那么，舆论是什么？舆论是一种势，是一种无形之势，是一种氛围。舆论是激发人心向善的最好途径。为什么？因为人都有从众心理，因为人的本性是有恐惧之心的，寻找到组织和随从主流能够获得心理安全，不至于被社会这个组织抛弃掉。舆论就是抓住了人的这个本性，所以努力在营造一种所趋之大势，让人们在这种氛围中去获得心灵安慰。这就是为什么说舆论能够引导正确的价值观。

舆论是通过大家的一种共同的价值观（这主要是营造出来的一种氛围），带动个人的观念，通过这么一种氛围，去带动大家的观念，放弃内心恶的一面，激励人心向善。中央电视台有个节目叫做感动中国，这个节目是社会道德的风向标。媒体非常重要，因为人都有从众的心理，他是跟着主流走的。你只要树立一个什么东西，就能得一个相应的东西。所以说，舆论是一种势，是一种环境，是一种氛围。它的目的是什么？是激发人心向善的最好途径。我们正睿去到企业做管理升级，也非常注重舆论，注重营造一种"势"。老师进到企业那天，往往要开一次誓师大会，主要目的是把管理升级的大幕揭开，要让企业上下全体员工知道我们是谁，知道我们是来做什么的，知道管理升级对企业对个人的意义。要形成一种升级之势，要把全体员工的心都拉到这个氛围里面来。所以，我们把这个称作强势开局，把管理升级这个理念迅速地传播到企业的每个角落，把这种舆论给营造出来。

2. 舆论的来源

舆论是企业文化构建的又一个核心工具。舆论效应可以促进个人对组织的认同，培养正确的价值观念。那么如何营造舆论效应呢？这要从舆论的来源说起。我们做的所有的事情，尤其是一些关键的事件，如果有意识营造一种舆论氛围出来，我们就可以从这些事件中总结出一个思想观念。在海尔集团就有这么一个案例，海尔人称它为"范萍事件"。

1995年7月12日，海尔洗衣机有限公司公布一则处理决定：质检员范萍由于责任心不强，造成选择开关插头插错和漏检，被罚款50元。海尔高层敏锐地意识到范萍漏检所揭示出的哲学命题：偶然当中蕴含着必然。范萍漏检是偶然的，但如果产品质量如美国GE产品那样过硬，这种偶然就不会发生。而"必然"，是什么呢？答案是管理漏洞！《海尔报》于1995年7月19日率先造势，点名提出："范萍的上级应负什么责任？"此事引起全公司上下的巨大震动，大家纷纷发表评论，最后达成共识：企业要发展，关键在人才，而人的关键在于干部的水平与作风。什么是领导？"领导就必须承担领导责任。"承担领导责任不是口头说说、不关痛痒地自我批评一下了事，而是要动真格的，要有切肤之痛的感觉。事件最后，分管质量的负责人自罚300元，并做出了深刻的书面检查，由此也进一步奠定了海尔文化中的一个重要原则：80/20原则（即企业里发生的任何一件过错，管理者都要承担80%的责任）；对于广大职工来说，对企业经营中的你中有我，我中有你，合作共利，连续不断等理念也有了一个既形象又本质的认识。

关键的少数制约次要的多数。管理人员占 20%，是少数，也是关键的少数。管理要抓住关键的少数，也就抓住了系统，这样就能整个企业有效地运转。如何真正做到通过 20% 来管理 80% 呢？最重要的一条就是在员工出现责任时，管理人员也要承担 80% 的责任。通过"株连"，使管理人员始终保持对下属的严密监控。

在《诠释海尔》电视片中，片中采访海尔集团时任常务副总裁杨绵绵，她是这样解释"工人出错，干部受罚"的。她说："我和张总有意见不一致的时候，那么我就要听他的；同样，我和下级像柴永森，也会有意见不合的时候，作为下级，在没有想通的时候，还是按照我的去做，出了错，上级要负责任；出了错误，如果不是我来承担责任的话，那他以后怎么照我做，我还老是推到他身上去，上推下卸，就叫不负责任；上面推他的领导，下面推他的下级，那他干什么了，他就等于没有。"

海尔管理层确实厉害，能够看透事件背后的东西，善于抓住机会来一次思想大讨论，把存在的问题上升到哲学思想的高度，并采取了很公平的措施把员工的思想观念引导到正确的价值观上去。最重要的是从这次事件总结出了一条很重要的管理原则：80/20 原则。由此，舆论对企业文化构建的功效可见一斑。我们也看到，要想把舆论做到极致不是一件容易的事情。这需要企业管理层要有敏锐地洞察力，能够看穿一件事情的本质，善于造势，来一次思想大改造。我们知道了舆论的来源是事件，是企业里每天都可能发生的一些异常情况；我们就可以制造舆论出来。很多企业只需要把握住一些很关键的事件即可。问题就在于我们中小企业管理层对异常事件非常麻木了，反把异常当做平常。

我们的老师有一次在企业调研时发现这么一件事。一个新入职一天的员工，工作了一天，晚上去食堂打饭，结果发现饭早就没有了。这位员工气呼呼地找到主管，要回相关证件直接说我不做了，连饭都吃不上。主管就说：我这个人很好说话的，你爱做不做。随后就把证件交给了这位员工。我们老师看到这个很惊诧，做管理怎么可以这个样子，连最起码的人文关怀都没有。我有时候在想管理是不是真的就那么难，这个事情反应出管理并不是很复杂。正确的做法应该是主管首先道歉，然后马上解决员工的温饱问题，接着赶紧为员工办理好入职和住宿等手续。这几个动作就那么难实施吗？在这个事件中，我们企业完全可以把它做出强大的舆论来。为什么管理那么难？为什么我们企业招不到人？为什么员工流失率这么高？难道没有原因吗？我们管理上有严重的漏洞啊！我们的管理者思想观念上是有问题的。我们也可以像海尔那样来一次全厂大讨论，把不能及时办理入职手续的管理漏洞找出来，把管理者思想观念上错误的东西给抓出来，把员工不能吃上饭的原因给挖出来。这么一来，我们企业需要的责任、平等、高效等文化还怕出不来吗？

3. 舆论的内容、方法和工具

效 应	体现内容	方 法	工 具
个人对组织的认同	提升士气 提升集体荣辱感 提升企业凝聚力 培养统一价值观（信仰、道德、精神、心态）………	1. 感受社会、客户、供应商、员工对企业的评价。 2. 体现企业组织价值。 3. 树立正确的人生观、世界观、组织观、道德观、行为观。……	报纸、期刊、征稿、意见箱、员工心声……

图 2 - 11　舆论效应

图 2 - 11 对舆论的内容、方法和工具等做了一个总结。舆论效应的目的是实现个人对组织的认同。那么认同的具体内容主要有：提升士气，提升机体荣辱感，提升企业凝聚力，培养统一价值观（信仰、道德、精神、心态）。这些是舆论希望达到的目的。方法是什么呢？方法主要有：感受社会、客户、供应商、员工对企业的评价；体现企业组织价值；梳理正确的人生观、世界观、组织观、道德观、行为观……第一个是你要通过什么

样的舆论让社会、客户、供应商、员工等对企业产生何种评价。现实中社会、客户、供应商等对企业的评价信息要收集好，企业要把舆论事件设计好，还要准确地预测出舆论效应，这些信息要正确地在公司传递。这么做就是为了要让大家感受到我们是一家人，让大家感受到荣辱与共。第二个是体现企业组织价值。企业是一个组织，是一个大家庭，是一张大家共同的脸。企业里的每一个人要把企业的价值理念等在社会上体现出来。我们正睿在一家企业做咨询的时候碰到这么一个案例。一个员工在北京送货，在河里面救了一个人，北京当地媒体报道了这件事情。公司知道这个事情之后，迅速地把这个报道张贴在公司里面，做了一个光荣榜。这是社会对这个员工和企业的认同啊。企业所有员工看到这个光荣榜后，心里都觉得很高兴，都有一种自豪感，企业里文化氛围浓厚了很多。如果企业再进一步把这个事情设计好，争取来个事迹报告会，思想大讨论，把这个事情"扩大化"就更好了。因为每个人都喜欢在一个社会广泛认同的组织里工作，而不喜欢在一个被边缘化的组织里面工作。谁都喜欢在世界五百强的企业里做事。企业的价值观到处显现着，员工的自豪感和热情很容易被激发出来了。

第三个是树立正确的人生观、价值观、组织观、道德观、行为观。这是人的心态，是精神层面和道德层面的。就像上面这个抢救落水者的事情，我们企业员工最终感受到的是助人为乐、见义勇为、勇于承担责任的一系列价值观，这些已经是道德层面的渗透了。那么，舆论的工具是什么呢？报纸、期刊、征稿、意见箱、员工心声等。这些是属于传播载体和渠道，经由这些途径去造势、去产生一种舆论。这些工具是很重要的，很有用的。最重要的是现场大讨论和小组讨论等。这些工具是站在媒体的高度，振臂一挥，是在努力造势。造势就是要把大家内心自私的阴暗的一面给照亮，就是要形成一片光明的气势。

舆论的目的就是要形成精神层面的东西，就如上面提到的人生观、价值观、组织观等。比如道德观，在我的家乡有一个很有名的事，清末时候有位大臣，他的儿子去跟皇帝的女儿谈恋爱，恋爱的事情没有告诉父母。后来呢，公主说要和儿子结婚，儿子回来跟父亲商量，父亲吓了一跳，把儿子处以死刑。为什么会这样？原因就是一种道德观在起作用，儿子的行为违反了这个道德观。道德观就是要形成一种道德舆论。什么是好的，什么是不好的；你必须要把它们量化出来。你要在大家的心里烙上一个更深的印记。我们再看价值观、人生观和世界观。我们要做一个什么样的人？我们怎么去看待这个世界？怎么去善待同类？我们要怎么样去善待动物和植物？怎么善待地球？回答这些问题就是意味着我们需要何种价值观了。这种正确的价值观，我们要把它树立起来。舆论是很好的教育和传播方式。组织观，很多企业是没有组织观念的。有些人不想被管理。你要是管他一下，他就跟你翻脸。很多企业往往是在组织观上有很多问题。我经常讲到的一句话：没有纪律就没有效率。没有组织观念，没有这种组织的意识，企业就是一盘散沙，就只是赤裸裸的金钱雇佣关系。这样的企业好不到哪里去。现在的很多企业里都缺乏这件事情，缺乏组织观念，都是个体观念。行为观是产生正确的行为。当然可能还有很多，我把最重要的总结出来了。

　　舆论是一个系统的事情，我们按照这些步骤去做，就能够收到很好的效果（如图2－11所示）。特别需要注意的是舆论比较侧重于思想层面，思想性是它的突出特点。总之，舆论效应就是培养正确的价值观，就是让个人对组织产生认同。

第三章
企业文化传承

　　企业文化构建，其核心是用标准去同化。企业文化的标准是要坚持，变来变去的标准就失去了同化的力量，更谈不上企业文化的传承，也谈不上健康文化的打造。

第一节　人是文化的创造者也是破坏者

　　企业文化传承是企业日久长青的关键。我们企业以往积累的丰富经验和形成的标准能够在企业里继续实施，并不断得到更新，这就是我们所说的企业文化传承。我们前面说到企业文化分成三个部分：企业文化的起源、企业文化构建、企业文化传承。这个划分是为了便于阐述做出的划分，我们不能把它理解成时间顺序上的严格划分。很多情况下，这三个部分是相互交织在一起的。在企业文化传承这部分，我分三个方面来剖析：第一个方面是从人的角度；第二个方面是从企业发展阶段；第三个方面是从企业信仰。

　　要把企业文化传承说清，我们还是要从了解人性开始。因为文化传承同样是个管理问题。在规则制度上，人性是什么样子呢？很多人都想成为规则的制定者，而不想成为规则的服从者。人总是想着要置规则于身外，总是想着凌驾于规则之上，只让别人遵守。这就是很多人对待规则的普遍心理。而企业文化的目的就是要培育大家的规则意识，大家在企业要养成按规则行事的作风。在企业文化起源部分，我们知道了企业文化主要来自于老板。领导者（老板和中高层管理者）是企业文化的创造者，但往往破坏企业文化的也是领导者这些人。企业文化也就是规则能不能执行下去关键还是要看企业里的领导者们。在企业文化传承上，领导者必须要做到以身作则，并一以贯之。我们中小企业在这个地方存在着很多误区，老板把企业当成自己的，想怎么做就怎么做。表面上看企业是老板的，其实不是这样。这是一种土匪的思维，是一种强盗逻辑。这种土匪思维下的企业除了压榨和索取之外，不会承担任何责任和义务，是没有任何规则可言的。这些思想上的误区就是没有弄清楚企业文化，就是没有弄清愿景使命这些东西。企业是个载体，这个载体承担着太多的责任：对自己、对家人、对股东、对员工乃至对社会的责任。老板是这个载体的创建者，这点保证了老板的权威性，但是权威性并不代表你可以"胡作非为"。要把自己的企业做大做强，首先要在思维上成为强者。要在思维上成为强者，就必须抛弃这些丛林法则、土匪思维。我们国家在丛林法则方面有很悠久的历史，成王败寇的暴力历史观就是明证。这种文化传统在办企业方面最大的影响就是不守规则，总是有意无意地践踏规则。

西方国家为什么这么强大，原因之一就是大家守契约，尊重规则，在规则框架内玩游戏。在企业内部也是这样，领导者们制定出的规则，自己就要遵守。美国人为什么那么敬仰华盛顿？原因就是华盛顿没有让自己成为国王，也没有让自己连任两届总统之后再继续做总统，他参与制定了美国宪法并维护了宪法的尊严。所以说，在规则方面，企业领导者们以身作则非常重要。在企业文化传承上，领导者需要做到以身作则和一以贯之，领导者的责任和义务更重。

在中小企业，我们管理者工作越来越难做，员工总是在抱怨和叫苦连天。很多的问题和事情等着我们去解决、去做呢。在这么一个情况下，你跟我谈企业文化，是不是在开玩笑？不是在开玩笑，恰恰在这种情况下，我们更要谈企业文化。管理者和员工发生冲突最主要的一个原因就在企业文化上。这点，我们还是要从企业文化来源上剖析。我们仔细观察会发现一个很有趣的现象：管理层之间，尤其是创业者之间，很少有大原则上的冲突，员工之间也是如此；反而，在管理层和员工之间这种原则上的冲突就会常见。从企业文化起源来看，是因为管理层尤其是创业者们更了解企业规则制度的来源，而员工在规则制度来源上就知之甚少。人们为什么喜欢自己的家乡，因为那是自己出生的地方，你已经对家乡的一草一木了如指掌，所以这种爱很深。我们大多都有这么一个类似经历：你对一个事情了解得越多，你对这个事情的感情就越深。俗语说得好：子不嫌母丑，狗不嫌家贫。这些都透露着一个重要信息：你对一个事情的来源和起点了解得很深很多，你就会对它产生深厚的感情。所以说，要对一家企业产生感情，这个"了解"就是必需的。这个了解就是企业文化。我们企业为什么要让新员工了解企业的历史、发展道路、愿景使命、成功经验等？为什么要让新员工去实地参观工厂，要让员工们了解企业现有的管理模式和薪酬体系？大型企业为什么重视这些工作？目的都是要把企业整体的介绍给员工，要把来龙去脉讲给员工知道。这是一个增加了解，加深感情的工作。我们企业在做这个工作的时候，必须保证这个工作的真实性。真实就意味着透明，就会有很强的情感气息。我们都喜欢敞开心扉说亮话，都不喜欢老谋深算的人。为什么？因为老谋深算的人总是在隐藏自己。人性就是这样。

　　企业里，人们更愿意往管理岗位奋斗。出现这种心理倾向有多方面的因素，这里，我们从企业文化角度来分析。一线员工之所以厌倦流水线岗位主要是因为他们是执行者，而非规则的制定者。进一步来说，一线员工接触到的是这个规则的静止形式，也就是书面文字。接下来的动作，我们员工就只有去遵守了。而管理者相对来说参与了规则制定这个动态过程。管理者面对的就不只是规则的文字表述这种静止形式，还了解了规则的动态演变。所以说，我们企业里为什么要做员工意见之类的工作？原因就在这里。我们这些工作是为了增强员工的主人翁意识。怎么增强？就要想办法让员工参与到公司的决策过程和规则制定的过程中来。把员工的意见和想法融入到公司决策和规则制度里，这是对员工的最大精神鼓励。优秀员工为什么热情很高涨？原因也就在这里。所以说回到我们开头的那个观点上来：人们喜欢成为规则的制定者，而不愿意成为规则的服从者。我们看到，规则的制定者违反规则和规则的执行者而非制定者违反规则这两种情况，后者更常见。因此，在企业文化构建方面，员工之声、员工信箱、员工意见薄这些东西不是虚的。企业真正重视起来，我们员工的热情和执行力就会提升上去。我们认为，这些措施才是增强员工和企业凝聚力，提高执行力的最好武器。关键还是看我们企业能不能重视，能不能把这些措施程序化。

　　谈到规则，很多企业往往是认人不认规则。这个和文化传统是有关系的。我们国家有过很长的专制历史，在文化心理上，我们养成了对强者、能者的敬拜。强者说出来的话，我们奉为圭臬。有时候，这些话明显违反了规则，我们还是照着他说过的话去做。我们不在乎规则本身的对错，而在乎的是谁定的和谁在执行。所以说，在企业文化构建这块，想让员工养成规则意识，我们领导者就必须注意了。领导者不能把自己的强势凌驾在规则之上。否则，某个强者在的时候，企业运转的非常好；一旦不在，这个企业的执行力就大打折扣，甚至会乱糟糟，不知道听谁的。因此，企业领导除了展示自己的强大能力之外，更要有意识地做示范，要把自己的能力尽量框在规则之内。

第二节　企业发展阶段决定文化的传播方式

企业的发展一般分为三个阶段：早期、成熟期和衰落期。我们谈企业文化主要是在前两个阶段。在企业早期和成熟期，企业文化传播方式是不一样的，两个阶段的传播机制也是不一样的，有侧重点。在早期，我们更注重领导者的个人能力和自由发挥，但是也有相应的具体措施。在企业成熟期，企业文化传播侧重于公司文件等，有很多正规形式。

一、企业早期阶段

我们先来看早期。这个时期，企业的组织架构和程序是不完善的，企业规章制度还在进一步修改制订当中。因此，企业的相关理念和重要规则主要是靠领导者的个人能力和自由发挥来强化。我们熟悉的几种方式主要有强烈的情绪反应、角色示范和领导者关键事件处理。

1. 强烈的情绪反应

这个在日常管理中很常见，也是很有效的一种方式。佛家有一句话叫做"当头棒喝"。意思就是一个人在稀里糊涂和心不在焉的时候，来个突然袭击把他敲醒，引起他的注意，让他醒悟。由于人们通常是生活在惯性当中，突然一击打破了人们的惯性，所以领导者在这一情绪反应中肯定的或者反对的东西能够很深地印在下属脑海里，下属会在以后有意识地避免或者遵守。但是需要注意的是这个情绪反应的运用场合。情绪反应在正规的场合，比如在公司会议上发挥，那么领导者传达出的信息给人印象深刻，产生的结果是利大于弊。这个情绪反应如果是在非正式场合，比如非工作时间在领导者办公室里，这个情境产生的结果是弊大于利。但是我们往往在这个问题上会出现相反的认识。有些人认为在正式场合，你老板发我总经理的火是不给我面子，是在员工面前让我献丑。这种面子情结让人误解很深。相反，这种情境更容易在公司形成规则意识，更容易促成思维方式上的引导。比如，在一次会议上，老板对汇报工作的部门主管吞吞吐吐的表现非常愤怒。这个情绪反应会给大家一个明确的信息：汇报工作要言简意赅，要注意自己的口才。会后，员工勤练口才就会成为必然。在非正式场合，领导者的这种情绪反应很容易在公司形成流言，引起公司员工的猜疑。比如，某天在下班的时间，一位员工发现老板和某位高管在办公室吵起来了。这位员工可能会坚信高层之间出现了裂隙，并预测公司马上会有人事大调整。然而事实与员工的猜测相反。员工的所见所想一旦传开，就会对整个公司带来不利影响。这些和人性也就是人的思维倾向很有关系。所以说，管理是从了解人性开始的。

2. 领导者的示范

在企业早期，企业的规章制度在形成和完善期。这个时候领导者的示范对企业文化的传播是非常重要的。早期的时候，领导者和员工在时间和空间上的距离都是很近的，员工能够近距离长时间和领导者们相处。员工常常能够见识到领导者在日常问题处理中的表现，领导者发现问题和解决问题的思维方式和具体方法在员工心里会产生深刻印象。在这个过程中，领导者如果有意识地去做示范，收到的效果是很大的。

领导者的示范其实就是榜样，就是典范，就是在公司树立起的公众形象。这要求领导者在性情、行事风格等方面必须保持相对的稳定性，也就是说领导者不要变来变去。一个性格上很矛盾的领导者一旦把这种矛盾经常性地表现出来，对企业凝聚力产生很强的稀释作用。

光伏产业龙头企业英利集团董事长苗连生有一个习惯，除非自己出差在外，否则他每天早上7点会准时出现在工厂大门口迎接来上班的员工，并问一声早上好，而员工们也会齐喊一声"早上好"。英利员工会对董事长的这种亲民作风感动，在一天紧张的工作中总能感受到公司高层的关注与关心，员工的心总是会朝着董事长的方向。这样的动作在联想集团杨元庆身上也有，联想进入成熟期后，为了营造一种平等、自然和富有亲情味的企业文化，杨元庆也是挂着只写着名字的胸牌和高管在大门口亲切地迎接公司员工，并问候一声"某某你好"，公司员工同样也会回复一声"元庆你好"。杨元庆这个动作营造出来的轻松活泼的氛围显然很适合他这种高科技企业。

领导者在示范作用这个方面最容易出现的问题是自己关注点太多或者不明确。在企业早期，领导者们一般是身兼多职，这客观上养成了领导者的灵活多变。领导者灵活多变或者关注点过多会引起员工的诸多猜疑，员工不能很好地从客观角度去推断领导者内心最重视和最真实的想法，这种情况一旦持续下去，员工和领导者之间的隔阂会越来越大，员工会逐渐脱离客观事实比如领导者的诸多行为和言论等这些信息点，员工会越来越倾向于自己主观判断。员工主观判断的思维方式一旦养成也就意味着员工和企业之间的实际距离拉开了，员工在逐渐脱离领导、企业和企业价值观等。也就是说，我们企业已经有了一个框架和一个圆圈，员工来到公司也就意味着要进入这个圆圈和这个框架里去。我们企业不是不允许这个圆圈和这个框架的改变。现在的这个情况是领导者自身的表现淡化了圆圈的界限，员工没有拿自己的这些观念和这个圆圈做对比，就直接把这些观念拉入了圆圈之中。这样会导致员工和部门"个人主义"盛行，公司的企业文化会逐渐被稀释，部门文化会逐渐强盛起来，在一个部门划分精细的成熟企业里尤为如此。企业文化被稀释预示着公司面临倒闭的风险在加大。领导者关注点的不明确引起的员工猜想等问题更是严重，这种情况一般很少。总之，领导者不能够保持相对稳定性而是太过变化多端对企业凝聚力、对企业价值观产生的作用就不是强化而是稀释。

3. 关键事件处理

企业发展中，我们往往会遇到很多关键事件。领导者对关键事件的处理更能显示出其背后强大的价值观。关键事件的处理往往也会成为公司发展的转折点，对企业文化是一次强劲有力的传播和补充。如果处理不当，企业也极有可能会倒下。在关键事件的处理中，领导者需要的是速度和精

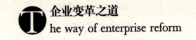

准的判断力。

二、企业成熟期

企业成熟期，企业文化相对来说是一个较为成熟的体系了，这体现在公司规章制度和组织架构等方面的完善上。这个时候的企业也被称为官僚化的企业，因为企业日常运营管理基本是按部就班。这个时候，在早期阶段谈到的那些动作与公司成熟的运作机制比较起来就处于了劣势。但是成熟期的企业在企业文化传播会出现一些较严重的问题，有时候这些动作又会占据上风。在企业成熟期，企业在企业文化上容易出现的一些现象，我们正睿做了一个总结，它们表现在：道不同不相为谋，价值观不同是文化的天敌，只有"文"而没有"化"的企业不能叫有文化的企业。

企业成熟期，企业文化就像一个结构严谨的建筑框架。员工来到公司就必须要接受这个框架的约束。道不同，价值观不同，这些在新员工身上会比较明显，但是成熟期的企业有足够强大的气场把员工调到相同的方向上来。因为多数同化少数的场已经形成了。这里需要注意的是，成熟期的企业往往又会出现有"文"而无"化"的现象。成熟期的企业不可避免会出现官僚化气息，做事会显得很僵化，企业的规章制度在员工看来显得冷冰冰的，大家极有可能只是表面上遵守，并没有内心真正的感动。员工通过这些正规形式不可能比较全面、深入地了解到这家企业。为什么会这样呢？因为这些正规形式太过理性、太过官方化了，人性总是对这些太过官方化的东西有种不自然的反感。很多鲜活的东西（个性化的情感化的）都没有呈现在这些教科书里，也就是说这些鲜活的特性很多都被过滤掉了。企业文化也是如此。所以说，企业文化深入人心最有效的方法还是那些个人色彩很浓厚的灵活措施（早期阶段的那些措施），这些正规形式算是对企业文化传播的夯实措施。在这些形式中，我重点讲一下企业宣传窗。当然，宣传窗并不是说要到成熟期才可以做，只是说在这个阶段做这一动作效果会更明显而已。

宣传窗是一种低成本、效果好的企业文化载体。所有的企业都应该设立宣传窗来传播企业文化。

我从事企业管理咨询工作以后，到过 20 余家项目企业，发现有些企业虽然有宣传窗，但内容陈旧，有的甚至长达 5 年都没有更新，有的宣传窗空空如也，只留下了风吹雨打的痕迹。造成这种局面主要有以下几方面原因。

（1）企业最高领导没有意识到宣传窗的重要，甚至没有意识到企业文化建设的意义，因而忽视了宣传窗的组稿、更新工作。

（2）职责不清，无人负责宣传窗的组稿、更新工作。

（3）虽然职责清楚（有文件规定），但责任人失职，而企业没有追究责任人的责任。

（4）企业缺乏有一定文字功底、艺术功底的业余作者，难以组稿。

以上三个方面是不难做到的，但第四个方面不容易做到。因为企业毕竟不是文艺组织，所以，不可能将求职人员是否具有文艺才能作为是否录用的条件，除非有相当规模的企业需要这方面的人才，但至少笔者所到过的 20 多家项目企业都没有设立文化专员岗位，这些企业中，有的不乏本科、硕士学历的人，但他们连工作计划与总结都"千呼万唤始出来"，而且还不尽如意，要他们写文章简直难于上青天。如果用流程制度文件来凑宣传栏的版面，效果会大打折扣，因为绝大多数员工不喜欢看，况且流程制度文件最多 3 个月就发行完毕，不能永远保留在宣传栏里，怎么办？

所以，企业要想办好宣传窗，必须要从以下几个方面入手。

第一，咨询师必须与企业最高领导沟通，让其意识到企业文化建设的意义以及宣传窗的重要作用，下达相关指令。

第二，明确责任部门和责任人。通常情况下，由人事行政部门负责宣传窗的组稿、更新工作，人事行政部门负责人是第一责任人。

第三，责任人失职的，由稽核人员进行处罚。

我在 WJ 项目企业做了尝试——在宣传栏大量张贴照片，其次是张贴通报表扬与批评，这样能够吸引人，绝大多数员工都会驻足观看。

照片的内容如下：①各种会议；②优秀员工；③庆祝员工生日活动；④比赛活动；⑤娱乐活动；⑥体育活动；⑦5S 活动；⑧来宾参观活动；⑨表彰活动；⑩助于树立企业良好形象的其他活动。

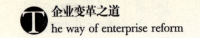

当然，企业要开展以上活动，照相机也是必不可少的。

因为其中的5S活动是天天要做的，所以，根本不愁没有照片来源，照片推陈出新的频率高。

通报表扬的内容有：①助人为乐者；②积极处理危险事件防止损失扩大者；③有其他优秀表现者；④各种检查评比活动的优胜个人与集体。

通报批评的内容有：①违规违纪者；②给企业造成严重损失者；③各种检查评比活动的末位集体。

因为5S检查评比活动每周一次，所以，通报表扬与批评每周也更换一次。

另外，宣传窗应当永久保留的内容有：①企业简介；②企业经营理念。

进入成熟期，企业在核心理念的变动上需要特别谨慎。在早期，核心理念的调整是比较容易的，在成熟期因为涉及的东西太复杂就不容易了。俗语说"船小好调头"，指的就是这个意思。但是成熟期的企业往往又面临着变革的迫切需要。企业就必须要在核心理念上要谨慎，因为变革最深层次的还是理念的调整。一般来说，核心理念是不能更换的，但可以做加减法。比如，很多企业发展到一定阶段需要寻求新的经济增长点，展开了多元化经营。还有一些企业寻找与核心业务相关联的业务板块。还有些企业过于庞大出现了严重危机，为了生存做瘦身法。这些是属于核心理念上的加减法。但是有些企业做了更改。比如李宁公司从2010年开始做品牌重塑运动。时至今日，李宁公司出现了很严重的问题。关键问题是李宁公司对核心理念做了更换，这反映在从商标、广告语到顾客群的变化上。总之，核心理念的更换产生的问题是比较致命的。

文化的传承是靠人的，某种程度上，团队是决定着企业文化传播的成败，打造团队是打造企业文化的关键，人才是第一位，培养企业需要、文化稳合的团队更是第一位。所以说，抓企业文化传承还要抓团队。在本书的下篇的团队打造部分会对团队对企业文化传承的作用方面做分析。

第三节　企业信仰

企业文化最终要落在企业信仰上，企业文化最终要成为企业信仰。为什么要形成信仰？信仰是一个人生存的动力来源；有信仰的人最执着，最有力量。在有信仰的人眼里，困难不再是困难，而是一份令人喜悦的礼物。契约精神成就了今天的西方文明。西方国家为什么经济这么发达？文化上的原因就是规则意识强，大家遵守游戏规则。因此，我从三个原则出发来论述企业信仰的重要性。

一、绝对唯一原则

信仰能够持续恒久并且成为人们力量源泉的根本原因。很多人都发现，现在企业的主流文化心理往往显得急功近利，实用主义思维非常浓厚。我们拜的神很多，一旦一个神灵没有满足我们的祈愿，我们就会再去拜另外一个，以此类推。这是一种功利主义思维，在现实世界里表现出的就是"不遵守游戏规则"，我们有些企业不遵守游戏规则，总是在想法设法破坏规则。西方人对规则有一种天然的敬畏感。所以，这会形成人对规则的敬畏感，并引发强大的精神力量。企业里也是如此，我们的企业文化，尤其是我们的核心理念，就是我们的绝对唯一（指的是在企业这个范围）。在企业，这就是我们的企业信仰，我们必须遵守它，任何其他的人、事和观念都不能违反它。遵守它意味着我们企业有更大的获得成功的可能（正如愿景里描述的那样）。所以说，企业信仰能够给所有员工一种强大的精神力量。这是从绝对唯一性这个原则来说的。

二、自由原则

我们常说，人类最宝贵的地方就在于思考。我们思考功能存在的目的就是要我们去尽量理解话语和规则。因此，我们企业要坚信一条原则，这条原则的具体表现是什么呢？最明确的表现就是我们企业要坚信危机和困难是必然要出现的现象。我们要时刻做好准备迎接困难，只要我们遵守规则，做好准备，我们是可以战胜困难的。困难是我们企业的开始，那么，企业的成功（愿景的实现）就是我们的未来。我们为什么能够成功？就是因为我们企业所用员工为着同一个目标，都在开动脑筋，都在思考解决问题的方法。

三、从"无"到"有"的原则

历史是一个从无到有的过程。信仰为我们描画着一幅"未来的现实图景"，企业是从无到有的，我们企业员工坚信企业信仰为我们描画的这幅"未来的现实图景"必将实现。企业信仰就是让我们企业所有员工始终生活在"别处"，不论艰难困苦，始终是盯着这个"别处"。

所以企业文化最终成为企业信仰，必然会有上面三个原则的体现。企业文化的打造也必须遵循这三个原则来进行。这是从信仰的角度做出的分析，在下文中，我们还会从其他角度作出深度解释。

The way of enterprise reform—
The enterprise culture construction
and team building

第二篇

团队打造

第四章
合作共赢，大势所趋

全球一体化、经济全球化的时代，强调的是合作、分工、共赢的理念。雇佣关系越来越淡化，合作态势越来越明显，这已是不争的事实，亦是大势所趋。

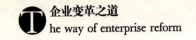

第一节　企业的发展历程

在合作已然成为时代大趋势的背景下，我们的管理方式必须围绕着合作这个核心做创新。肉体管控的管理方式必将成为时代的弃儿，经营人心才是管理的王道所在。所以说，夯实合作关系的王道就在团队打造上，本书接下来的部分都是在重点讲述企业如何打造团队。

在谈企业管理之前，我们有必要弄清个体、群体、团队、组织和高效组织的概念、特征和区别。首先必须说明的是，我们这里所说的个体、群体、团队、组织和高效组织是从管理的视角去探讨的。

个体就是单个人。

群体是指在共同目标的基础上，由两个以上的人所组成的相互依存、相互作用的集合体。

团队是指一种为了实现某一目标而由相互协作的个体所组成的正式群体。是由员工和管理层组成的一个共同体，它合理利用每一个成员的知识和技能协同工作，解决问题，达到共同的目标。团队的构成要素总结为5P，分别为目标（Purpose）、人（People）、定位（Place）、权限（Powse）、计划（Plan）。团队和群体有着根本性的一些区别，群体可以向团队过渡。一般根据团队存在的目的和拥有自主权的大小将团队分为三种类型：问题解决型团队、自我管理型团队、多功能型团队。

组织就是指人们为着实现一定的目标，互相协作结合而成的集体或团体，如党团组织、工会组织、企业、军事组织等。狭义的组织专门指人群而言，运用于社会管理之中。在现代社会生活中．人们已普遍认识到组织是人们按照一定的目的、任务和形式编制起来的社会集团，组织不仅是社会的细胞、社会的基本单元，而且可以说是社会的基础。

高效组织是组织发展的最高形态，管理的最高目标就是要打造一个高效组织。高效组织必然是一个人人自我管理、自我经营的组织。这点会在阅读本书的过程中充分感受到。

接下来，我们对个体、群体、团队、组织和高效组织的优劣势等方面加以区别和介绍。个体是独立的存在，个体比较自由，个体价值、创造性及能量的最大发挥，往往才是集体能量的最大发挥。群体仅仅是个体在量上的集合，群体的成员的特点是有共同的目标，成员对群体有认同感和归属感，群体内有结构，有共同的价值观等。群体的劣势是如果群体成员过于参差不齐，他们彼此之间就难以和谐地相互作用，因而抑制了生产效率的提高；与此相反，如果群体成员过于整齐划一，听不到不同意见，或有意见也不说，这样群体的智慧就很难充分发挥。因此在群体的管理过程中，管理者应当懂得，为完成某一任务或达到某一目的从事组织工作时，必须注意寻求你所组成的工作群体中，对于这种工作可能会有的那种最适当的同质成员与异质成员对比的平衡。管理人员要注意研究工作群体成员的素质结构及其作用。团队是指一种为了实现某一目标而由相互协作的个体所组成的正式群体，是由员工和管理层组成的一个共同体。它合理利用每一个成员的知识和技能协同工作，解决问题，达到共同的目标。相对群体而言，团队是捏合，是质的提升。组织按照一定的目的、任务和系统加以结合，也指所结合的集体。高效组织的基本特点是高度的合作、信任、共赢。衡量高效组织的标准是"两高一低"法则，就是用最低的成本、最高的效率产生最高的价值。

理解了个体、群体、团队、组织和高效组织的特点后，我们再来看企业发展的历程。我们认为企业的发展遵循一般的规律，大体经历三个阶段。企业发展的第一阶段是靠老板的个人能力，企业发展的第二阶段是靠团队能力，企业发展到第三阶段是靠组织能力。在企业创立的早期，主要是老板个人发挥作用，老板的角色、职务、工作等都是不明确且多重的，老板可能既拉订单，又设计产品，并进行生产等。可以这么说，在企业发展的创始阶段，企业的发展主要靠老板一个人。这个时候的企业很不规范，相当于家庭作坊，企业这个时候往往是家族式企业或老乡式企业，企业的管理倾向于家族式管理或人情化管理。这个阶段的企业内的凝聚力较高，能够共度时艰，甚至当老板的资金紧张时，员工能够愿意迟拿工资支持老板。这个时候的员工对老板的认同度很高，老板身先士卒，本身也是很好的表率和榜样。当企业具备了一定的规模，也就是在市场中已经站稳脚跟，企业的发展就进入了第二阶段，这时企业的成绩是靠老板带领一批核心团队打造出来的。当企业发展到第二阶段，就面临着企业的规范化、制度化、标准化等问题，这些问题的不解决，企业就很容易走下坡路，要么会"饿死"，要么会"撑死"。这个时候的企业是最容易出问题的，危机四伏，在创始阶段因为企业的盘子比较小，船小好调头，但当企业发展到第二阶段就到了关键节点。要想从第二阶段过渡到第三阶段，必须解决组织的问题。打造高效组织就显得迫在眉睫。企业一旦进入第三阶段的轨道，企业的发展就进入了相对稳定期，至少是内部的骨骼算是发达了，抵抗市场风险的能力也提高了。当然，企业的发展每个阶段都不容易，但是企业从大到强比企业由小到大的发展相对容易一些。因为大企业的资源、资金、人才、市场、品牌等都相对丰裕，可是中小企业的基础薄弱，一切都非常有限，这些都制约了企业的发展。所以，现在的中小企业的生存风险相对较大。并且，谁都知道大企业如何发展，但没有人告诉一家企业如何从小做大。我们正睿企业管理研究所一直是主要专注于中小企业的研究和实践，积累了大量的案例和管理经验。从这些案例和经验中，我们得出一个结论：在劳动关系上，企业要想做大必须变雇佣为合作，企业要把每一个人看成是合作者。

第二节　马斯洛理论对企业管理的启示

个体价值的实现与需求的满足是一体两面。要想实现合作，就必须体现个体的价值，要想实现个体的价值就必须满足个体的需求。所以，作为老板和管理者有必要了解所有员工的需求在哪里，这也是人力资源部门做好工作的一大前提。21 世纪的竞争，一定是人才的竞争。21 世纪，什么最贵？人才最贵。人才是企业发展的命脉，有人才才有一切；一个企业缺乏人才，已有的也会很快失去。人才撑起了企业发展壮大的蓝天。

因此，了解合作者的需求就显得尤为重要。为了对合作者的需求做更好的分析，我们首先了解一下马斯洛的层次需求理论。根据马斯洛的层次需求理论（如图4-1所示），个体成长发展的内在力量就是动机。动机是由各种不同性质的需求所组成。并且各种需求之间，有先后顺序与层次高低之分；每一层次的需要与满足，将决定个体人格发展的境界或程度。马斯洛的层次需求理论由低到高包括生理需求、安全需求、社交需求、尊重需求和自我实现的需求五个层面。简而概之，就是物质需求和精神需求两大方面。其中，物质需求指的是生理需求和安全需求；精神需求包括社交需求、尊重需求和自我实现的需求。

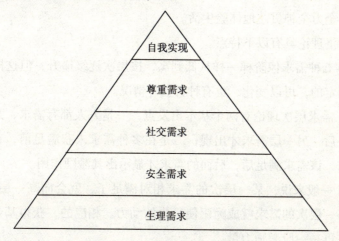

图4-1 马斯洛的层次需求理论

生理需求是人们最基本、最原始的需要，如吃饭、穿衣、住宅、医疗等，若不满足，则有生命之虞。马克思也说过："人们首先必须吃、喝、住、穿，然后才能从事政治、科学、艺术、宗教……"生理上的需求是最强烈的不可避免的最底层需要，也是推动人们行动的强大动力。安全需求要求劳动安全、职业安全、生活稳定、希望免于灾难、希望未来有保障等。安全需求比生理需求较高一级，当生理需求得到满足以后就要保障这种需求。每一个在现实中生活的人，都会有需要安全感的欲望、自由的欲望、防御的欲望。社交需求也叫归属与爱的需要，是指个人渴望得到家庭、团体、朋友、同事的关爱和理解，是对友情、信任、温暖、爱情的需要。社交需求比生理和安全需求更细微、更难捉摸。它与个人性格、经历、生活区域、民族、生活习惯、宗教信仰等都有关系，这种需求是难以察觉，无法度量的。尊重需求可分为自尊、他尊和权力欲三类，包括自我尊重、自我评价以及尊重别人。尊重的需求很少能够得到完全的满足，但基本上的满足就可产生推动力。自我实现的需求是最高等级的需要。满足这种需求就要求完成与自己能力相称的工作，最充分地发挥自己的潜在能力，成为所期望的人物。这是一种创造的需求。有自我实现需求的人，总是在竭尽所能，使自己趋于完美。自我实现意味着充分地、活跃地、忘我地、集中全力全神贯注地体验生活。

马斯洛理论具有以下特点。

（1）五种需求像阶梯一样从低到高，按层次逐级递升，但这样次序不是完全固定的，可以变化，也有种种例外情况。

（2）需求层次理论有两个基本出发点，一是人人都有需求，某层需求获得满足后，另一层需求才出现；二是在多种需求未获满足前，首先满足迫切需求，该需求满足后，后面的需求才显示出其激励作用。

（3）一般来说，某一层次的需求相对满足了，就会向高一层次发展，追求更高一层次的需求就成为驱使行为的动力。相应的，获得基本满足的需求就不再是一股激励力量。

（4）五种需求可以分为两级，其中生理上的需求、安全上的需求和感情上的需求都属于低一级的需求，这些需求主要通过外部条件就可以满足；而尊重的需求和自我实现的需求是高级需要，他们主要是通过内部因素才能满足的，而且一个人对尊重和自我实现的需求是无止境的。同一时期，一个人可能有几种需求，但每一时期总有一种需求占支配地位，对行为起决定作用。任何一种需求都不会因为更高层次需求的发展而消失。各层次的需求相互依赖和重叠，高层次的需求发展后，低层次的需求仍然存在，只是对行为影响的程度大大减小。

（5）马斯洛和其他的行为心理学家都认为，一个国家多数人的需求层次结构，是同这个国家的经济发展水平、科技发展水平、文化和人民受教育的程度直接相关的。在发展中国家，生理需求和安全需求占主导的人数比例较大，而高级需求占主导的人数比例较小；在发达国家，则刚好相反。

我们为什么花这么多的篇幅来介绍马斯洛层次需求理论？因为它是我们打造高效组织的主要的理论基石。该理论在我们管理上的应用不仅体现在企业的运作原理的论证上，而且是贯穿在企业管理的过程中，无处不在。例如，我们的一个核心管理观点是：管理的最高境界是把人的能量、激情发挥到极致，关键在于激发员工的自信心，消除自卑感，让员工享受工作的快乐而不是痛苦。管理最大的误区是把人当机器，人的价值最宝贵的是思想而不是手脚，管理过程是人与人之间思想互动的过程，用人的最高境界是用其思想，管其思想，让人创造最大的价值，这是用最低成本产生最高价值的用人模式……我们的这些观点与马斯洛的层次需求理论可以说相互印证。

了解人的需求有利于帮助我们了解人性，因为所有的管理都绕不开人性，学管理首先从了解人性开始。我们认为，所有的管理理念与方法都出自于对人性善恶的理解。东方管理思想偏重于以性善为中心，西方管理思想偏重于以性恶为中心。东方管理思想主要是以儒、释、道为基础，西方的管理思想主要是宗教与管理科学为基础。万法归一，管理的主要对象还是人。在对人性的认识上，我们的管理思想是假定人的本性无所谓善恶。管理介于对人性的认识，无欲则善，欲来则恶。管理就要把人性看明白，抑制人性中恶的一面，激发人性中善的一面。教育的本质就是弃恶从善的过程，好教育就是最好的管理。从某种程度上讲，企业管理咨询与教育有异曲同工之妙。

在了解了人性和人的需求的基础上去做管理，管理也就显得有章可循，就不至于盲人摸象。比如，个人的工作、收入、成长和人生目标，都属于个人需求的重要部分，既有物质需求的层面，又有精神需求的层面。管理只有多管齐下，才能达到激发和调动员工的工作积极性的目的。

作为组织之中的个人，需求的满足不仅包括个人需求的满足，更要考虑到组织即企业需求的满足。我们一方面应该看到企业的社会属性，另一方面应该把企业看成生命体，这点在前面已经提到。企业的需求包括生存、盈利、社会价值的实现等。个人和企业需求的满足就意味着相互价值的实现，相互价值的实现就意味着企业共赢。只有共赢才能实现企业发展的稳固性、可持续性。

第三节　合作的重要性

一、一滴水在大海中才不会干涸

个人的力量是非常渺小的，人在社会中就像世界中的一滴水，一粒微尘，是那么得微不足道。但组织的力量是广大无穷的，水可以汇聚成汪洋大海，从而气势磅礴；微尘可以汇集成广阔的土地，从而一望无际。个人只有在组织的汪洋大海里才会显现和放大自己的能量。所以，好的组织能够为人才提供一个好的发展舞台。一个好的组织其力量绝不是组织内个体力量简单叠加的效果，而是呈几何倍数递增的，组织的生长又会让这种力量更加壮大。任何一个组织的成长都是从无到有、从小到大的过程，并且伴随组织的成长必然会涉及到更新换代的问题。

"世界上有两种人，一种善于做具体工作，一种善于做组织工作。前者要多于后者，但每个人都有他的长处。"再强大的组织也一定是由个人组成的，一个好的组织一定是把合适的人放在合适的位置，从而使资源配置最优化，组织效率最大化。

在现代社会，"竞争"和"组织"两词已不再陌生。从经济学和管理学的角度讲，竞争是指两个或两个以上的个体或组织在一定的时空条件下，为了比对手更有效地创造更多、更好、更高的价值而展开的一系列活动的过程。竞争，它存在于个人间、群体间、组织间、民族间乃至国家间。竞争已然成为常态，可以说逃避竞争就是拒绝发展，就是固步自封。

组织是指由员工和管理人员组成的共同体，该共同体按照事先约定的规则通过使用每一位成员的知识和技能等协同工作，解决问题，达到共同目标。较之于一般组织，高效组织则是组织的最佳运作状态。

中国改革开放以来，市场经济极大地拓展了组织和竞争的广度和深度，从来没有任何一个时代像今天这么强调竞争，从来没有任何一个时代像今天拥有这么多组织。现代社会与以往社会在社会结构、经济结构、知识结构等方面发生了翻天覆地的变化。表现在个人上是人们的分工越来越细，个人单枪匹马独立作战的优势越来越不明显，甚至会有很多的掣肘；分工合作共赢的优势越来越突出。在这样一个时代，为了在竞争中赢取主动权、立于不败之地，组织竞争的态势将更加复杂激烈。在激烈的竞争格局中，组织更高效者竞争力更强，更容易在激烈的竞争中胜出。

简而概之，现在的时代是高度竞争的时代，高度竞争的时代是高效组织得天下的时代。高效组织必然伴随着高度分工，高效组织的一个明显的特点是专业的人做专业的事。在这样一个高度竞争的时代，个人必须找到适合自己的组织和自己的角色，只有这样，于己，于组织才都是有利的；也只有这样，个人这滴水才不会干涸。

二、合作的价值问题

个人这滴水只有找到了组织才不会干涸。什么样的组织才会留住这滴水？那些让员工获取身份感的组织才不会使其流失。也只有合作关系才能最大限度地增强员工的身份感。所以说合作关系在组织中的建立是很重要的。俗话说："二人同心，其利断金"、"三个臭皮匠赛过诸葛亮"……这些话都阐述了同心同德——合作的重要性。著名文学家柏杨在《丑陋的中国人》里尖锐地批评到中国人的合作性差的特点，认为"一个中国人是条龙，三个中国人是条虫"。这种狭隘的文化是由中国的历史原因造成的，表现在行为上就是保守、短视、自私等。在全球政治、经济、文化等高度发达和融合的今天，中国的文明也在与世界接轨，讲究的是开拓、进取、合作等。只有合作才能使人更大的进步，在合作中才能各取所需，实现资源配置最优化、成本最低化、效率最大化，最终实现互利共赢，完成个人

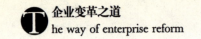
或组织不能完成的事业。下面这个故事就阐述了合作的道理。

从前，有两个饥饿的人得到了一位长者的恩赐：一根鱼竿和一篓鲜活硕大的鱼。其中，一个人要了一篓鱼，另一个人要了一根鱼竿，于是他们分道扬镳了。得到鱼的人原地就用干柴搭起篝火煮起了鱼，他狼吞虎咽，还没有品出鲜鱼的肉香，转瞬间，连鱼带汤就被他吃了个精光，不久，他便饿死在空空的鱼篓旁。另一个人则提着鱼竿继续忍饥挨饿，一步步艰难地向海边走去，可当他已经看到不远处那片蔚蓝色的海洋时，他身上最后一点力气也使完了，他也只能眼巴巴地带着无尽的遗憾撒手人间。

又有两个饥饿的人，他们同样得到了长者恩赐的一根鱼竿和一篓鱼。只是他们并没有各奔东西，而是商定共同去找寻大海，他俩每次只煮一条鱼，他们经过遥远的跋涉，来到了海边。从此，两人开始了捕鱼为生的日子，几年后，他们盖起了房子，有了各自的家庭、子女，有了自己建造的渔船，过上了幸福安康的生活。

任何时候，个人的力量都是非常有限的。企业是合作的共同体，也是利益的共同体。光有老板没有员工那不是企业，充其量只是个体户，即便个体户也需要家庭内部的合作（例如夫妻店）；光有员工没有老板也不行，群龙无首那只是一群乌合之众。就像上面故事所讲的一样，没有合作，个人的价值因为现实的种种局限性也不能得到很好的发挥。企业同样也面临着各种资源都有限并且市场竞争激烈的情况，只有员工和老板共同的密切合作才会铸造企业的辉煌。

这个世界很奇妙，帮助别人就是帮助自己，施比受更为有福。合作的心态是一颗积极的心态，主动的心态，进取向上的心态。一个聪明的老板或员工，一定是有颗合作的心态。他们深深地懂得：只有付出，才会有收获；只有合作，才会共赢；只有满足别人的需要，才能体现自己的价值。

在市场经济中，一切的交换都是利益的交换，利益的交换说到底是价值的交换；一切的合作都是利益的合作，利益的合作说到底就是价值的合作。价值是核心问题。如何实现自己的价值和企业的价值？自己的个人价值在于能给别人带来多大的价值，企业的价值在于能给社会带来多大的价值。自己个人价值的主动出让会获得别人的价值回报，企业价值的实现一定是建立在满足别人价值需要的基础之上的。

第四节　合作共赢是大势所趋

"人是各种社会关系的总和。"马克思这个论断早已耳熟能详。其中的"关系"二字，我们可以用来说明组织与高效组织之间的本质区别。我们认为，企业的改变一定从关系的改变开始，一般组织和高效组织的根本区别就在于老板与员工关系的改变，即由雇佣关系向合作关系转变。为了理清这个问题我们有必要从国际和国内两个角度去考虑这个问题。

一个美国人开着一辆德国设计、墨西哥组装，零部件由韩国产的钢、马来西亚产的橡胶，有美国和日本制造的戴姆勒——克莱斯勒品牌车，到一家由英国 BP 公司拥有的加油站去加由法国石油公司从非洲沿岸油井打上来的油。开车途中，美国人用芬兰人设计的、在德克萨斯州组装、配有中国台湾产芯片的诺基亚手机与其股票经纪人通话。他委托股票经纪人代为购买德国电信的股票，该德国电信公司已从原来的国有垄断企业转型为一家全球化公司，那是一位能力强的以色列籍 CEO 的作为。他打开在马来西亚的日本公司制造的车载收音机，听瑞典人作曲的，一群与法国音乐公司签约并在美国推销唱片的丹麦人用英语演唱的街舞歌曲。

从雇佣到合作形式的转变是与这个大时代紧密相连的。20 世纪中期以来，科学技术的突飞猛进带来了全球市场的巨大变化，一个最明显的变化就是全球一体化、经济全球化时代的轰然到来，在全球经济快速发展的今天，国与国之间的经济关系正在摆脱原来那种相互隔离、相互闭塞的局面，正逐渐以竞合的方式融合成为一个相互依存的全球性经济体系。全球市场内的合作也越来越紧密，形成了"你中有我，我中有你"的局面。在国际上尚且如此，在国内更是如此。开放、合作、发展、共赢这些成为时代的主题,尤其是在 21 世纪的今天。

合作共赢,这是大势所趋。孙中山先生断言"世界潮流,浩浩汤汤;顺之者昌,逆之者亡"。在这种市场大环境下,一个企业或老板如果还活在"个人英雄主义"的时代,无异于固步自封。企业的合作方式固然有很多种,但合作的深度和广度都在日益加深,早已超出了行业、区域、国界等的限制。就像上面描述的,经济全球化已经渗透到了我们生活的方方面面。在市场上一方面专业分工越来越细,另一方面产品和服务市场分割也越来越细分。分工的越来越细分,也就必然决定了合作的态势越来越明显。

从国内来看,新中国成立以来,我们国家企业的劳动关系经历了由终身制向雇佣制的转变。与之相应的是企业管理思想也发生了变化。到了改革开放时期,市场经济全面铺开,以及随后的国企改革,劳动关系开始转向雇佣制。在起初,雇佣制给了人们一个很朴素的观念——"干活才有饭吃,干好才能长久。"这大大地刺激了员工工作的积极性,并且解放了人的思想和身体。雇佣制的出现,无论就企业还是员工来说都增加了互选的弹性,从此市场变成了双向选择,企业可以及时淘汰不合格的员工,员工也可以随时选择离开,用脚来投票,随着市场经济体制和法治的逐步完善,企业和员工的权利和义务也逐渐得到保障和规范。

雇佣制说到底就是一种"买卖"关系。老板付出金钱,员工出让自己的劳动力、时间和服务等。在这过程中,老板和员工的思维是不一样的。老板的思维是先投入,后回报;员工的思维是先回报,后投入。老板投资几百万几千万甚至上亿买地买设备招聘员工等,但是他们的前期投入并不能确定后期能否收回投资以及回报是多少。员工面试招聘,他首先要考虑的就是我的工资是多少,工资满足不了自己的需要他就不会接受这份工作。在这个过程中,显而易见老板承担更多的风险,当然,有多大的风险就意味着有多大的利润。在现实生活中,往往是老板担心有投入没回报,即"花钱办不了事",员工担心的是"办事了拿不到钱"。老板和员工的矛盾常由此而生,这也是劳资矛盾的根源。

合作,简单说就是在共同搭建的平台上实现大家的梦想。公司不是老板一个人的公司，也不是几个核心成员的公司，而是所有员工的公司，更是社会的公司。如果老板认为公司是他个人的公司，那么这个公司一定会出现问题。通俗点讲，就是"家天下"还是"共和制"的问题。现实的情况是，许多老板一方面口口声声讲员工是企业的主人，告诉员工"企业是我家，建设靠大家"；另一方面却把企业当成个人的，为所欲为。在这里，老板说的和做的就成了"两张皮"，不利于企业的健康发展。一个企业要想真正发展，必须让员工都有纯净心，让他在企业里能有归属感，能够持续看到奋斗的希望。作为老板，必须始终清楚企业的性质，很多企业的倒垮说到底就是在这个认识层面上出了问题。企业既是承载和成就老板梦想的舞台，也是承载和成就所有员工梦想的舞台。稻盛和夫讲到"企业就是一个道场"，这个道场不仅是老板，也是所有员工修炼和成就的道场。为什么有的企业能够做得很大？一个很重要的原因就是老板清楚企业的性质。现在很多企业的老板对这个概念很模糊，甚至企业上市了还是做着"家天下"的迷梦。

对于老板而言，有合作的心态和行为绝不是意味着亏损，恰恰相反，这是一种共赢。合作，才能把大家团结起来。对于管理者而言，合作才会让他有更强烈的感觉，出了问题他连筋带肉有痛感，企业做大了他能够分享到更多的利益并更有成就感。现在很多企业的职业经理人都是被动型的管理，就是每天不知道自己要做什么，只是坐在办公室里等着处理企业的异常问题。当然，这涉及到管理的诸多问题，在此暂且不论，最根本的是管理者没有合作的心态。当职业经理人真正拥有了合作的心态，就等于他把自己的心交给了企业，把企业当成了自己的家。自己家里出问题了，他还会坐视不管吗？他会主动找事情做，而不是等着事情找他来做。他的工作才会变成真正的自动自发，而不是被动应付。心态不一样，结果就有天壤之别。对员工而言亦是如此，企业留人首先要解决的就是这个问题，我一般会对新来的员工只有一个要求——"把你的心交给我。"员工把心交给了老板，就等于把心交给了企业。员工如果做到了这一点，其他一切的问题就有了可能。心的交付，这样才会把员工的价值最大化。员工价值的最大化，实际上就等于企业价值的最大化。

　　在企业的内部需要合作，企业之间亦需要合作。合作是有关双方为了实现各自的目标，在充分认识到彼此目标差异的基础上求同存异，进行广泛的、全面的合作。企业之间的合作与企业之间的竞争相对应，它可以被看作两个或两个以上的组织从各自的利益出发而自愿进行的协作性和互利性的关系。竞争并不排斥合作，竞争与合作是一种辩证统一的关系。从某种程度上讲，合作有利于充分提高竞争效率。合作并不是否认竞争的存在，而是竞争以新的形式在新的层次上出现，有利于企业从原来的价格竞争向非价格竞争转变，从恶性竞争向塑造比较优势的竞争形态转变。双方合作的目的就是为了增强各自的竞争优势，从而进行更大范围、更高层次的竞争。在现实世界里合作与竞争是并存的，合作的优势可以通过外部竞争的压力来体现。

　　竞争双方既有相互对立的一面，又有相互依赖的一面，若能找出双方共同的利益点，并为实现共同利益而结成合作伙伴关系，携手先把"蛋糕"做大，就能实现"共赢"，至于把"蛋糕"分配公平那是另一层面的问题了。当然，市场也不是和平的，竞争不可避免，关键是避免恶性竞争，共同维护游戏规则。因为恶性竞争和破坏游戏规则会导致两败俱伤，而良性竞争能推动双方共同前进。从本质上说，市场是竞争与合作的混合体，既存在着利益分割矛盾，又存在着共创市场的互惠可能。

　　全球一体化、经济全球化的时代，强调的是合作、分工、共赢的理念。雇佣关系越来越淡化，合作态势越来越明显，这已是不争的事实，亦是大势所趋。合作，就是团队协同作战。现在的市场竞争早已不是单打独斗，老板独自撑起一片天。越是市场竞争激烈之地，大规模的军团协同作战的特点越是明显。合作，意味着要有取舍，也就是牺牲精神。什么是牺牲精神？就是团队需要你做红花的时候，你要做红花；团队需要你当绿叶的时候，你要当绿叶。有舍才有取，有舍才有得。但无论当红花还是绿叶，都是为了共同的利益。牺牲，不仅是角色的牺牲，有时还需要局部让利，局部让利才能达到组织共赢，组织共赢才能最终体现个体的价值。

第五章
实现合作的两个前提

合作成功首先要过两道关——财富关和困难关，这是合作成功的基本前提；合作成功的另一个基本前提是责任共担、利益共享。

第一节　合作成功要过两道关

　　要想合作能够持续下去，而不至于中途夭折，合作者在思想认识上必须要过两道关，一个是财富关，一个是困难关。古往今来，使得人际关系紧张破裂的因素归纳起来也就是这两点。古有范蠡对越王勾践"只能共患难，不能同富贵"的评价，复国之后，曾经帮助勾践的功臣大多落了个"兔死狗烹"的下场。在市场经济的今天，我们看到太多企业在困难期很多股东绝尘而去，留下老板一人在那里苦撑。这些都在说明，财富和困难常常让我们犯迷糊，进而影响到我们的行为抉择。这两关不迈过，合作随时会中断，合作不成，还谈什么成功？你将永远在成功的大门前徘徊。

　　成功是什么？标准不一，但无非名利二字。在当今的中国，以财富论英雄几乎成为全民的观念。在这样的一个时代，对财富更是要有正确的态度。很多英雄豪杰就因为没过财富关，为金钱而疯狂，最终倒在了孔方兄的脚下。

　　其实，金钱只有在流动的过程中才能产生价值。从某种程度上讲，最"富有"的是穷人，因为他们把钱存在了银行；最"贫穷"的是商人，因为他们的钱都在流动过程中。这也是穷人和富人的区别。

　　让金钱流动起来，让它增值。这种增值不仅是金钱数量的增多，而且在这过程中可以实现资源的有效配置，可以实现更多人的价值，可以帮助更多的人。金钱的光芒在流动的过程中才显现出来。

　　亚洲首富李嘉诚有天早上，他在车前掏钥匙的时候一枚硬币掉到地上，他毫不犹豫的在车子周围转来转去地寻找。后来他让保安帮他从下水道里掏出那枚硬币，并出人意料的奖赏了保安 100 元。李嘉诚日进斗金，为何在乎掉在地上的 1 元钱？他寻找那 1 元钱的时间成本远远超过了 1 元钱，而且他还奖赏了保安 100 元。他后来解释到：1 元钱掉到地上也要捡起来，如果不捡起来那这枚硬币就可能会在这个世界上消失，会被车踩到泥土里！捡起来这枚硬币就可以用了！钱不是用来浪费的，而是用的！有很多地方需要这一枚枚的硬币！

众所周之，成功之路决不是平坦大道，是荆棘之路，充满了血汗和艰辛。我们每天都会遇到困难，困难是我们通往成功的必经之路。但是，困难可以成为成功路上的栅栏，亦可成为成功路上的跳板。如何看待困难，取决于每个人的困难观。有人对困难有天生的退避心理，有人却能够迎难而上。

成功者的心态是：困难是正常的。

困难是一面镜子，显现的是问题所在和自己能力短板所在。困难的解决意味着更多的可能，更大困难的解决意味着更大的可能性。没有困难，反而是不正常的，因为这往往潜伏着更大的危险。成功者的观念里没有失败和不可能，所谓的失败和不可能只是暂时没有找到解决问题的办法。

天才的发明家爱迪生为了用电灯照亮摩根先生的办公室，进行了一万多次的实验。有位记者问他："爱迪生先生，您目前的发明曾经失败过一万次，您对此有什么看法？"爱迪生以长者口吻对那位记者说："年轻人，你的人生旅程才刚刚开始，所以我告诉你一个对你未来很有帮助的启示，我没有失败过一万次，我只是发明了一万种行不通的方法。"

人要成功，必须迈过财富关和困难关。如何使用金钱取决于你的财富观，窥见金钱奥妙的人都深谙金钱的使用之道。金钱天然流向懂得和运用金钱价值的人。你能使用多少的财富就配得多少的财富。对待困难的态度，这直接影响你每一步的成功。遇到困难就逃避，困难永远是你成功的障碍。人就是要把困难看做平常，把不可能做成可能。要想成功，就要有这颗平常心。要想成功，就要懂得合作，懂得合作就必须要过了财富关和困难关。

第二节　责任唯一化，利益个体化

合作实现的另一个基本前提是责任共担、利益共享（如图 5 - 1 所示）。责任共担、利益共享属于组织人事制度层面的事情。在一个组织内，如何实现责任共担、利益共享？这就必须进行量化，量化到个人就是责任唯一化、利益个体化。众所周知，在一个组织内，没有明确的责任就是没有责任。管理者都有这样的经验：如果把一件事情交给两个或两个以上的人负责，那就等于没有人负责，最后的结果大多是不了了之。这并不是说，所有的事情都要交给一个人来做才好，而是说交给一个人主要负责。一件工作也可以有两个或两个以上的人负责，但主要的负责人必须要一个人。这样做就有效避免了事后出了问题互相扯皮成功了大家都抢功的现象。"一个和尚挑水喝，两个和尚抬水喝，三个和尚没水喝"阐述的就是这个道理。一般而言，责任越明确越好。责任和利益就像一对孪生子，或者说是一枚硬币的正反两面，对应着责任唯一化就是利益个体化。做到责任唯一化、利益个体化的原理很简单，就是"论功行赏"：谁承担责任，谁享受利益；承担多大的责任就必须对应多大的利益。责任和利益的不对等，反映出来就是不公平。这个世界上没有一件事是能够建立在不公平的基础上长期合作下去的。公平出效率，不是效率出公平。责任唯一化和利益个体化一方面把管理单位缩小到了个人，另一方面也遵循公平和效率的原则。

把利益和责任量化到个人，就很容易考量一个人对公司的经营是正资产还是负资产。企业的第一法则就是盈利，这也是企业存在的基础。一个企业可以短期不盈利，但决不能长期不盈利；一个企业可以局部不盈利，但不能整体不盈利。企业的盈利来自所有员工的共同努力，企业的价值就是所有员工的价值总和。因此，员工的价值也是可以量化的。责任唯一化、利益个体化就是两把尺子，不仅是量化员工个人价值的尺子，也是衡

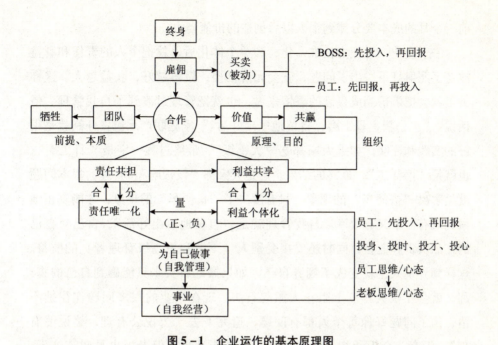

图 5 - 1　企业运作的基本原理图

量员工个人价值的尺子。所以，每个员工的价值经过这两把尺子一量也会
展露无疑。管理者不要担心把一件工作交给一个人主要负责会超出他的承
受能力。事实上，也只有通过一件具体的事才能考察出一个员工的真实能
力。这样做一方面考察出了员工的真实能力，避免有人滥竽充数；另一方
面也有利于工作的开展。通过考察，视个人能力大小来考虑"加担子"还
是"卸担子"，这样安排工作就更有效率，员工有多大的承重能力就给他
安排多大份量的工作，员工能力所长在哪就用哪。把一件事交给一个人主
要负责更能锻炼一个人的工作能力，他会养成独立解决问题的思维和能
力。遇到问题，他会立体地考虑问题的解决。而且，只有把一件事交给一
个人负责，才更能培养一个人的责任心。

在这里需要强调的是，企业的经营当然必须考虑到运营成本，但也不
能太急功近利。因为一个员工当下没有创造价值并不意味着将来不能创造
价值。作为老板都知道的一个事实是：一个新员工的前三个月对企业而言
都是亏本的，因为这是一个适应、培养以及相互打分的一个过程。新员工

前三个月的成本要分摊到个人以后创造的价值当中。

一个企业一旦把责任唯一化、利益个体化后，就把个人的责任和利益放在了照射灯下。出了问题，就会无可推诿；做得越好，获益越大。这样员工就会把事情当成自己的事情来做，也就把管理过渡到了自我管理。俗话说："包公粗，日工磨，自留地里出好活。"家庭联产承包责任制就是很好的实践和证明。如果大家都吃"大锅饭"，最终过程一定是"日工磨"，也就是"磨洋工"，最终的结果一定是大家都"没饭吃"。管理的根本问题就是解决"搭便车"的现象，只有解决了"搭便车"的现象，才能真正地做到既有公平又有效率。自我管理就是"自留地里出好活"，自己对自己的作品负责和监督，同时还要接受别人（下游和更高级管理者）的监督。这样糊弄别人也就变成了糊弄自己，如果搬起石头来只能砸到自己的脚，那么就会在很大程度上阻止人搬起石头。现在企业的很多问题往往扯不清，出了问题好像每个人都有问题，追究下去"公说公有理，婆说婆有理"，没有一个人承担责任，最终只有老板埋单，但老板也是叫苦连天，觉得自己是"冤大头"。问题就是出在这儿，解决的方法也只有一个：责任唯一化、利益个体化，从而实现企业员工的自我管理。

只有员工把企业的事情当成自己的事情来做，才会把员工个人的积极性真正的调动起来，员工在自己的工作上才会全力以赴，真正做到投身、投时、投才、投心，这样的投入所产生的效果往往是超值的。当管理真正过渡到自我管理，员工才算是完成了从员工思维到老板思维的转变，此时真正的合作关系已经初步形成。当员工的自我管理意识越强，产生的效能越大，自己的价值也越大，参与的程度也越高，同时员工的事业心也被激发出来，自我经营也就呼之欲出了。当一个员工把自己的工作当成一份事业来经营的时候，他已注定成为一名经营者。这时，自我管理也就转化成了自我经营。员工此时已经成长为独当一面的人物，老板的思维最终造就了老板的事实身份。表现在形式上就是成为老板、股东或合伙人等。

第六章
夯实合作关系——团队

中国式团队打造的基本特点是：要管事，先管人；要管人，先管心。团队打造的最高境界是实现自动化运作。

第一节　中国式企业管理

关于企业管理的国内外的理论著作早已汗牛充栋，在这里我们就不赘述了。我们只讲出我们的实践和研究，希望能够真正地帮助到大家。在我们看来，中国企业的管理需要中国式的企业管理，西方的管理理论是建立在西方的管理实践的基础上的，在中国往往"水土不服"。至于为什么"水土不服"，我们在下文会有简单论述。

我们一直立足于国内的基本实践和传统文化，同时借鉴于西方的管理思想，致力于中国式企业管理的打造。我们认为中国式企业管理的基本观点是：要管事，先管人；要管人，先管心。

企业管理要想重视"事"的层面，必须先解决"人"的层面。并且，"人"、"事"要分离，要做到事的归事，一事归一事；人的归人，一人归一人。这种分离并不是割裂他们之间的联系，恰恰相反，它们体现的是辩证统一的关系，这是为了让人更好地做好事情。先把人的问题逐一解决，再一一解决事的问题。

要管人，先管心。很多人会说，心是个很难把握的东西，对一件事不可有诛心之论。但人心确实是很重要的东西，尤其是在中国这样一个重"心"的文化国度里。人心如果不加约束，事情就会收到重重阻碍。企业文化不重视人心的打造，企业的问题就会摁下葫芦起了瓢，管理者整天忙于"救火"。所以，必须标本兼治，重视从根源上去解决问题。从某种程度上讲，管心就是输入人脑正确的工作理念和技能等，这是为员工能正确而有效率的工作铺平道路。在企业文化的打造中，我们经常讲的一句话是："管理源于认同，认同源于接受，接受源于调整心态，调整心态源于改变环境，改变环境源于树立榜样。树什么，得什么，缺什么，树什么。"这条管理经验我们屡试不爽，对此的解释和具体应用在下文中会有详细介绍。正因为人心如此重要，在中国在做工作前和工作之中要给人做思想工作，就显得尤为重要。

前面我们分析了自我管理是实现员工从员工思维和心态到老板思维和心态的转变。自我管理，是个很大的课题，对此的具体工具、方法等，我们在下文中会涉及到，在此我只择要做简单介绍。首先，我们不能把自我管理和全员管理相混淆。全员管理，概括起来讲就是"横向到边，纵向到底"，对此经过我们大量的咨询实践，我们已经研究的很成熟了。自我管理，是最终达到自我管理的良性运作状态。要做到自我管理，除了上面介绍的责任唯一化、利益个体化之外，还包括企业文化、流程制度的约束、稽核作为"第三只眼"的监督等。最终达到自我管理者往往都是成为高度的自律者。成功者一般也是自律性比较强的人，我们仔细观察一下也会发现，很多老板是拼命三郎、完美主义者、理想主义者甚至带有点偏执狂和自虐的倾向。老板的个人成功，当然有很多方面的因素，但很大程度上归功于自律精神。对于老板而言，自律精神表现在老板对自己的要求和标准都相对较高。对于员工而言，自律精神强弱的衡量标准是对自己不情愿的事情的执行情况。每个人都有两个大脑，一个是情绪的大脑，一个是理性的大脑。情绪的大脑遵循的是快乐的原则，理性的大脑遵循的是现实原则。两者经常会发生冲突，对一个自我管理能力弱的人而言，理性常常沦为情绪的奴隶；而对一个自我管理能力较强的人，理性常常能够战胜情绪。一个自律精神强的人，他会严于律己、说到做到；他也许对别人狠，但对自己更狠。"狠"，就是高标准的要求，力求完美。所以，我们也可以看到很多老板都是高标准、高品位的人，无论是在生活还是工作上。

第二节　管理的最高境界

一个人的力量极其有限，组织的力量却可无穷。但组织的打造需要管理，没有管理好的组织是一盘散沙。那么，管理的最高境界是什么呢？

有人说，一个好的管理者必须打造一个有战斗力的核心团队，能把自己强大的意志坚决贯彻执行下去。这也不无道理，但我认为管理的最高境界是把人的能量、激情等发挥到极致。我们用人不能把人才当成机器，因为人是有思想、有情感、有血有肉的，用人的最高境界是用其思想。一旦他们的思想和潜能迸发出来，他们的创造力、执行力就会几何级数般地倍增。

现在中国大多数老板的误区是把职业经理人当成了执行者，当成了机器，而非思想者、创造者。久而久之，这也抑制了他们的创造力和执行力。其实，用其思想和智慧，这也是用最低成本产生最高价值的用人模式。

管理的理想目标是什么？自动化运作。管理的目的是避免问题发生，从而提升企业组织的作战能力以及超大能力的发挥。在自动化运作的过程中，每个人的力量有机结合，让每个人把毕生功力聚焦到一点引爆，从而实现每个人的价值最大化。

刘邦，大汉王朝的开拓者，中国历史上第一位"平民皇帝"。英国著名历史学家约瑟·汤恩比评论刘邦是"人类历史上最有远见、对后世影响最大的一位政治人物"。无疑，刘邦是一位卓越的领导者，他更以知人善任而名垂千史。

《史记》中有记载：高祖置酒雒阳南宫。高祖曰："列侯诸将无敢隐朕，皆言其情。吾所以有天下者何？项氏之所以失天下者何？"高起、王陵对曰："陛下慢而侮人，项羽仁而爱人。然陛下使人攻城略地，所降下者因以予之，与天下同利也。项羽妒贤嫉能，有功者害之，贤者疑之，战胜而不予人功，得地而不予人利，此所以失天下也。"高祖曰："公知其一，未知其二。夫运筹策帷帐之中，决胜于千里之外，吾不如子房。镇国家，抚百姓，给馈饷，不绝粮道，吾不如萧何。连百万之军，战必胜，攻必取，吾不如韩信。此三者，皆人杰也，吾能用之，此吾所以取天下也。项羽有一范增而不能用，此其所以为我擒也。"

韩信、萧何、张良等都是一流的人才，从各自的专业角度来讲，刘邦远不如他们，关于这点刘邦也有自知之明，这也是事实。但是，他们之所以能团结在刘邦的周围，就是因为刘邦能包容他们，并且知人善任，用其思想和智慧。也正因为这样，刘邦、韩信、张良、萧何等他们所有人的都价值得到了最大的体现。

第三节　管理者洞察人心的两大法门

什么最厉害？世界上最强大的不是武器，不是金钱，是智慧谋略，洞悉人心。所以我们常说："世事洞明皆学问，人情练达即文章。"

我们正睿对管理有个核心观点：要管事，先管人；要管人，先管心。现实中正确的管理路线是：管心——管人——管事。所以，作为管理者洞察人心就显得尤为重要，这是正确开展工作的第一步。你若不能准确地把握被管理者的心态位置，就不能很好地开展工作。管理是从了解人心开始，管理者要一眼看透，看到他心里去，知道哪句话是真的，哪句话是假的，明白对方的想法。顺着别人的需求、激发别人的需求满足自己的需求才是真正的高手。要管人，先了解人性。佛家认为"善恶不出身口意三"，人的显意识来自于潜意识。我们看到的是外在的，但是要分析内在的。那么如何洞察人心呢？

我们认为洞察人心需要两大法门，即高手过招，只看细节；要具备公正心、纯净心、包容心及伟大的爱心。

一、高手过招，只看细节

管理不看别人怎么说，只看别人怎么做，口是心非的人处处都是，只有行为才能说明一切。关注人重在关注细节，所有的话语、表情、动作、着装、状态、思维等都是"语言"，只有细节才能说明行为的内心世界。魔鬼隐藏在细节当中，伟大来自对细节的注意。人可以刻意地掩盖或修饰自己的言行，但掩饰不住的细节往往泄露秘密。所以，管理要养成很细致的习惯，能够察言观色、明察秋毫。这就需要管理者不断地总结和研究，直至变成为一种习惯。管理者在听别人讲话时，要善于把他的每句话背后的东西挖出来，因为人本能的都有利己倾向。俗话说："锣鼓听音，听话听声。"说的就是这个道理。

二、要具备公正心、纯净心、包容心及伟大的爱心

我一直认为，"正"是一切能量的源泉，"无我"是人类的最高智慧，爱是人类的最高境界。人如果不具备公正心，就无法做到客观，作为管理者要经常反思自己的言行是否公正、客观。如《论语》中所言："吾日三省吾身"、"行有不得，反求诸己"，这样才会日渐精进。一般说来，公正心越强的人说话行事往往是越公道。纯净心是说要保持内心的纯净，就像一杯水一样，繁杂扰乱的心就像杯中浑浊的水，纯净的心就像杯中清澈见底的水，纯净的心看事就比较清楚明白，不会轻易犯糊涂。包容心是说人要能大度，能容人容事，俗话说："将军额前能跑马，宰相肚里能撑船。"将军和宰相一武一文，在古代是最顶尖的管理者，古代如此，当代亦是。作为管理者一定要"眼里容得了沙子"，如果缺失了包容心，尽看人性和世界的丑陋，那么这个人一定会倍感痛苦。

爱是永恒的法则，亘穿千古，无人拒绝和抗拒。一个人可以拒绝另一个人爱他的方式，但绝对不会拒绝爱本身。作为管理者如果是出于爱心，所犯的错误尚且可以谅解；如果是出于恶心，那就是罪上加罪了。同样的，管理者出于一颗爱心，但可能好心办了坏事，这个时候怎么办呢？答案依然是"只有爱才能拯救爱"。这个时候管理者要试着尝试改变爱的方式，以求达到更好的结果。爱本身就包含了很久忍耐，只有包容心和爱才不会让人对人性失望，才会看到生命的曙光和亮色。

人世繁杂，如何看透个人的内心？如何练就一双慧眼？这是一个值得每个人都反复研究的课题，尤其是对要与人频繁打交道的管理者。上面讲的两大法门只是最重要的两点，肯定还有其他的一些方面。这既需要管理者不仅要有丰富的阅历，也需要不断的去体悟生活，在深入生活中学会洞察人心。

第四节　十大心法

我们已经知道：要管事，先管人；要管人，先管心。所以，管理最终的落脚点和着眼点就是人心再造。我们正睿的十大心法（清净心、觉悟心、谦卑心、公正心、仁爱心、敬畏心、责任心、上进心、事业心和感恩心）就是专门解决人心再造的问题。

十大心法的首要是清净心，打造清净心的关键在"止"，即止离散，止浮躁，工具包括学习计划、收入计划、成长地图和信任体系等。第二是觉悟心，打造觉悟心的关键是"明"，明其距、明其性、明其理和明其志，即让他对自己有清醒的定位和认识，也就是自知之明，工具包括考核和教育等。第三个是谦卑心，打造谦卑心的关键在"空"，空即为空杯。工具是纠错。第四个是公正心，打造公正心的关键是"正"，包括正其心、正其身、正其言和正其行，工具是惩罚、立法、稽核和纠错等。第五个是仁爱心，打造仁爱心的关键是"爱"，即爱自己、爱企业、爱工作和爱同事，仁爱心的打造是十大心法的重中之重，工具是分享和活动等。第六个是敬畏心，打造敬畏心的关键是"矩"，即规矩，工具是建立信任机制和体系。第七个是责任心，打造责任心的关键是"称"，即称职，工具包括稽核、总结、计划、责任唯一化、利益个体化等。第八个是上进心，打造上进心的关键是"欲"，即求知欲和成就欲，工具是赛马和绩效。第九个是事业心，打造事业心的关键是"专"，即专注、专心、专业和专一，工具是目标管理。最后一个是感恩心，打造感恩心的关键是"谢"，即谢客户、谢公司、谢同事、谢父母等，工具是活动和分享。（如图 6 – 1 所示）

十大心法打造的顺序并非一成不变的，打造的原则是"缺什么，补什么"。例如，有些员工一到公司就目的很明确，计划性很强，内心很清净但是缺少公正心而这又很影响到当下的工作，这就需要首先重点打造他的公正心。十大心法的打造方法同时也是打造的衡量结果。作为十大心法的

十大心法	十大方法	十大工具
清净心（止）	止离散、止浮躁	学习、收入计划
觉悟心（明）	明其距、明其性	考核、教育
谦卑心（空）	空　杯	纠　错
公正心（正）	正其身、心、行	惩罚、激励
仁爱心（爱）	爱工作、爱同事	分　享
敬畏心（矩）	守规矩、讲原则	信任体系
责任心（称）	称其职、守其位	稽核、总结
上进心（欲）	求知欲、成就欲	赛马、绩效
事业心（专）	专注、专心、专一	目标管理
感恩心（谢）	谢客户、谢公司	活动、分享

图 6-1　十大心法

实施者——企业的领导更应该严以律己，垂身示范。榜样的力量是无穷的，职位越高的人的榜样更是放大，因为职位越高越是有更多的人在下面看着你。所以，十大心法改造的对象不仅是员工，更包括管理者，尤其是老板，因此这也是我们领导力咨询的一大重点内容。并且，十大心法最终起显著的效果一定是自上到下，从内到外的辐射的。最终，这也将成为企业价值观和企业文化的一部分，对企业必定产生深远的影响。

作为管理者，必须认可的认识到人的思维很混乱，突出表现在对事的认识上，最致命的是缺乏基本的常识。常识都尚未普及，遑论做事？

我们企业把员工招过来，最终的目的当然是用人，让他们在自己的工作岗位上实现价值最大化，为企业同时也是为自己带来丰厚的回报。如何用好一个人呢？古人有云："术，能也；心之所能，谓之心术也。"可见，想要我们的员工在企业里在术的层面有很大的作为，我们管理者的动作首先要在"术"的原点，即"心"上下功夫。用好一个人，首先要调整好一个人的心态。心态不好，这个人怎么用也用不了。因为老板和管理者们说的，员工的心装不进去。装不进企业的东西，员工的动作就跟不上企业的拍子。我们要明白调整这个动作伴随员工从进企业到离开企业整个过程的。微妙之处就在这个"调"上。同时，我们还需要明白，每个阶段，调的重点是不一样的。世事无常，人的心态也是变动不居的。市场环境的变化和企业的发展决定了每个阶段员工的心态不一样，内在心理诉求不一样了。我常说管理不是控制人的手脚，用人不是用人的手脚；管理是管人的思维、思想、他的心，用人是用人的智慧。我们想要得到一支高素质的员工队伍，并且想要用好这支高素质的员工队伍，就必须要在员工心态的调整上下功夫。我们必须根据企业发展的每个阶段以及员工个人发展阶段的具体特点，探索出一套系统有效的调心方案。在劳资双方矛盾误解越来越严重不可调节的时代背景下，尤其是在90后成为从业主力军的背景下，我们正睿经过十多年的经验积累，探索出了十大心法。十大心法是一个严密的系统，在这个系统中，我们老板只要按照这个顺序去做，员工的心态可以很好地调到企业轨道上来的，管理会越来越轻松的，企业不再困惑于人员流失、难管等因素造成的企业损失。

总的来说，十大心法是依据员工每个阶段不同特点从十个方面系统调整员工心态。员工可在企业这个平台实现一个全新的自我，实现心灵上的脱胎换骨。稻盛和夫先生曾经说过这样一句话："人生就是一场修行，公司就是修道场。"之所以能成为一个成功的商人，一个很重要的原因就是稻盛和夫先生在企业这样的营利场所做着宗教家的活儿。稻盛和夫先生的作为打破了我们常人的认知习惯。我们常人以为修生修道的场所在庙堂在教堂。其实非然，稻盛和夫先生告诉我们公司也可以是道场。在高堂庙宇可以修炼一个人，在商场更能锤炼一个人。在名利争斗激烈的商海能够活出宗教家的样子出来，这是何等的伟岸。我们不只是要去颂扬那些在清净无人的世外之所修行的高德之人，或许我们并不应该对此怀有特别的敬佩之心。因为那样的场所本来就是很少诱惑甚至是无诱惑的境地，能够活出自我、真我的崇高生活似乎并非难事。我们更应该去颂扬去敬佩那些在名利场活出高德的人们。因为他们经受了考验，经受了历练。他们面对欲望金钱能够从容应对，不再受制于此。所以他们成功的光环更亮丽，更炫目。因为他们胜利的果实经历了风吹雨打，磨练出的花朵更有质地。这种种的考验与磨练最终锤炼出的是一种胸怀和一种勇气。这种勇气让他们敢于面对一切，面对困难不再逃避而是积极地去思考应对之策。这种胸怀、这种勇气让他们倍显神圣之光。其实是他们就是在入世的场所修炼出了出世的情怀，在入世与出世这对矛盾中成功地驾驭了自己的心理和行为。我们老板和管理者如果不注重自己的修行，我们的企业就不可能真正强大起来。很简单的道理：你的心只能容纳自己，容纳不了其他的人。经营企业不可能只是你自己一个人的事情，经营企业是一个系统工程。这一点也就是十大心法里的谦卑心和仁爱心所要阐述的内容。

稻盛和夫先生能够在名利场的漩涡有这样的觉悟、践行和成就实在是令人敬佩。对于我们普通员工来说，我们或许只是停留在敬佩这个阶段。一旦跟我们的实际工作和实际生活联系起来，我们感觉到所谓的修行和道场之类的说辞离我们还是太遥远了。但是我们又必须承认，一个真正强大的企业应该是员工也要像老板那样有一颗强大的心。我们老板也希望自己的修行自己的感悟能够很好地传递给员工乃至社会，我们老板在修道在布道，我们员工不仅仅是布道的对象，我们也应该努力成为像老板那样的修道者和布道者。我们企业如何让员工成为一个修道者和布道者，这是时下我们老板和管理非常需要注意的一个问题。十大心法的突出特色就在于对这个问题的有效解决。十大心法可以实实在在地帮助老板和管理者把员工也打造成一个修道者，真正把企业打造成一个修道场。因为只有老板那几个人在企业里悠然地修道，滔滔不绝地布道，并不能证明什么，也不能真正带来什么，我们老板更应该把工作做在员工如何像老板那样工作、那样生活方面。我们老板要力争把修道和布道的行为传递给员工，十大心法就可以帮助老板实现这个工作目标。

我们老板为什么要用十大心法去调整员工的心态，为什么要让员工变得像我们自己？背后的动机其实就是我们老板不再把员工看成是雇佣者，而是以合作者的身份去看待员工的。我们老板这样做是真正把员工看成了企业未来的合伙人了。关于合作前文已经阐述的很多很透彻了，这是老板企业用十大心法去培育员工的内在动机。我们老板还要看到这样做的时代背景与外在环境要求。我们国家经过 30 多年的快速发展，市场机制基本上已经建立起来了。由原来的商业沙漠变成了一个具有较为浓厚商业气息的国家，我们国家的商业文明进步确实不小，民营企业在这个过程中可谓功不可没。但是一个非常严峻的现实是，我们的商业因子被培育起来了，并且取得了令人瞩目的经济成就。我们的商业土壤里已经越来越缺少文明的种子、道德的种子，"义"已经在利的汪洋大海里被淹没了，很难找到它的影子了。我们中国人自古至今非常推崇"义利合一"，但是现实就是这么地让人忐忑不安，内生焦虑。商业建立起来了，繁荣起来了，但是商业文明里的核心因子却并没有真正培育起来，更谈不上使其壮大起来。如何真正把我们中国的商业文明培育起来？中国的企业家群体尤其是我们的民营企业家群体对此应该有更深的体会，也更有发言权。因为我们民营企业吸纳了大部分劳动力，数量上的绝对优势使得我们民营企业在员工素养培育上有绝对发言权。我们生活的这个社会可以说是正处于即将全面溃败的境遇，生活在这个社会中的每个人都有一股怨气，都有一肚子苦水想要往外倒，面对人们普遍的怨声载道，我们的传统文化亦即道德层面的说教已经完全失效。30余年的改革开放，我们物质上获得了极大的丰富。但是面对物质上爆炸式增长，我们的精神世界还没来得及去包容去应对这个丰盈的物质世界和物欲横流所产生的诸多问题。因为我们的精神世界本身不够强大不够宽广，也没有足够的包容力与忍耐力。我们的文化更多的是适应农耕文明并在农耕文明的世界里孕育以及成长壮大起来的。而西方文化对资本主义的适应与调整已经经历了多个世纪，在物质的极大丰盛下与人内心物欲横流的反复较量下，其内部已经孕育了包容、从容、富有弹性、博弈等现代文明的核心因子。这些因子在现实政治与经济问题的解决上意义与作用重大。因为它们，我们现如今看到的西方比较好的政治文明和商业文明才能够波及全球，成为各个国家学习的楷模。

无法回避的现实是，我们国家的商业文明还远没有建立起来，我们的成就最多只是技术的物质转换。说的再通俗点，我们获得是一堆堆物质产品，产品背后的东西甚至是它们里面内涵的那些代表文明进步的东西，我们并没有真正吸收。在这个似乎人人都患了"怨病"的社会里，我们中国的企业管理尤其是民营企业的管理就不像西方社会那样纯粹是经济上的管理了。由于固有的文化传习以及现实社会情境，我们中国的企业承担了太多的责任与重担。很多本来应该在家庭、学校里解决的问题最终被累积推给了企业，因为企业是人们最终谋生且长久停留的场所。我们企业如果不去解决那些本不该属于企业去解决的问题，我们的管理是做不下去的。因为最基本的是员工不会跟你企业合拍，员工不合拍，企业效益只能是空谈。所以，在中国我们谈企业管理涉及的东西太多太多。如果我们不能清晰地透析社会，不能把这些问题条分缕析地归纳总结并分析出其背后的本质要素，我们企业的经营与管理将非常困难。基于这样的现实，我一直强调："现代商业社会的核心就是合作。"企业管理中要特别注重培育企业信仰，十大心法是对员工的一次人心再造。我们正睿的八大互动和十大心法的全面实施与运用不只是对企业经营和管理层面问题的解决，也是为社会道德文明重建做出的努力尝试。

上面我已经简要说明了：从最外在来说，十大心法是基于社会现实情境为解决现实问题而成的一套系统方案，这个方面有可能是我们很多老板和管理者较为模糊的一个方面；从内在来说，十大心法是为了做好企业管理而系统解决员工心态的方案，员工心态是企业管理最核心的也是最让人难以把握的一个层面，这是老板和管理者有着直观感受的一个方面。因为这一模糊和这一直观感受的存在，我们老板对员工的态度基本上是"急功近利"的。"急功近利"是十大心法的死敌，如果我们老板抱着急功近利的心态去运用十大心法，收到的效果应该是微乎其微。我们老板必须要对外在和内在两个方面有非常清晰地认知，并且要把这种清晰认知带到实际行动中去。这样，十大心法的预期效果才能得到有效保证。十大心法的有效运用首先必须在老板这里得到保证，在整个过程中，老板是始终占据主导权的。为了让员工成功地具备十颗心，我们老板首先要具备十颗心。影响老板具备十颗心的阻碍主要是在"急"上。

十大心法最忌讳的就是一个"急"。从现实来看，我们老板我们企业有太多理由不得不急。"急"已经成了我们企业的常见景象，已经成了我们的习性。但是我们企业培育员工却是一个长期工程。我们急不了。比如"清净心"，员工来到我们企业，他是毛毛躁躁的。这个毛毛躁躁成因很复杂，是长期累积成的，是在各种压力下形成的。在这个时候，我们管理者不能严格要求去给员工施压。我们的员工是个新兵，是什么都不懂的新兵。所以很多企业有一个初期培训，这个培训不只是在解决员工职业素养的问题，更主要的是在解决员工毛躁的心理，目的是让他们更加熟悉企业，让他们的心里能够容纳更多的企业的东西，这样他们的心在企业里就会逐渐平静下来。我所说的"清净心"还不只是这个含义，企业对于新员工的态度也不只是这些。在员工来到企业的初期，我们做的所有工作最本质的目的就是让我们的员工"止住"。"止"才是清净心培育所要达到的最终目的，为了让员工"止住"，我们就不可以去追去打。我们越急，急着想让我们的员工进入状态，却反而达不到目的。孔老夫子说的好："欲速则不达。"在员工十颗心的培育上，我坚信求速度是和十颗心的本身的内在属性相矛盾的，也是达不到相应效果的。求速度的背后是企业追求经济效益的动机。我们把企业追求的经济效益看成是"量"。因为量化思维，我们的技术实现了飞跃，物质产品花样繁多极其丰富。量化思维使得我们人类把整个地球乃至整个宇宙以至我们自己看成了一个可以依据相应的标准和技术来进行裁剪和划分的物体。那么我们的十颗心能做量化吗？我们必须要明白一点：十颗心的培育是不能以量化思维去催逼的。心的培育如果是用量化思维去催逼，那么我们培育出来的员工究竟是器物之徒，我们培育出来的员工必定是个狭隘的人。因为我们培育的指标与内容全部是我们企业自己的东西，这些内容和标准就像一个框框把我们员工的心框住了。孔子曰："君子不器。"什么是器？器就是边界，就是框框。我们十大心法最终的目标绝对不仅仅是培养出一个个器物之才。这些框住还只是心的本性上的限制，这些本性的限制的外在表现就是心不及众。我以为员工来到我们企业，我们企业为员工做的十颗心的培育工作只是个支点，而不是培育心的本身。我们不能把我们的工作看成是心的本身的培育。心的本性就是一个"无"，如何把握住这个"无"。我们的所作所为都是呈现"心性无"的手段。我常说人类的至高境界是"无我"，"无我"就是"有他"，就是利他。利他背后就是爱。"无我"的最终表现是"有我"，有我是无我的落脚点。如何把人的心性中的爱激发出来？我们的十大心法就是心性的最佳支点，就是对心性的呈现，就是要把心性中的爱激发出来。例如我们十颗心中的谦卑心，我们的做法就是"空"，就是"无"。空不是指把心中属己的东西全部倒出来；而是把心的边界扩大，也就是无边界。谦卑心就是不再把人隔在外边做观照。我们说成长需要比较。但是这个比较不是说要把对象隔离在心外，而是要把他们真正地装进自己的心里去。只有把他们真正的装进去，我们才会进步，才会赢得别人的尊敬。这才是真正的谦卑心，才是谦卑心的真正价值和意义。

有一句话是这样说的："你想让自己没有朋友，那就要处处都表现胜过别人。"富兰克林年轻时争强好胜，也确实在很多方面比别人强，但就是因为这一点，他的那些朋友都离他而去，他实在不知道是什么原因。直到有朋友告诉他这个道理的时候，他才醒悟过来，后来他放弃了自己的高姿态，与更多的人结交。从此，上至议员，下至普通百姓，他的朋友有很多。由此，他得出一个结论："要想建立良好的人际关系，必须要放低自己的姿态，适当的时候承认自己的不足。"

富兰克林先生做到了"空其心"，拥有了谦卑心，所以他拥有了很多朋友，获取了成功。因为富兰克林本人的努力，富兰克林在众人心中形象鲜明。这也就是上面说的"无我"和"有我"的关系。我认为"无我"和"有我"就是这样的，他们并不是神秘而不可捉摸……

第七章
管理的核心在于调整员工的观念和心态

让利益的归利益，让感情的归感情。这就是交付，这才是真正的关心。我们关心员工不要带有利益、投机、投资的动机，我们要真正去理解员工，去发现他的内心诉求。

第一节 企业人才供应现状和留人问题

现在企业招工困难已是众所周知，十几年前工厂门前排着长龙应聘工作的场面已经一去不复返了。招工难和招工贵相伴而生，成为制约企业发展的一大难题。我们十余年企业管理咨询的实践见证了这个过程，对企业的现实困扰也感同身受。

当今人才成为很多企业发展的瓶颈，让很多老板如坐针毡。企业对于高级管理人才和技术人才求之若渴。这在很大程度上制约了企业的发展，根据我们的长期观察，现在的企业面临五大内忧和五大外患。五大内忧包括：成本高涨、售价不涨、招工困难、专业化程度低和管理落后。五大外患包括：由蜂拥投资到产业转移、由成本优势到微利时代、由粗放式生产到产业转移、由供不应求到产能过剩、由发达经济到新兴经济。招工困难带来的人力成本的上涨是成本高涨的一个重要部分，从而也是导致企业的利润下降进入微利时代的一个重要原因。

在企业面临内忧外患的今天，人才的匮乏对企业的影响更是雪上加霜。人才是企业最宝贵的财富。然而，现在人才的稀缺是普遍的，但顶尖人才和基层员工稀缺最为严重。如果我们把人才分为三类的话，包括顶尖人才、中间人才和基层员工。现状是顶尖的高端人才和基层员工比较稀缺，中间人才相对较多。顶尖人才的稀缺自然不必说，因为顶尖人才都是不流动的，他的信息被整个市场所共有共享，他一离职就会有很多高级轿车在迎接他，很多猎头公司会或明或暗地找到他。但现在基层的员工也是比较缺乏的，很多工厂有订单不敢接，担心做不出来，原因就在此。中国"用工荒"的现象因为中国人口老龄化等诸多因素还将长期上演。同时，基层员工又处于一个转型期，60 后、70 后逐渐在退出历史舞台，80 后、90 后逐渐成为建设的中流砥柱。与前辈们不同的是，80 后、90 后更加重视个人权利的维护，更加重视自由，吃苦耐劳精神较差。他们宁愿不加班也不要加班费，如果工作不如人意，他们会毫不犹豫地选择离开；如果个人权利受到侵犯，他们会拿起法律武器进行维权。作为中间的白领阶层、中层管理者情况相对好些。中国人才供应的现状就像一个橄榄球，两头小，中间大。

从上面的简单分析我们可以了解到人才对企业的重要性以及人才的供应现状。那么，我们怎样才能解决人才短缺的问题？或者说至少部分解决这个问题。答案依然与"合作"有关。我们认为对企业招工难的问题，企业不能局限在人力资源部门不停地招生的思维上，人走人流，耗费大量的招工成本。

招工难的问题首先是留人的问题。要先止血再谈造血，不然再多的血也会流尽。所以，企业现在的问题最紧要的是留人的问题，但现在的很多企业恰恰本末倒置了。在解决留人的基础上逐步扩大，就相当于节流开源，企业招工难的问题才可以得到真正解决。要想让人才留住，必须走"合作"的路线。只有合作才能体现个体价值，但个体价值的实现必须从需求出发。了解了员工的需求，才能够有的放矢。不仅要了解80后、90后员工共同的需求，更要了解他们个体的需求。

针对员工的需求打造人才培养方案，这是企业留人的不二法门。

第二节　优秀员工的三大标准

每位员工内心都希望成为优秀的员工。关于优秀，每个企业的理解是不一样的。我们正睿对优秀的理解是以合作者心态做事的员工都是优秀的。具体来说，我们评判员工是否优秀和是否以合作者的身份在企业做事，有三大标准。第一，把工作当成事业来做；第二，以老板的思维和心态工作，才能真正做好工作；第三，树立你的品牌价值。这些标准也是我们管理者调整员工心态要达到的目标。

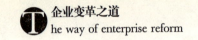
一、把工作当成事业来做

一个优秀的员工一定是把工作当成事业来做的，如果仅仅把工作当成事情来做，那他就注定是个平庸的员工。当一名员工真正地把工作当事业来做，他才会以正确的态度和方式工作，这样工作必然比只是把工作当事情来做的人付出更多的心血和汗水，工作的质量也更胜一筹。

把工作当成事业来做，它要求员工做事从大处着眼，从小事做起。把工作当成事情来做，往往只是应付眼前的工作。同样一份工作，不同的心态不仅造就不同的产品质量，更造就不同的人生。成功者与失败者，富人与穷人，老板与打工者等的最大的区别也正在这里，以做工作还是做事业的心态去工作，结果迥然不同甚至有天壤之别。

可以这么说，失败者做事情，成功者做事业。

同样在一家工厂工作，但你问不同的人他们为什么工作，答案可能不尽相同。有人可能会说为了养家糊口，有人可能会说为了赚钱攒钱，有人可能会说为了实现自己的价值……当你再问他们实现之后又做什么，他们的回答可能又不尽相同。不同的回答反映出的是不同的心态，这些也决定了一个人今后成长的道路。

曾经有一名记者，来到一个农村，看见一群小男孩正在放羊，于是记者走了过去，问其中的一个小孩：

记者："你为什么不上学？"

小孩："我要放羊给家里挣钱！"

记者："那挣到钱干什么？"

小孩："盖房娶媳妇。"

记者："那娶媳妇干什么？"

小孩："生娃！"

记者："那生娃干什么？"

小孩："让他们再给我们放羊，挣钱！！！"

放羊娃的故事，很多人看来会笑，但再想想我们自己和身边的人，又会陷入沉默和沉思。当然，我们不能以救世主的心态去看待别人，但是我始终认为每个人生而平等，都有追求幸福和自由的权利，每个人都配得上更好的生活。不要觉得这些离我们多么遥远，其实这样的故事每天都在我们的身边上演。也正因为这些看不到的细微的内心的差别，不仅导致工作质量的巨大差别，而且还会造成人生的巨大不同。有些人一生都在重复着"放牛娃"版本的故事，终其一生都不能走出这种怪圈。不妨把"放羊"的工作换一下，变成建筑工人、教师、公务员等，我们就会发现其实很多人都在过着这样的生活。

把工作当成事情来做，就会犯"一叶障目，不见泰山"的毛病，始终在一个小圈子里打转。很多员工的问题也在这里：他不知道手头工作的价值以及对自己意味着什么。我曾经在一家工厂遇到这样一件事，一家外国客户的订单今天到了出货的日期，但是在此前直到约定的发货时间却没有业务员向他反馈产品的进度以及任何出货信息，还要客户亲自去过问。这看起来很小的一件事，极大的降低了厂家的信誉度和顾客的信心。这家工厂业务员的失职就在于他并不知道这项工作的价值以及对他而言做好这件事情意味着什么。很多时候，成长和机会就蕴含在这些细节当中，成功和伟大也蕴含在这些细节当中。把工作当成事情来做，就不会看到工作和事业之间的联系。只是把眼前的工作看作是孤立的、琐碎的、暂时的，抱着做完之后就算完成任务的心态。其结果往往是草率收场、繁衍了事，并且员工在这过程中也会做得枯燥乏味，产品的效果根本没有保证。

把工作当成事业来做，就把工作和事业联系了起来，就会有长远坚定的心态去做事。在他脑中，有自己的战略地图，一切不再是支离破碎、杂乱无章、枯燥乏味。并且员工也知道眼下的工作是为将来打基础、做铺垫，这样就是在拓展事情的发展空间，就会设计未来，把每天所做的工作当作一个持续的过程，因而日积月累，由小到大，自己的能力也在逐步提升，最终成为自己的事业。

要做到把事情当成事业来做，就要力求做到三点：以老板的思维和心态工作；注重个人品牌的打造；你的机会在当下。

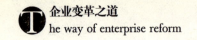

二、以老板的思维和心态工作，才能真正做好工作

员工当然有权利选择最轻松、最惬意的工作；老板也有权利选择最敬业、最卖力的员工。但不要认为你的命运是由老板决定，其实恰恰相反，你的命运是由自己来掌控的。你如果做着这份工作，就要把工作做好。自己的本职工作做不好，亏损的不是别人也不是老板，而是自己。因为你失去了一次成长和进步的机会，更坏的是你败坏了自己的心。长期下去，消极的种子累积越积越多，你自身的素质却越来越低。很多员工有一种根深蒂固的打工者的思维和心态，认为"拿多少钱做多大的事"。这种心态可以说是非常狭隘的，不利于个人成长的。我想没有一位员工不想让自己变得更有价值。可是现实的情况往往是他们在做着背道而驰的事情。平庸的员工总是幻想"多拿钱，少做事"，斤斤计较。对于企业中的事，他们只觉得做好自己的份内事就好了，其他的事是其他人和老板的事。眼睛只盯着自己份内的那点工作，不想额外多付出一点，甚至于与连自己的份内工作都做不好，常常抱怨，抱怨老板是"周扒皮"，是在剥削和压榨自己。抱着这样的思维和心态工作，就永远是穷人，因为这是穷人的思维和心态。最终不仅自己郁郁寡欢，人生不得意，而且人生也陷入了一种恶性循环当中不能自拔。有谁想在抱怨中度过庸庸碌碌的贫穷人生呢？可是现实生活中的人们却在前仆后继地犯着同样的错误。你今天的工作状态，决定了你今后的人生走向。

大卫·安德森和吉姆·莫非一起进入一家铁路公司工作。20年后，吉姆已成为铁路公司检验司的董事长，而大卫仍在铁路公司，顶着烈日，辛辛苦苦在路基上工作。面对20年后如此巨大的差别，大卫说了一句意味深长的话："20年前，我为每小时1.75美元的工资而工作，而吉姆·莫非却在为事业而工作。"

为什么员工应该以老板的心态和思维做事呢？有人会认为：这是不是在越俎代庖？不是的，如果你以老板的思维和心态来工作，那么，你就会以立体的思维和积极的心态来考虑你的这份工作，确定这份工作在整个工作链中处于什么位置，你就会从中找到做份内工作的最佳方法，会把工作做得更圆满，更出色。以这种思维和心态进行工作，你就会急老板之所急，想老板之所想，就不会拒绝上司派来的你有时间和精力来承担的工作。汪中求先生在《营销人的自我营销》一书提出：要将老板当作第一顾客，因为老板不仅给你了一个工作平台，一个发挥自己潜力的机会，而且出资将你的服务买下。这话说得非常有道理。对于一个打工者来说，一定要善待老板，将老板当作第一顾客。你得到的不仅是薪水，还有珍贵的经验、良好的训练、技能的提高、自我认识的加深等很多东西，这些东西与有限的金钱比较起来，其价值不知要高出多少倍。

有了这样的思维和心态，你的工作道路就会进入良性循环，因为工作出色你会收获两种东西：薪水的提升和能力的提升。最重要的是能力的提升，因为这已成为了你的属性，直接决定了你的市场价值。至于薪水的提升，那只是自然而至的副产品。这些都在为你自己的人生腾飞准备条件。

三、你的产品就是你的个人品牌，你的品牌价值无限

我们都知道，每个产品都有它的品牌，品牌影响力越大，说明这个产品的市场认可度越高，越能给消费者带来价值。在市场上，品牌的价值都是可以量化的。作为一个无形的资产，品牌的形成绝非一日之功，是长年累月公司努力经营积累的结果，自然品牌的市场影响力也是巨大的。同样的，每个人都有自己的个人品牌，但品牌的价值却大不相同。品牌对个人的影响非常大，我们常说某些人"德高望重"。其实，"德高望重"即指品牌价值高。个人品牌价值的高低，这既是个人长期积累的过程，同时又会深刻影响一个人的人生。

个人品牌如此重要，这就需要我们时时刻刻维护好自己的品牌。现实情况是，很多人并没有意识到自己个人品牌的价值，也没有很好的对自己的个人品牌进行打造和维护。我们的品牌在哪里？就在于我们的工作当中，在于我们一切的行为当中。一个人外在的形象、做事的能力以及所有的一言一行都会对自己的个人品牌造成或微妙或巨大的影响。

一个人外在的形象往往会影响别人的"第一印象"，这个"第一印象"就是别人对你个人品牌的一种初步评估。初次见面，别人往往会根据你的

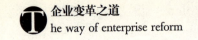

外在形象做出自己的判断，这个判断说到底就是在给你加分或减分。

一个人所做的每件事都代表他的形象，做事的过程就是一个品牌输出的过程。你工作的作品就是你生命的投影，它的美与丑，真与假全部凝聚在内。品牌的打造在自己，品牌的评判在别人。我们每天所做的每一件事都是在给自己的个人品牌加分或减分，我们每天也会对别人所做的每一件事加分或减分，别人也会根据我们所做的每一件事加分或减分。一件事做得漂亮，那就是在给自己的个人品牌加分，别人在心里也会为自己加分。别人为自己加分，就意味着自己给别人留了一个好的印象，当别人有合适的机会时，就很可能会想到你，也可能因此改变你的人生。

有时我们说出的一句话都会对个人品牌造成很重要的影响。例如，一些大企业和公共部门都有自己的发言人，有时发言人说话不当就会给企业或部门带来不可挽回的巨大损失，这样的例子不胜枚举。温州动车事故之后，新闻发言人王勇平最后一句"至于你信不信，我反正信了"，造成了很恶劣的社会影响，让人义愤填膺，一石激起千层浪。

一个微小的细节、表情、动作等也会影响自己的个人品牌。你的每一个细节、动作、表情等都在向外界传达一种信息，既反映了自己内心的世界，又对别人内心产生涟漪。别人会根据自己的良知和感觉做出相应的评判。

所以，我们一定要注意自己的形象和言行，我们所做的每一件事，所说的每一句话，甚至每一个具体的场景都要力求恰如其分，都要事先考虑做这件事是在给自己的个人品牌加分还是减分，以及我如何让将做的这件事给自己最大化的加分？每次过后，自己也要不断地反思和总结，进行一定的量化评判并做出改善措施。如果之前的行为对自己的个人品牌减分了，那就要采取相应的措施进行补救；如果之前的好行为给自己的个人品牌加分了，那就要继续发扬以及扩大影响。

每一个人的成功都是因为自己的品牌而成功，每一次的成功也都在为自己的品牌加持力量。品牌越高，越易成功；品牌越低，阻力越大。一般说来，品牌是与一个人的成功成正比的，除非所做之事是见不得光的。因为有光就有众人看见，人们的良心就会打出相应的分数。

时刻记住："你的品牌价值无限！"你想拥有多大的价值，就要打造多大的个人品牌。你若打造出一个价值千万的个人品牌，你的个人品牌就价值千万。你若能打造出亿万的个人品牌，你就能配得亿万的价值。这就跟储蓄一样的道理，你已存好了亿万的积蓄，还会拿不出亿万的财富吗？只不过你的个人品牌是分散存进了众人的"银行"。

可以这么说，一个人的成功是个人品牌的成功。作为员工要想积累自己的个人品牌，就必须做好自己的工作。工作，当下的工作，就是品牌积累的最佳途径。当你的品牌积累到一定的程度，你的成功自然会如期而至，甚至会不虞而至。

第三节　实干是企业的第一生产力

企业最需要员工的是什么？有的人说是经验，有的人说是知识，有的人说是创新，有的人说是能力……所有的这些固然都很重要，但企业员工是在实干中见真招。也只有实干精神，才真正是企业生生不息的源头活水。

企业里有经验的人可能会变成了"老油条"，喜欢投机取巧；有知识的人可能眼高手低，喜欢"纸上谈兵"；有创新的好点子却可能漂浮在空中，始终无法落地；有能力却不能在施展自己的拳脚……最终无论是经验、知识、创新和能力等，对企业的价值都是有限的。并且，所有的这些并不等于解决问题的能力，具有解决问题的能力也不等于能够解决问题。

我们在清远曾经做过一个生产空调压缩机配件的项目，工厂要把钢铁放入炉里化为铁水，然后再用大约15米长的造型机进行铸造。这个企业面临一个问题：铸造的炉要进行冷却，自然冷却的话至少要两天，如果再烘炉那么五天的时间就过去了。对制造型的企业而言，如果停工五天意味着巨大损失。对这个因设备冷却原因导致的停工问题，企业的员工和管理层们都束手无策，最终还是老板想到了一个办法：采用洒水和吹风机吹的方法散热。结果一天就能冷却，晚上就可以打炉。如果从知识的层面讲，就是加快对流散热，这个知识点初中物理中就有介绍。但是为什么企业的其他管理者或员工们却做不到呢？这里面不乏本科生大专生，最终还是只有初中文化程度的老板解决了这个问题。

联合丽华曾经也有一个很有意思的案例。联合丽华引进了一条香皂包装生产线，结果发现这条生产线有个缺陷：常常会有盒子里没装入香皂。于是他们请来了一个学自动化的博士后设计一个方案来分拣空的香皂盒。博士后拉起了一个十几人的科研攻关小组，综合采用了机械、微电子、自动化、X射线探测等技术，花了几十万，最终成功解决了问题。每当生产线上有空香皂盒通过，两旁的探测器会检测到，并且驱动一只机械手把空皂盒推走。无独有偶，在中国的南方某乡镇企业也购买了同样的生产线，老板发现这个问题后让厂里的小工务必想出解决办法，结果这位小工花了90元钱买来了一台大功率的电风扇猛吹，空皂盒会被吹走，于是问题也就得到了解决。在这里我们先不讨论这两个方案孰优孰劣的问题。但从上面的两个案例我们可以看到：知识并不会天然的自动解决问题。企业里的很多问题，并不在于知识多高，经验多么丰富，而关键在于员工是否实干，是否用心在做事，这才是最重要的。

如果上面的两个例子还不能说明问题的话，我再讲一个我亲身经历的事情。在2008年的时候，我们在撰写一本中小企业生存现状的调查报告。项目由我来主导，同时还有一个管理学博士协助我。那个博士天天跟我夸夸其谈，今天讲这个理论明天讲那个理论，结果半个月过去了，他除了讲那些理论什么都没有做。于是我就问他：你读过彼得·德鲁克的《卓有成效的管理者》没有？他不屑一顾地说：嗨，那都是七年前的事了。我就问他：这本书的主要内容是什么？他依然傲慢地说：嗨，那个不值一提。"西方管理学之父"彼得·德鲁克的《卓有成效的管理者》一书是管理学中的经典之作，主要是讲作为管理层如何做到做有效的事情。作为一个作业者，只要把事情做对就可以了。我又问他：你这15天都做了什么有效的事情呢？结果他傻眼了，顿时窘得脸红脖子粗变得哑口无言。后来过了几天那个博士就辞职了。于是我又重新召集了两个只有初中文化程度的人帮助我收集材料，那本书得以顺利完成。

由此可见，企业的第一生产力不是经验，不是知识，不是创新，不是能力……是实干。实干是企业的第一生产力。有经验不实干就会沦为"耍滑头"；实践出真知，知识如果不经过实干就发挥不了力量，并且不能得到实践的检验和修正；创新却不实干就会延误时机，并且可能永远也落不了地；有能力却懒得出力，只想着坐在那里或动动嘴皮子就解决问题简直是痴心妄想……当然，我们强调实干精神并不是否定经验、知识、创新和能力等的价值。只是我们认为缺乏了实干，所有的这些都是空谈。上面的几个案例也并没有"反智"的意思，我们尊重科学，尊重知识，但我们更相信知识加上实干一定会如虎添翼，力上加力。

为什么很多老板的文化程度并不高却能够成功？为什么有的人高学历却处处碰壁？知识、经验、创新、能力等所有的这些都是假相，实干才是真相。一个人也只有在实干的过程中才能够真正收获或提升自己的经验、知识、创新和能力等。写到这里，我眼前浮现了一个画面，我们服务过的一家生产珠宝的企业老板，那位老先生现在有80多岁了，依然是每天西装革履地上班，每天保证工作12个小时以上。他正是凭借着这样一股肯干、苦干、实干的精神，白手起家从一位普普通通的农民成为一个身家十几亿的企业老板。他的话不多，但平时说的最多的一个字就是"干"，这几乎成为他的口头禅。有次他跟我讲起峥嵘往事，清瘦的身体正襟危坐在沙发上，他说："不干能行吗？还是要干！干！干！！干！！！"他坚定的眼神望向前方，每说到一个"干"字的时候，他就撑起右手的五指有力地在沙发的扶手上顿一下，当时我一下子就明白了他成功并取得辉煌成就的秘诀。

第四节　一生只做一件事

人生在世，有个问题必须思考明白：我来到这个世界的使命是什么？
使命，就是你一生的追求，就是你天性流淌的河流。

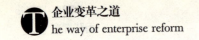

使命，就是一生只做的那一件事。

一生只做一件事。这是一个很朴素的道理，但明白这个道理的人本来就不多，能够真正做到的就更是少之又少了。在这个浮光掠影的时代，充满了诸多的诱惑和变幻，特别是对这个世界充满好奇和敏感的年轻人。

俗话说："男怕入错行。"对男人来说，想好自己一生所做的那一件事至关重要。想好这一件事，就意味着你成功了一半。剩下的问题就是全身心地付出，做好这件事。做好一件事也并不容易，需要付出巨大的心血和汗水，需要无数个通宵达旦的钻研。任何一件事，要想成为行业的专家或顶尖都实属不易，都需要长久地用一颗专注的心去研究，去钻研。

这是一个充满浮躁的时代，这是一个充满诱惑的时代，这是一个充满幻想的时代。在这个以财富论英雄的时代，人人都渴望和追逐成功。但成功并不是一件很容易的事。我们或许不知道自己最终在哪一方面成功，但是有一点是肯定的，我们人生的时间和精力都非常有限，我们只不过是沧海一粟，我们的人生如白驹过隙。在这有限的人生中，我们更应该确认自己的使命，自己一生应做的一件事。因为，我们往往在那些无关的事上浪费的时间太多了，我们对这个问题想通得越早越好。对人生而言，做正确的事远比正确地做事要重要得多，因为做正确的事是方向问题，正确的做事只是方法问题。试想，在错误的道路上行驶，车的速度越快，不是越远离我们的目标吗？很多人的人生往往是做了很多事，但却没有取得最大的成功。走了太多的弯路之后，才猛然发现自己离目标越来越远。

"一生只做一件事"属于方向问题，考虑明白这个问题就是在做正确的事。这个问题我们一天没有考虑明白，从某种程度上讲，那就是在浪费我们的宝贵生命。这就像行军打仗，把优势兵力集中突破一点。只有这样，成功的局面才更容易打开。道法自然，自然是什么？自然就是天性。这一件事一定是符合你的天性的，那是一种自然的流淌，就像众多溪流最终汇入大海一样。

想好一生所做的一件事是什么？需要有专注的精神。怎么做好这一生所做的一件事？同样需要专注的精神。专注才会专业，专业才会成功。专注就是一种力量。专注，就是聚焦，就是在一公分宽度里做一公里深，就是把一个人几乎所有的精力、头脑、心血和时间等都投入到一件事上。在一件事上投入十分的心力和时间就与投入九分的心力和时间大不相同，内行人一眼就看得出来。很多人做的并不是难事，也并不是不会做，但就是做不好，原因就在于不够专注。当你一门心思只做一件事时，所有的一切都会发生变化。难事会变成易事，大事会变成小事，复杂之事会变成简单之事……

　　专注，要求自始至终的专注。不仅专注于结果，也专注于过程；不仅专注于大事，也专注于细节；不仅专注于难事，也专注于易事……当你真正地专注于一件事时，你就会发现其中的乐趣，成功也就会自然而然地不期而至。

　　一生只做一件事，决定了一个人生命的品质。只有一生只做一件事，生命才会绽放出最绚丽的花朵。

第五节　企业管理就是要"较真"

　　某一年，临近黄河岸畔有一片村庄，为了防止水患，农民们筑起了巍峨的长堤。一天有个老农偶尔发现蚂蚁窝猛增了许多。老农心想这些蚂蚁窝究竟会不会影响河堤的安全呢？他要回村去报告，路上遇见了他的儿子。老农的儿子听了不以为然说：那么坚固的长堤，难道害怕几只小小的蚂蚁吗？这不是杞人忧天吗？于是他们就一起下田干活去了。当天晚上风雨交加，黄河里的水猛涨起来，开始咆哮的河水从蚂蚁窝渗透出来，继而喷射，终于堤决人淹。

　　这就是"千里之堤，毁于蚁穴"的故事。韩非子在《韩非子·喻老》中也讲过："知丈之堤，以蝼蚁之穴溃；百尺之室，以突隙之炽焚。"这个故事告诉我们，小隐患可能会造成大问题。企业同样如此，企业一些看似很小的问题可能会给企业造成巨大的损失，所以，我们常说"细节决定成败"。那么，一个好的管理者对待企业的问题，应该采取什么养的态度和观念呢？是较真还是宽容？这是每一个管理者都必须要考虑清楚的，两种截然不同的观点导致的管理结果也是截然不同的。

我们的观点是：一个管理者平时的生活风格可以是随和的，但是面对工作问题时必须是严肃的。很多人把生活的随和与工作时的紧张混淆了，他看到的只是管理者在没有出现问题时为了团结更多的人时的一种平易待人，就误以为管理只要宽容就可以做好，这是思想认识上的误区，是大错特错的观念。管理者的风格可以不同，但管理的目的都是一样的。好的管理者就是要把人的价值最大化，从而达到组织价值的最大化。如果企业发生问题不及时进行纠正，那么错误一定会一直延续下去，发生错误对企业造成的破坏力也是累加的。也许一个很小的问题，时间久了也会造成巨大的破坏。

企业的管理者要养成对工作"较真"的思维和习惯，必须注意做到以下三点。

第一，要讲政治，管理者要注意自己的政治立场。

这个是前提和方向性的问题。一个人讲政治，在重大问题上不犯错，这既是对自己的负责，也是对企业对老板的负责。一个人有能力固然很重要，但政治立场错了就会起反作用。什么是企业的政治立场？就是企业的底线，也就是企业的原则性问题。底线就是高压线，触碰不得。例如，企业利益大于天，要维护老板的权威等，这些都是不容讨论的问题，而是要始终维护的问题。因为一个员工加入一家公司一定是一个双向选择彼此接受的问题，你不认可一家公司，你可以选择离开；但是，如果你选择留下，就不能触犯企业的基本底线。举个简单的例子，一个人拿着老板的钱，却在做着反对老板、破坏企业的事情，老板留这个人又有什么用处呢？谁能容忍一个花钱请来的人拆自己的台呢？谁能容忍自己的员工做着吃里扒外的事情呢？那些只考虑自己的个人利益，不考虑公司利益的人，职位无论高低，迟早一定都会被企业清理掉的。

在企业，讲政治，一定是围绕企业的核心利益和老板而展开的。作为员工，既然选择了这家企业，就要站在企业的角度去考虑问题，就要为老板去排忧解难。企业是大家共同的一张脸，管理层要与企业和老板站在同一战线上，积极宣传企业和老板的正面形象，扼止企业各种负面的信息对大家的消极影响。在很多企业，有的管理者甚至老板的助理和总经理，都会在这件事情上犯原则性的错误。我们曾经见过一家大型企业出现问题了，一直是处于亏损的境地，企业老板又发现自己请来的职业经理人并不能帮助他解决实际问题，于是企业老板决定亲自出马，他把总经理辞退了，自己火烧火燎地奋斗在第一线。但是，在这生死存亡的紧急关头，企业里的很多管理者却在私下抱怨老板事无巨细亲力亲为，有的管理者甚至在看老板的笑话。老板为企业忙得焦头烂额，管理者却在一旁幸灾乐祸作壁上观。这种行为严重触犯了企业的底线，对企业的发展非常不利。

员工对待自己的老板，一定要有一颗感恩的心。老板当然也有缺点，也有自己的问题。但对老板的缺点和问题，如果员工觉得有必要告诉他，那么也要在私下的场合进行沟通，绝不能在公众场合驳老板的面子，拆老板的台。对老板这样，对企业亦是如此。举个例子，如果一名员工打算离职，但又犹豫不决，这个时候他的同事的态度对他影响就非常大。如果这时他的一名同事跟他讲"你先走吧，我随后也要离开"，另外一名员工说"企业太差了，老板太黑了，我早就想离开了"。当那位打算离职的员工听到其他两位同事的蛊惑和怂恿之后，他会更加坚定了自己离开判断的正确性，并且加快自己离开的步伐。如果是另外一种情况，结果就可能大不相同。如果一名同事跟他说："其实我们企业挺好的，我都在这里干了三年了。"另外一名同事也在劝他留下来并且及时告诉管理者做安抚工作。这样子这名员工很可能就会留下来了。

企业管理者"较真"的管理思维一定是建立在讲政治的基础之上的，离开了这个方向和原则，那么管理者越"较真"，对企业的破坏性就越大。

第二，管理者要意见鲜明，不能做"好好先生"。

企业里有些管理者对各种问题的意见很不鲜明，他们把明哲保身做"老好人"、"好好先生"奉为自己的处世哲学。企业出现问题了，他们觉得能抹过去就抹过去。他们觉得摆平就是水平，喜欢大事化小小事化了，对很多事情都没有自己鲜明的态度，要么是睁一只眼闭一只眼，要么是做一天和尚撞一天钟，要么是"墙头草"，要么是"和稀泥"……诸如此类的行为我们都可以统称为"好好先生",当然,"好好先生"觉得这样做皆大欢喜——对自己好对大家也好。其实,管理者这种行为是对企业对老板对员工对自己对都没有好处的行为,管理者这样做事情说到底就是在砸自己的饭碗。

一位有着"较真"思维和习惯的管理者,一定是意见鲜明的人。这个世界上有三类人:爱憎分明的人,意见鲜明的人和明哲保身的人。这三类人虽然都是各有优劣,但是作为管理者要做到意见分明。管理者意见分明,要求的就是一个"正"字。对管理者而言,"其身正,不令而行;其身不正,虽令不从"。管理者只有具备公正心,才会具有"较真"的思维;管理者只有具备"较真"思维,才能做到意见鲜明;管理者只有意见鲜明,才能做出公正的评价,才能把自己的公正评价给到自己的下属,这样才真正有利于企业的发展。

第三,从小事做起,把问题彻查到底,杜绝后患。

就如本文开头讲的"千里之堤,毁于蚁穴"的故事一样,生活中很多巨大的损失都是由小问题触发的。就像古代的一位皇帝,国灭身亡的起因竟然是一只小小的马蹄钉!企业的生产也是如此,重视小问题,才会成就大事业;一个小问题很可能拖垮一家大企业。

我们曾到过一家大型企业,每天因为一个小小的技术问题导致成堆的废弃料,老板每次看了都心疼,因为那都是钱啊。老板一直责令他们改正,却一直改变不了。我们提出解决这个问题,企业的人却直摇头,说这是历史上的老大难问题,没办法解决的。但是我们咨询老师还是决定进行立项解决,召集企业相关的各个部门召开专案会议,带领技术部门进行攻关,一个环节接一个环节地查检,结果用了五天的时间就解决了这个几年没有解决的老大难问题。这个问题的解决,直接带来的产能提升高达30%左右。

可见,企业的问题,无论大小,都是有解决问题的方法,问题如果没有得到解决,不是问题没法解决,而是暂时没有找到解决问题的方法而已。企业的员工只要肯钻研,企业的问题都是可以得到解决的。问题的解决直接带来的就是成本降低、效率提高和产能提升等。

我有一次到海尔参观，遇到这样一件事情。一批手套质量有问题，流到了车间。这在很多企业都不是一件大事，但那天一个近万人的厂区，中午在大饭堂里吃饭的时候，海尔内部电视网播放的电视里，采购员检讨采购的责任，品管员检讨品管员的责任，车间的人检讨车间的责任。

海尔为什么能够做大？当然有很多很多的原因，但我想其中一个重要的原因就是这种管理者对待问题较真的思维和观念。当年，在海尔危机四伏的时候，张瑞敏毅然抡起大锤砸掉有缺陷的电冰箱，从那一刻起海尔的较真的文化就已经在沉淀。企业每天有成千上万的事情，牵扯到成千上万的产品和成千上万的人，每一个环节的小问题都应该重视解决，并要彻查到底，杜绝后患。企业没有解决的小问题，就像石油管道的小缝隙无时无刻不在漏油，经年累月之后，就会给企业造成巨大的财产损失。

很多企业认为产品只要出了货就没事了，问题就过去了，这是掩耳盗铃的行为。先不说可能会面临客户的退货、投诉、返工等，在这个过程中员工的品性也在一点点败坏，坏的习惯一旦养成就很难改变，并且它是有传染性的，形成的是败坏的企业文化。企业形成"较真"的思维和观念，从小事情做起，就非常有利于问题的解决，企业的问题既能够在最短的时间内得到解决，也能把所有问题都在源头上堵住，杜绝后患。

第六节　情感管理

一、现象描述

情感管理对于管理者来说并不陌生，这种情感投入是拉近员工和企业距离、调整员工心态很有效的一种方式。常言说："晓之以理，不如动之以情。"说出的道理总是让人感觉苍白，以理服人收到的效果可能比较慢，不是那么的明显。如若把道理说得很精彩也是可以的，但那需要深厚的功力，一般以理服人收效甚微。实质上来说，以上几个互动的阐述还是企业在思想观念上做的一系列动作，想要把员工的思想与行为调到公司的轨道上来。理是大方向、大原则方面的，而情则是具体事情、具体细节上的一些动作。作为老板，当然希望看到员工把工厂当做自己的家，把工厂的事情当成自己的事。企业和员工心贴心、肩并肩是再好不过的了。事实上，有时候，老板的一句贴心话会让员工感动不已，员工会从此打心底里敬重老板，打心底里爱上工厂。让老板和员工真正走到一起，我们需要在情感上下一番功夫，人都是有感情的，我们企业要实实在在做一些动作出来，要让员工感受到这个地方是值得留下来、值得付出、能够做事的地方。为了更好的说明员工情感上和组织互动的重要意义，我们先来看几个案例。

20世纪20年代中期，年轻的德普瑞从他的继父荷米那儿借了一笔钱，买下了星光家具公司。为了表达他对继父的感激之情，德普瑞将公司改名为荷米公司。作为一名企业主和管理者，德普瑞在早期经营和控制企业的方式与那个时代其他人没什么不同。例如，他把工厂里的工人看作是没有个性也没有姓名的机器，每个工人很容易被另一个工人替代。

20世纪30年代中期的一天，一个叫米莱特的年仅42岁的工人在工作中意外死亡。因为米莱特是因公死亡，德普瑞感到有必要去看望、安慰一下米莱特的家人。在拜访过程中，米莱特的妻子给他读了一些诗歌。德普瑞被这些诗的优美和高雅深深打动，他询问了这位诗人的名字。德普瑞惊异地发现，是死去的米莱特写下了这些诗歌。这件事对德普瑞产生了巨大影响。他第一次意识到，他的雇员们不是牛马，也不是机器，而是有着情感、才能的有血有肉的人。他当场决定，改变自己整个的管理思想和管理方式。他下决心去了解他的工人们，了解他们的人格尊严、潜质和才干。他还宣称，管理层不是一个特殊的阶层，管理是企业内部每个人都应参与的事务。

荷米公司还最早为员工提供股份并采用分红激励计划，这种方式极大激发了员工积极性。在公司以后的各个发展阶段，人始终处于中心位置。例如，对于新员工的评价标准是基于他的个人特质和与他人合作的倾向，而不仅是侧重于他们的技术熟练程度或资历。荷米公司的每个人都对如何处理问题有发言权，但在大多数的领域中，管理人员拥有最终的决策权。

管理者能在权威和民主之间找到一条最佳的均衡线：他们能够保持开放并鼓励员工参与，也能够在需要的时候做出果断的决策。曾经有一位工人走进德普瑞先生的办公室，抱怨有两名生产管理者被不公正地解雇了。德普瑞听取了这位工人的叙述，然后开始进行调查。他得出结论，确实发生了不公正解雇的事情。他不仅召回了被错误解雇的生产管理者，而且还要求那位做出解雇决定的董事辞职。由于荷米公司的许多业务同计算机行业紧密相连，在 20 世纪 80 年代计算机业降到低谷时，荷米公司也经历了销售大滑坡。但是公司并没有因此而裁减员工，公司"以人为本"的文化并没有削弱。在 20 世纪 90 年代，从困境中解脱出来后，荷米公司显得比以往更强大了。

　　管理有三层意思，也就是管事、管人、管心。企业最终要的是事情的最佳处理，产品的最优质量。为了这个目标，管理者最重要、最困难的是要把员工的心给管好。只有把员工的心管好了，人才会按章按规去做事。有些老板总是一副专制者的面孔出现在员工面前，把员工看成是会吃饭的机器人。说的再难听点，就是不把员工当人看，心里根本就瞧不起这些一线员工。你怎么对待别人，别人就怎么对待你。这都是相对的，是再朴素不过的真理。作为老板，不可否认，你心里是装着很多东西，但是很多老板装的东西里缺了最重要的一样：员工。员工最多是流水线的机器人，和他们面前的机器差不多。这样的老板怎么可能会把一家企业经营好呢。你一个老板要的利润、产品影响力主要是由员工做出来的，他们和产品关系最直接。你心里没有员工，你心里就没有产品、就没有利润。你心里装的那些东西就是自己幻想出来的，这等于在做白日梦。所以，老板要在心里装着员工。平常里，你对一个员工"名字加问候"的一个简单动作会让员工心里一辈子记着的，这个"记着"会成为员工亲近工厂、奉献工厂的动力。员工是有思想的，身处一线，他们是最有发言权的。企业确实要有一些有分量的表达平台，员工在这个平台的表达要收到尊重和重视。老板更多的是要做一个真正的员工心灵之声的倾听者。老板尊重员工，爱护员工，首先要学会做一个聆听者。管事难，管人更难，但是你真正用心去对待，管理这个活儿会对你表现的越来越友善，否则就是一副冷面孔，自己难受,你身边的人跟着也难受。其实,这就是在要求老板要真正以一个合作者的心态与行动去对待员工。如此一来,员工的反哺行动就会自然而来。

联想创业之初,许多创业者都把柳传志叫做"小柳"、"传志"。领导者的威信是由权力、威严与尊重这三部分构成,如果这样称呼,领导者的威信如何能树立起来,又如何能开展业务呢?所以,联想许多的老同志都经历过一个改称谓的过程,最后柳传志终于被称为了"柳总"。当杨元庆任联想电脑总裁的时候,已经很有规则的联想,将一个29岁的年轻人称为"杨总"便顺理成章了,属下哪个员工如果冒然把他称做"小杨"或"元庆",就显得很没有规矩。

但是,现在联想要回归自然,强调家庭和谐、亲情平等的独特企业文化,这样,才能有利于创造出上下通气、无拘无束的融洽气氛。所以,杨元庆最喜欢他的员工叫他"元庆"。他和副总们经常挂着与所有员工一样仅写着名字的胸卡,在大门口亲切地迎接他的下属,用"某某你好",来赚几个"元庆你好"的回应。他的员工也在节日的时候,化装成保姆,用一辆婴儿车推出一个叫做"杨元庆"的大娃娃。

老板都希望员工能够在企业里找到归属感。员工的归属感产生了,自然心里就把企业的事情当成自己的事情去处理了。这个家的和睦与持续最重要的是要有一套平等的游戏规则。企业要像父亲母亲一样呵护自己员工,要想让员工在情感上真正的对企业产生信任感、亲近感、依赖感,老板首先要在自己的言谈举止上,在员工对自己的称呼上做出改变。就像案例中,杨元庆为了实现由"狼性"向"人性"的回归,首先在称呼上做出了动作。这个动作表面上看起来简单,其实质颇有深意。称呼上的改变很自然地拉近了双方的心理距离。可能在这里,有些老板担心太过"亲情化"自己的权威就没有了。老板权威的真正建立并不是靠一些制度称呼之类的东西的,是靠老板的化物造人的能力而来的。老板的权威是靠面对问题、解决问题时的思路、面对不同人群时的包容胸怀和面对困境时的乐观情怀而来的。靠权力、靠一些严苛规定而来的所谓的权威是只纸老虎。我坚信,杨元庆的这个小动作一定大大地拉近了员工与企业之间的心理距离，公司的情感氛围上更加融洽了。总的来说，要想员工在情感上亲近企业，老板和管理层的作用最为关键。最关键的是，老板和管理层的心里要时刻装着员工，心里最重要的位置留给员工。这也就是我说的管人要管心，管心要关心。关心就是要把员工装在心里，你有没有装着员工，你的一举一动都在做证明。老板，尤其是私营企业老板，首先要调好自己的心态，要把自己和企业的关系调到合理的位置上去，要用一颗合作者的心态去看待自己和企业的关系。老板端正了自己和企业的关系，自己和员工的关系也就不愁处理不好了。

东汉末年，刘备被曹操打败。关羽为了保护刘备的夫人被迫投降曹操。曹操对关羽关怀备至，"封侯赐爵，三日一小宴，五日一大宴，上马一提金，下马一提银"，恩礼非常；但是关羽还是无动于衷，一心想打听刘备的下落。大将军张辽问他为什么身在曹营心在汉，关羽说他与刘备有过生死誓言。后来得知刘备在袁绍处，遂挂印封金，"过五关斩六将"，终于回到刘备身边。

管事难，管人难，管心最难。俗语说："虎豹不堪骑，人心隔肚皮。"人心尚且难测，更何况去管一个人的"心"了。"身在曹营心在汉"的"关羽"式行为与员工是老板最不想看到的。所以，老板既要留住员工这个人又要留住他的心。为什么企业现在招工难，为什么一些老员工工作那么久了还是离开了。固然有产业转移，劳动力成本上升等因素影响，但是很重要的因素是老板没有留住员工的心。新员工刚进来，你就迫不可待的想要他产生价值，把工作做好。这心态就是不对的，新员工进来什么都不熟悉，而且最初三个月总的来说是个适应期。适应期的员工的心态是很不稳定的，老板和管理层还真不能对员工硬着来。这个时候，老板对待新员工应该是礼遇有加才对。如此，员工的心才会迅速地定下来，员工才会有可能把心交给你，交给企业，安心地做事。管理者最忌急功近利。什么是急功近利呢？就是要求员工在一定时间单位内完成一定的工作量，这个要求本身是没有问题的。关键在于这个要求要在合适的时间点，不在合适的时间点就是急功近利。这个要求可以称为线性的时间概念。对于民营企业，尤其是中小民营企业来说，这要求放在一线员工身上是非常有必要的。但是放在新员工身上要有一个过程，要选对时间点。新员工刚进来，心里毛毛躁躁的，东张西望。这个状态，我们可以叫做"时间上的空无"。意思是他不了解企业情况和本职工作，即使了解，他还不能有一个确切的时间概念，还不能在时间上做出清晰的计划性。计划性的时间概念也就是说线性的时间概念在员工身上扎根需要一段时间。所以说，管理者首先要把自己的心态调整好，调整到合作者的心态上去，贯彻在平常的一举一动上。具体的说，老板要把控好对待员工的时间概念。当然，像"关羽"这类员工是不大好调的，但是这类员工的行为也给了我们管理者我们老板一个很深的启示：在其他方面工作的基础上，还是要在思想上在情感上和员工建立紧密的联系。思想上的情感上的联系是最可靠的。思想上的亲近，这样的情感是最真实、最长久、最可靠。

二、处理人际关系的黄金法则——因果律

一个人想要获取成功，最重要的是看两点：第一，看他个人的能力；第二，看他的朋友圈子。关于人际关系的处理，我们中华文化是最有发言权的。然而生活在中华文化圈的我们中的很多人在人际关系处理上是一团糟。这些人也是天天捧着这个那个秘诀的书籍，可是就是处理不好人际关系。问题出在哪里了？问题出在我们不懂常识，迷失在常识里了。所以，古语有云"芸芸众生"。因果律是宇宙运转的大法则、大规律，这是常识。为什么现在社会这么乱？为什么人心这么乱？为什么现在管理工作这么难做？最根本的问题就是出在这里。我们对因果律的最大误解就是把因看成果，把果看成因。出了问题，全是别人的错，自己没有错。事情做好了，千方百计把原因往自己身上说。心里总想着摘果子，没有看到勤劳付出的人是怎么做的。自己永远是对的，别人永远是错的。这就是我们面对因果律时的种种表现，真的是因果倒置不明事理。我们对因果律的误解还在于没有时间的概念。有了第一次，还想着第二次；有了第二次，还想着第三次。很多情况下，因果律的生效在时间上、空间上是有较大长度和广度的。这个长度和广度，目光短浅和心存急功近利观念的人感受不到。例如，一个经营不善的企业，员工慢慢的都走完了，老板也日渐心灰意冷。

在这个过程中，老板与员工都在抱怨彼此，抱怨到最后是企业倒闭，各奔东西。为什么企业倒闭了老板和员工还在彼此抱怨呢？原因就在于老板和员工都没有认识到因果律，对因果律的时间和空间上的特性没有认识清楚。老板就不能从自己身上找原因吗？员工就不能从自己身上找原因吗？如果双方都从自身找原因，结果还会是企业倒闭了还在彼此抱怨的样子吗？所以说，认识到因果律的人必然是个胸怀宽广有包容心的人。原因在于因果律的时间上的长度和空间上的广度的两个特性。人际关系的处理很简单，不需要太过复杂的权术计谋。只要你认识了因果律，信它，畏惧它，遵守它，你就是一个人际关系处理高手，你身边就会云集非常多的朋友。己错，忏悔；他错，宽容。人际关系的处理法则就是这么简单。遵守因果律，始终有一个忏悔的心和包容的心。这样的人，大家都喜欢交往。这样的人才是强者，这样的人才能成事。老板要想把一家企业经营的好就必须要具备这样的素养，这样的老板哪个员工不喜欢，哪个员工不希望跟着这样的老板做事？跟着这样的老板做事有安全感，心里踏实。

让员工把企业当成自己的家，让员工对企业产生家的温馨感，就是员工的对企业的情感。这个情感能不能培育起来，首要责任在老板身上。老板首先要把自己调到因果律上去，要让自己拥有一颗忏悔的心、包容的心。这其实就是要求老板要首先以一个合作者的姿态出现。现在的员工，他们更多关心的是自己是否被关注，他们渴望的是企业有家的感觉，工厂里的人际关系应该是和睦温情的。管理对象结构的变化已经要求我们要转变管理思路了。再也不能把管理简单地理解成是控制、检查、惩罚。时代的变化已经要求我们管理者必须要把管理向深层次推进。推进的起点就是我说的老板和管理者要在心态上调整过来，要把我们和员工的关系看成是合作的关系。当我们听到员工在抱怨说"环境太差了，没前途"时，我们管理者要想到这个环境可能主要的不是指工厂基础设施等硬环境，而是指工厂的软环境。时代对我们管理者提出了更高要求，我们管理者的每一个动作、每一句话都是管理，我们的动作要做到员工的心里去，让员工在面对这些动作时感受到尊重、关爱与帮助。你去"恶"的对待员工，员工反过来也会以"恶"回报你。我们管理者应该着重种善因，合作者的姿态在老板这里的表现就是广种善因。面对这样的老板，哪个员工不感动。我们管理者这样去做管理还怕不能把员工调到合作共赢的轨道上来吗？

所以说，要想让员工对企业产生家的感觉，让员工真正爱上企业，我们管理者首先要在心态上真正的了解因果律，信它、遵守它、践行它，做到忏悔与包容。这是我们实现员工情感与组织互动的根本所在。因果律确实可以说是我们管理者处理与员工等企业内部人际关系的黄金法则。事实是这条黄金法身上有太多灰尘了，这些灰尘源自我们管理者和员工对它的误解与扭曲。

三、关心——管心用人的秘密法门

1. "交易"扭曲了情感

现今民营企业的员工人员流失率普遍居高不下，有的甚至高达50% ~ 60%。，在厂里干上一年就称得上是老员工了。在调查中，我们发现员工流失的一个重要原因是厂里工作氛围不对头，老板和一些管理者的做法实在无法忍受。这些数据和事实突出地说明了一点：员工对工厂产生的不是家的感觉，而是监狱的感觉，在工厂里一天如同坐监一天。2010年吵得沸沸扬扬的富士康员工跳楼事件就是这种负面情绪的最极端表现形式。

2010年5月26日11时许，富士康深圳龙华厂区又一名男性坠楼身亡。这是富士康在深圳厂区发生的第12起连环坠楼事故。这一系列事故目前已经造成了10人死亡，2人重伤。事情发生在富士康深圳龙华厂区大润发商场前，现场尚存血迹。死者是C2宿舍一位男性。

在上述富士康发生连续跳楼事件后，新闻媒体、公安机关、社会公益组织、厂方都对事件作出了回应。其中有一份关于事件产生原因的调查问卷是这样设置的：

（1）您认为富士康跳楼事件谁应负有主要责任？①富士康管理有问题；②员工跳楼属个案；③不好说。

（2）您认为富士康频发跳楼事件的原因是？①缺少关爱；②工资低；③社会压力大；④说不清楚。

调查结果显示：两个问题中选择第一项占比分别达到 85.2% 和

41.1%。其中两个问题的第一项之间是成因果关系的。这一系列数据说明，富士康工厂缺乏"人情味"。对此，厂方和社会公益组织采取了很多改善措施，最明显的是两点措施：一是强化企业的员工尊严教育；二是构筑"关爱圈"。然而在诸多改善措施中，我们还是发现了一些不和谐之音，例如：厂方让员工签订一份"不自杀协议书"。协议书的内容基本上是围绕着厂方利益不受损这个中心拟定的。富士康虽有前面很有力度的改善措施，这个协议书的出现却暴露了企业方还是没有真正的考虑到员工内心情感，没有真正站在员工的角度去考虑采取何种措施，没有真正的从合作者的角度去考虑问题，依然是一副雇主对待雇员的姿态。这样的一些相互矛盾的改进措施让我们不得不深思：为什么富士康的某些管理戕害了员工对企业的热爱，让员工产生了强烈的厌恶情感。富士康案例绝对不是个案。在这里，我想从中国传统文化和西方古典经济学角度去剖析富士康现象。

关于中国传统文化在经济学上的特性，已经有很多学者做了研究，其研究成果都指向了一点：我们的文化偏向于急功近利的实用主义。我们批评惯了西方社会如何的实用如何的重利，殊不知最功利的确实我们自己。撇开学者们的研究不看，我们从自己的亲身经历中也可以实实在在地感受到这点。我把中国文化的这个特点称作"交易"。回过头来想想，我们以往的人际交往中，不论是公还是私往往都内含着一种投资与回报的心理。投资与回报就是一种经济行为，就是一种交易行为。我们今天义务帮了别人一个忙，内心里期盼着对方哪天也要同样的或者更多的来帮助我们。一旦对方没有表现出应有的行为，我们心里就会有怨言。我们今天请对方吃了顿饭，内心里期盼着对方也要同样甚至更多的来回请。一旦对方没有这样去做，我们内心里立马对对方有了隔离感。以至于更让人不愿意看到的是，我们的父母辛苦地供我们读书为的是将来有赚取更多的钱回报这个家族。我们对别人发出的每个动作都内含着寻求回报的心理。更为可怕的是我们的这种心理已经渗透在方方面面了，所以今天我们社会出现这么多问题，跟用交易原则去处理人际关系所导致的实用主义是有因果关系的。中国文化的特点就是含蓄，虽然是事实，可我们就是不愿意公开承认这些。用交易去处理人际关系，我们从中收获的情感是正常的吗？是我们真正想要的吗？我把这个由交易而来的情感称作是负情感。负情感在短期内看不出什么危害，时间一长就不避免地要引发各种矛盾。这种负情感本来在一些领域诸如道德层面是不应该出现的，但是也出现了。所以，这种负情感严重地侵蚀了个人内心纯洁善良的一面，剩下的全是个人利益诉求。所以，我认为富士康跳楼事件与中国传统人际关系处理法则即交易是分不开的。正因为我们的心理是交易的心理，所以表现在管理上就是"我给你多少钱你就给我做出多少活来"，老板和员工的关系就是雇佣的关系，偶然间老板和管理者对员工的温情表现也是围绕着个人利益展开的。除此之外，没有任何价值、意义，情感可言。这就是我们企业的管理现状与实质。

关于交易，我还想从西方古典经济学角度去进一步剖析。我们之所以用交易的法则和心理去处理人际关系去做管理，最根本的原因在于我们对人性的理解上。西方古典经济学展开的起点是人性的理解，认为人是一个理性的经济人。人性是趋利的，是追求经济利益的动物。人们在社会上的一系列动作的基本动机就是追求经济利益。基于这个动机，经济学理论和人的经济行为才得以展开，物质财富才得以更快速地创造。这个动机直接渗透在了管理理论和管理实践中了。既然一个人的目的就是为了最大限度地获取经济利益，我们管理者只需草拟一系列规章制度把他们限制在某个区域，让他们按要求完成相应的工作任务以此获取劳动报酬。老板和员工的关系就成为雇佣的关系，成为管理与被管理的关系。所有的管理动作目的只有一个就是提高员工工作效率，管理过程中员工的个人思想感情是没有被考虑的。我们熟悉的科学管理之父泰勒先生，他的管理思想最核心的就是提高工作效率。以至于我们现今中国企业的管理实践核心也是提高工作效率。这个过程中，我们看不到合作的影子，看不到合作者的姿态；看到的只是冰冷的管理规定和冰冷的管理奖惩动作。在一个冷冰的环境氛围中，在一个没有爱的环境氛围中，老板和管理者千方百计地采取措施提高员工的工作效率。这样的管理实践能长久持续吗？事实说明了不可能。基于人性的基本假设的理解导致了我们管理者的具体管理动作。这些管理动作忽略了员工的其他内心诉求，没有注意到员工情感性的一面，只是把员工看成了机器。这样的管理理论和管理实践已经走到了尽头，因为员工是有尊严的是有感情的。老板要想在管理上实现突破，就必须改变关于人性的基本理解，就必须改变交易的心理。

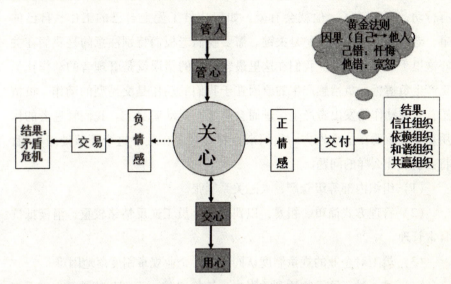

图7-1 情感与组织互动模型

管人要管心，管心要关心；关心才能交心，交心才能用心（如图7-1所示）。我们老板为什么觉得现在管理工作越来越难做了，为什么经营了很多年企业的老手觉得自己的工厂越来越混乱了，为什么员工越来越难以驾驭了。原因就出在我们老板没有把管人、管心、关心、交心、用心几者之间的逻辑关系理清。没有把这个逻辑关系理清的结果就是我们要么把管理做得很复杂，要么把管理做的很简单、很低级。管理无简无繁，它就在那里，简繁源自我们的误解。你按照它的本真去做，你就会取得功效；你不按照它的本真去做，你就会受阻。我们看到这两组关系的核心是关心。因此，我把关心看做是老板和管理者做好管理工作的法门。关心是老板做好员工情感投资的关键所在。老板如何去关心员工？我们先来看关字的含义。关的繁体字是"関"。两个门合在一起就是关，关心就是把员工的心关起来、围起来。我们老板要把员工的心围起来。只有把员工的心围起来，我们才会看到员工安心的在工厂里做事。怎么围？你要了解员工内心的诉求，不只是把员工看成是一个索求经济利益者。人的心是有诸多诉求的，你看到的诉求越多，不求你一一去满足，但起码要去真诚地问候。这样的动作谁不有感触？员工有感触了，他就会接受你；接受你了，他就会有行动；有行动了，他就会有爱。如何让员工爱上自己的工作、自己的事，老板的作用是起点、是关键。需要我们老板们特别注意的是我们在关心这里千万不要走偏。我们在这里最容易犯的错误就是管理者的动作让员工产生负情感。负情感产生的原因在于我们的动作是交易型的动作。负情感首先在动作的发出者产生，进而会蔓延至受动者身上。我们管理者的作用重要就重要在这个地方。我们来看看管理者在关心这个环节处理不当，将会引发什么样的问题。

（1）组织内部等级森严，人际关系紧张。

（2）管理方式简单、粗暴，以罚代管，员工逆反情绪较重，消极抵抗日常管理。

（3）员工对企业的规章制度认同度低，企业规章制度落地困难。

（4）员工过于注重物质利益得失，铢锱必较，雇佣思想严重，"干多少活，给多少钱"成为员工的普遍心理。

（5）员工是为了本职工作而工作，把自己置身于企业发展和整体利益实现之外，自己成为与企业整体发展不相关的局外人。

（6）员工工作总是处于消极状态，有监督和控制就行动，没有稽核就没有工作质量保证，得过且过，"混日子，混工时"的心理很普遍。

（7）员工相互之间矛盾重重，彼此猜忌和算计，组织内耗严重。

一个拿雇佣关系去做管理的工厂，一个以交易的心理去关心员工、去处理人际关系的工厂，出现上面这些现象是再正常不过了。权威机构曾经做过统计：以一年为调查时间长度，很多受访企业只有15%的时间是服务客户的时间，其余85%的时间都是用在处理组织内部并且与服务客户无关的事情上了。15%和85%是令人非常震惊的一组数据。我们管理者看到这组数据后不知道作何感想。我一再强调现在的竞争主要是组织间的竞争，组织如此内耗，哪里还有什么竞争力可言，我们一年走的路对手可能一个月就走完了。85%的时间消耗，很大原因是产生于我们管理身上，最起码管理者要负首要责任。我坚信这个组织内耗的很大部分是我们管理者不公平对待员工造成的。我们管理者怎么可以一边在无视员工尊严的时候，一边还要竭尽全力地要求员工认真工作，保证工作质量、产品质量和服务质量。你一边在严苛对待员工，除了工作对员工的其他事情不闻不问，一边要求员工对顾客笑脸相迎。这样的要求、这样的做法、这样的管理真是不可理喻。最终拿给客户的产品主要是我们的员工来做的，你不关心员工，员工怎么会去关心产品？这都是有传导效应的啊。现在的企业里还有一个普遍的现象，我们老板和管理者对着员工居高临下地总是在讲责任和义务，规章制度里讲，大会小会上讲，走廊标语里讲，天天讲，月月讲，年年讲。讲了这么多、这么久，到头来，工厂管得乱七八糟。我们老板和管理者在这里又犯了一个常识性的错误。请问我们员工的权利在哪里，权利仅仅是一个月的那点薪水吗？我们管理者怎么可以总是在要求员工尽职尽责而无视员工的权利呢？义务和权利是一体的，我们管理怎么可以人为地把它割裂呢？对员工讲义务，对我们自己讲权利，世上怎么会容忍这样的事情长期存在呢。这样的义务，这样的权利是冷冰冰的，是无情的啊。暖的是我们自己的心，寒的是员工的心，最终受伤的还是我们自己啊。我们管理者再也不能这样下去了，必须要改变，改变要从老板做起。老板自己不改变，其他都是无稽之谈。

为了达到交心、用人的目标，我们老板在关心这个关节确实要花费很大心血。老板在关心这个环节要做的就是做到"交付"。我们很多老板和管理者往往在实际的工作中把这个顺序给弄反了，认为管理就是约束就是利益，除了控制和惩罚，不知道怎么做管理了；懂了情感的重要性，我们管理者又把关心把情感做成了假情假意做成了交易，把情感做成了负情感。为什么会这样呢？我们管理者把感情和利益混淆了，认为感情的工作是冲着利益去的，我们没有做到感情和利益分开去处理。让利益的归利益，让感情的归感情，这就是交付，这才是真正的关心。我们关心员工不要带有利益、投机、投资的动机，我们要真正地去理解员工，去发现他的内心诉求。我们管理者应该明白真正了解一个员工重要的就是发现他的内心真实想法真实诉求，你了解了员工的内心真实诉求，其实也就是了解了员工的价值。员工的价值是什么，员工的价值从哪里来？价值就是他内心的诉求，价值就是从他内心诉求而来，管理者尽可能地去满足就是让员工创造自己的价值，就是让他的价值显现出来，价值出来了，工作业绩也就出来了。我们管理者把关心这步做好了，何愁做不好管理。你真正地去关心员工，员工是会把心交给你的，员工把心交给你了，员工就会和企业共进退。

二战初期，德国纳粹开始大规模屠杀犹太人。有一个犹太人家庭即将面临灭顶之灾。这个家庭的主人为了保全两个儿子的性命，希望能在诸多朋友中找到愿意帮助儿子逃生的人。在几百个朋友中，他经过筛选最终发现只有两个人可能帮助他们。一个是木材商，这位木材商曾对这家主人有恩，犹太商人至今还欠着他的债；另一位是银行家，这家主人曾帮助过这个银行家，而且银行家至今还欠着他的钱。经过激烈的思想斗争，犹太人最终决定派两个儿子投奔银行家。半路上，两个儿子有了意见分歧。大儿子认为应该去投奔木材商，小儿子还是坚持父亲的决定，最后两人各奔东西。二战结束后，大儿子去寻找失散多年的亲人。遗憾的是父母都已死在集中营里。弟弟被银行家告发关进集中营被处死了。

要想获取正情感，我们管理者应该摒弃交易的心理。谈利益的时候正大光明地谈利益，谈感情的时候就谈感情。做到这两点，员工就会真心感动，就会爱上企业，员工对组织的信任与依赖就有了感情基础。一个和谐共赢的组织也就从员工这里诞生了。

2. 被需要——贫穷的人不再贫穷，关心不再落空

老板如何去关心我们的员工，关心员工的核心是什么。

回答这些问题我们要从企业的实际开始，要从了解人性开始，要从了解员工内心的需求开始。现在企业人员流失的绝大部分是一线员工。为什么一线员工走得这么多这么频繁？是因为他们没有被关注、没有被关心，我们管理者除了关注他们的工作职责和工资，我们还关注他们的什么了？我坚信这些一线员工是因为贫穷才离去的。"我们以为贫穷是指没有衣服穿，没有粮食吃，没有房子住。其实最大的贫穷是指不被需要，被忽视，不被关心。"著名慈善家特蕾莎修女的这段话指出了贫穷的真正含义：贫

穷更是心灵上缺乏被爱，是不被需要。我坚信这是离去的一线员工最真实的内心生活状态。我坚信我们的企业提供的舞台让我们离去的一线员工越来越贫穷。人渴望富裕渴望脱贫，在这个舞台我们的员工看不到脱贫的希望，反而更加失望。哪个员工还会继续留在这样的企业。被需要是我们内心更深的诉求，我们内心都有被需要的，被需要是需要下面更深层次的，被需要了才会有需要的实现。在一个企业里，员工最深最大的渴望就是被肯定和被尊重。著名心理学家威廉·詹姆士说过："人类本质中最殷切的需求就是渴望被肯定。"实际情况是，我们管理者总是以一种质疑甚至否定的眼光去看待员工，看待他们的行为，他们的行为总是处于质疑或否定状态中，这会让员工感觉到自己价值不大，或者没有价值的，自己是不被需要的。我们管理者最忽视最伤害的就是我们员工的自尊，这样的伤害是最深最痛苦的，治疗的时间是最长的，有时是难以治愈的。我们老板和管理者总是在愤怒，认为员工的价值在自己这里没有体现出来，我们没有看到我们的行为在摧残员工内心最深处的渴望，员工没有被尊重，没有被肯定，他怎么可能会把自己的价值展现出来？员工内心最深处的驱动力已经被我们给摧毁了，我们还怎么要求员工去做事。需求就是价值，价值就是需求。你满足了员工的需求，员工的价值就会爆发出来。你不满足员工的需求，员工的价值就会被压抑住。企业里最需要关心的就是我们的一线员工，一线员工是我们企业最可宝贵的财富。我们管理者要做好关心员工的工作必须做到六点。

（1）紧密联系一线员工。

现在的企业为了增强竞争力，必须全面激活自己的组织系统，激活的关键在于把组织成员间的亲近感营造出来。这个动作的效果的决定因素在于动作的发出者即老板和管理者。在初创期与成长期，老板和管理者做到这一点很容易，因为老板和管理者自己本身就是一线员工，或者本来一线员工就很少。但是当组织达到一定规模时，我们的组织开始向成熟，我们的一线员工开始大规模增加，我们的组织走向制度化或官僚化。成熟期的组织最大的内部问题就是官僚作风浓厚，表现在人员关系上就是职级森严、沟通不畅。我们老板的日常对接对象基本上是管理层甚至是中高层，我们基层管理层的日常对接对象才是我们的一线员工。所以组织成员众多的时候，组织的官僚化倾向极大地削弱了我们的组织活力，最明显的表现就是我们的一线员工对企业缺乏亲近感。打造出一线员工对企业的亲近感，其重担就落在了我们的老板和管理者身上了。我把这个情境下的老板、管理层和一线员工的上下级关系看做是一个距离的差距，这个距离的差距主要是身份地位权力上的差距。这个关系的顶端就是我们的老板，我们的老板和一线员工的距离最远。这个实际情境最容易造成"干群关系"的脱节。老板和一线员工的脱节非常不利于组织的成长，脱节时间过长直接威胁企业的生存。人是很奇怪的，离我们近的我们熟视无睹不珍惜，离我们远的我们爱慕敬重。老板是在组织的顶端，我们一线员工在底端。这个巨大差距足以让一线员工对老板产生敬畏感，一旦我们的老板亲自面见员工，就如同巨大的神秘光环降临在我们的头上，一线员工的内心会产生强烈的自信感和荣誉感，甚至眩晕感。眩晕感产生的原因就在于身份地位的巨大差距在亲自面见时得到瞬间弥补。而这个距离的弥补在平常看来是难以想象的，需要很长时间。

老板一定要把和一线员工的面见定为一种长期机制。刚才我们已经知道，这个动作的最大功效就是激起了员工内心深处的自信感与荣誉感，这些是员工内心最深层次的需要。这是员工自尊的呈现。需要注意的是，老板和一线员工询问的必须是具体的事情，而且要保证动作的持续性。这个持续的动作本身已经成为老板传递这个信息的重要渠道。这个动作在向我们的一线员工传达一个强烈的信号：老板心里一直装着大家，也一直在努力解决一线员工面临的基本问题。密切联系一线员工要取得成效还要靠企业管理层。管理层需要做的是为员工画好工作、成长和利益地图。这个地图要想画好，我们管理层必须联动起来。这个联动做起来了，我们管理层对员工的关心就成了一个系统性的工程。我们对员工的关心就会实实在在落在了企业运行的各个环节。

（2）爱他就要批评他。

我以为爱一个人、关心一个人核心的是要让他看到自己的缺点和问题，这是对一个人的最大帮助、最大关心。你抓住了员工的问题，你就抓住了他的心。老板要真心帮助我们的员工，就是要坦诚地把员工的问题指出来，在企业这个平台给他机会给他方法去改正，去获取"重生"。我们管理者这样去做了，我们的员工还会把我们拒之门外吗？我们的员工会把心交给我们，因为我们首先把心交给了他们，交给了他们一颗爱心——让他们获取重生的爱心。

（3）爱他就要让他坐上我们的车。

我们为什么要不停地向我们的员工讲我们的企业愿景和使命？为的就是把员工牵引到我们的企业的轨道上来。我们为什么要对我们的员工进行频繁地培训，为什么要对我们的员工不断地阐释把自己手上的工作干好就是成长、就是机会？为的就是让我们的员工能安安稳稳地坐在车上。我们平时始终在讲培养员工的主人翁意识。员工的主人翁意识究竟是什么呢？我们怎么去培养员工的主人翁意识？对这些问题的解答，我们看到的更多的是唱高调，真正落地的没有多少。我们老板一定要清楚，培养员工的主人翁意识，第一个动作就是要尊重员工，把他内心深处的需要满足了，让他觉得自己在这个企业里是被需要的。这个动作的最大功效就是把员工的独立人格给激发出来了，而且是在自己的企业这个平台上给激发出来的。什么需要尊重？什么需要被需要？就是我们内心的这个人格。员工的这个人格一旦在企业里被激发出来，主人翁意识还愁没有吗？我们总是在给员工讲要有主人翁意识，却不知道主人翁意识来自哪里，还在那里整天践踏员工的尊严。这样的做法真是岂有此理。我们老板和管理者真的是不能再犯低级错误了。让我们员工的主人翁意识安定持续下去，就要让他坐上我们公司的车，还要告诉他将来有可能去做司机的种种方法和途径。让员工进入我们的轨道，让员工坐上我们的车，告诉他极有可能亲自开上这辆车。这就是对员工具体的爱，这就是对员工最大的爱，这就是我们对员工的承诺。

斯特松公司是美国最古老的制帽厂之一，1987年时公司的情况非常糟糕：产量低、品质差、劳资关系极度紧张。此时，当地的一位管理顾问薛尔曼应聘进厂调查。他的调查结果显示：员工们对管理层、工会缺乏信任，员工彼此间也如此。公司内的沟通渠道全然堵塞，员工们对基层领班更是极度不满，其中包含了偏激作风、言语辱骂、不关心员工的情绪等问题。通过倾听员工的心声，认清问题所在，薛尔曼开始实施一套全面的沟通措施，加上有所觉悟的管理层的支持，竟在 4 个月内，将员工憎恨责难的心态瓦解，并开始展现出团队精神，生产能力也有提高。感恩节前夕，薛尔曼和公司的最高主管亲手赠送火鸡给全体员工，隔天收到员工回赠的像一张报纸那么大的签名感谢卡，上面写着：谢谢把我们当人看。

员工们的一句"谢谢把我们当人看"是多么的朴实无华啊，是多么的有力量啊，这是员工的真情流露。什么是人？人就是人格。我们的员工在企业里显示出了他们的人格，他们会更加爱护我们的企业。我们的企业还愁没有发展吗？

（4）浇树浇根，交人交心。

在企业实际经营中，我们老板和管理层一般都在有意无意地把自己和管理层看成是这个企业的核心，看成是企业的根基。我坚信，凡是这样去认为的，他经营的工厂好不到哪里去。在这里，我要告诉各位老板和管理者的是，你们不要把自己抬得太高，在外，我们员工是顾客的仆人；在内，我们这些管理人员应该做好员工的仆人。在内部，我们要把我们的员工"伺候"好，只有把他们"伺候"好了，我们才有权力去期待员工把产品做好，把顾客服务好。浇树浇根，交人交心。员工如同一颗树，员工的心就是树根。树的根须是见不到光的，我们要不时地给它松土。所以，一棵树最需要好好照顾的是它的根，整个生命体中，树根是最饥渴的。为了把这棵树种好，我们要施肥浇水。我们企业也如同一颗树，而我们的员工就是树根。把水浇到树的根，你才能浇到员工的心。把水浇到员工，企业这颗树才能茁壮成长。我们企业之前对待员工是否做到了这点。群众工作才是我们企业人事工作的生命线。这条生命线，我们再也不能无视或忽视，应该把它做到位。古语有云："足寒伤心，人怨伤国。山将崩者，下先隳；国将衰者，人先弊。根枯树朽，人困国残。"这些辩证法的道理，我们老板和管理层千万要谨记。有了好处，首先是员工的；出了问题，责任首先是管理者的。在竞争白热化的今天，我们管理者必须要有这个格局去实施这些动作。否则，我们真的是把我们员工的心给伤透了，让我们的员工情何以堪啊。

（5）关心员工，更要在危机中做到。

有个故事发生在 IBM 注重员工和管理人员发展的背景下。一个年轻的管理人员由于决策失误使得公司损失了数百万。他被召唤到沃森的办公室，当时他以为自己会被解雇。于是一走进沃森的办公室，他就说道："我就知道你们会在我造成失误后炒我鱿鱼。"沃森回到说："不，年轻人，我们只不过是花了几百万来培养你而已。"

"繁华中最能发现邪恶，逆境中最能发现美德。"先贤教导是如此的一针见血。如果我们老板和管理者能这样去对待我们的员工，在企业里，何愁不见真情。关心员工，更要在逆境中和危机中做到。我们看到：在当今市场环境不佳的背景下，某些行业业绩和利润出现大幅度下滑，但是依然有一些企业庄严承诺不减薪、不裁员。我坚信，这段逆境期是这些企业实现跨越式发展的关键期。因为企业的这些承诺足以让我们的员工一辈子心里装着我们的企业。我们都很敬重日本企业。日本企业能够驰骋世界，在这一点上他们做的很好。日本企业实行的终身雇佣制在企业面临危机时也依然继续执行，所以日本企业的员工的忠诚度极高。"患难见真情。"真情生于患难之时。

（6）人走心留，让关心伴随员工终生。

员工在我们这里，我们要关心他；离开了，我们还要关心他。我们老板要把对员工的关心看成是一辈子的事情，而不仅仅是一时一地的事情。不管动机为何，员工来到我们的企业就是缘。我们和员工相聚在企业这个舞台，我们和员工之间的缘就产生了。缘是什么？缘就是连接的意思。我们连着员工，员工连着我们。因缘果，我们和员工既已互为因果。缘起，因果生。所以我们要诊视这个缘。因为这个缘、这个因缘果就是情，缘起情生。物理空间上的相聚引来了我们一生的因缘果、一生的情。在企业这个舞台，我们老板和管理者更有主动权去维护这个缘、这个情，我们更有主动权去把这个情引向爱而非恨，我们更有主动权去把这个爱增强和扩大。我们老板和员工都要珍视这个缘，珍视这个情，让这个情产生强大的力量，让我们的企业和自己变得强大起来，让我们不断地得到成就。我们

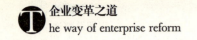

老板要把关心员工看成是一辈子的事情。

每个从天狮集团离职的人员，人力资源部都要与之谈话，问他们为何离开？如果时间能倒退，企业怎样做才能留住他？并请他们填写离职档案，留下他们的意见，讲出离开的真实原因。员工离开时，集团公司还要通过不同形式进行欢送，让员工走得非常愉快。

惠普公司的一家子公司对待跳槽的员工是："不指责、不强留，利索放人，握手话别。"一个离开者说：惠普每年要花不少钱用在人才培训上，有的人来惠普就是为了镀金，学了本事待价而沽。对此，公司的管理层认为，人家愿意来，说明惠普有吸引力；人家想走，强留也不会安心。再说，电脑业本来人员流动率就高，当初选进的人才不见得都符合惠普的要求。退一步说，优秀人才到外面去服务，也是惠普对社会的贡献，符合惠普一贯坚持的"互胜"精神。

员工离职现象在每个企业都会发生，我们正睿也不例外。一旦确定员工离去的心意已决，作为董事长，我会和对方有一个很正式也很轻松的会谈。在会谈中，我会充分了解他离职的原因，并为我们公司未能满足或者忽视他的某些需求表示抱歉。在会谈中，我会在对方的角度指出其依然没有消除的能力短板，为他走向其他公司或者岗位提供一些方向性的指引。当然，我还是不会放弃留用对方的想法，我会主动提出采用其他的合作方式合作，哪怕是有一天回来来看看公司，看看我。在整个过程中，我均是以一个合作者的姿态并尽可能地站在对方的角度去思考问题去反思自己。这些员工虽然离开了我们正睿这个舞台，但是他的心还是留在了我们正睿，他的情留在了我们正睿。我们对他的关心在他以后的人生路上也一直继续着。我会说，有什么困难需要公司帮助的，公司还会尽可能提供帮助，并随时欢迎他回来看看公司。因此，我们企业面对员工流失最重要的是建立一套科学的检测员工离职原因分析工具。我坚信，这一系列动作的实施会把离职员工心继续留在我们企业，让会我们对他们的那份关心一直持续下去。

总而言之，我们老板和管理者必须明确一点：我们对员工的关心，主要是在解决员工的贫困问题，这个贫困是精神上的贫困，就是要解决他们被需要、被肯定的问题。可以看出，我们关心这个动作的意义是多么的重大。我们关心了员工，其实也就是关心了我们自己。我们的员工变得富有和强大了，我们自己也就变得富有和强大了。"脱员工的贫"也就是在"脱自己的贫"。

上面的内容就是我对员工情感和组织互动的总体阐释。除上之外，我还特别指出一点：关心员工，把员工对组织的爱激发出来、培育出来，也就是让员工对组织产生深厚的感情，这点之所以重要是因为员工的情感是一个很好很简单的检测工具。为什么说员工的情感是一个很好很简单的检测工具？它检测的是什么？我们知道企业管理是一个非常系统的工程，是高度理性的。而我们员工对企业的情感是一个很直观的感觉，是感性的。我们检查管理是否有效和成功，有很多理性工具和方法供我们使用。但是我们可以看到，检测管理效果的最简单最直接的还是我们员工内心对企业的情感。一句话就是："我们员工内心对企业的真实感受是最简单有效的检测方法。"关于管理功效如何，情感是最终最真实的一个反应。所以，把员工对企业的爱激发出来是我们管理动作的一个落脚点。

第七节　企业管理者要公正

企业管理者如何带团队？这对管理者的素质要求有很多，其中一个重要的素质就是企业管理者要公正。现在企业里的很多管理者因为做不到这点导致矛盾不断问题频发，严重影响企业的生产和经营，很多管理者甚至一辈子都是在这里栽跟头而浑然不觉。

企业管理者要公正评价自己的员工，并不是一件很容易的事。一般而言，我们很难做到完全公正地评价一个人和一件事，只能相对公正地评价。如果管理者本人就是歪曲的，那么他看待世上的很多人和事物也必定会是歪曲的。所以，管理者要想做到相对公正的评价一个人和一件事，首先就要修炼自己的有一个公正的心。

一个公正的管理者的观念是公正评价自己的下属和他做的事情，就是在帮助他。如果对下属的问题视而不见，一方面作为管理者而言是"在其位不谋其政"，另一方面对下属那是任其自流，让他不断地在重复自己的错误。这样对下属对企业对管理者都是有害的。员工的错误对自己而言，如果不能改正，他将永远重复这个错误，在错误的道路上越走越远，对企业而言就是意味着损失。因为员工一次性把事情做对，才是企业的最低成本、最高效率和最高品质。员工的一次错误对企业就是一次成本损失，重复的错误相应的就是重复的损失，多人的重复错误就是几何倍数的损失，而并不是简单的相加。可想而知，因为管理者不能公正评价员工造成的成本损失会是非常巨大的。这个成本损失的责任看起来是员工造成的，实际上管理者应该承担主要责任。如果说同一个问题第一次是员工造成的，第二次也是员工造成的，那么不断的重复发生问题那又是谁的责任？难道只是员工的个人责任？显然说不过去。但是，如果管理者发现问题能够公正的指出并予以纠正，那么就另当别论。企业最怕的就是员工一直在稀里糊涂地犯着同样的错误，作为员工并没有意识到自己是错的，作为管理者看到了也是爱说不说，甚至有些管理者本人都看不到都是在拿着错误的经验管理着别人。

企业是生命体，企业盈利是企业的本性，是企业延续的血液，企业本身也有"自利"的属性。企业只有弘扬尚正抑恶的精神和原则，才能最大程度的实现各方共赢的目的。管理者公正地评价员工，做得好的要认可、表扬和奖励，做得差的要批评、指正和处罚。管理者要做到公公正正，让员工对要对得明明白白，错要错得清清楚楚，只有这样员工才会心服口服，才会有成长、有进步。公道自在人心，每个人心里都有一杆秤，你对他的好和爱，他会很敏感地感受到，并会做出相应的回应。如果这中间出了问题，我相信一定是你的管理方式出了问题。所以，管理者在公正评价员工时要注意自己的工作方式，以员工最容易接受效果最好的方式在最合适的时间把公正的评价给到员工。很多管理者经常抱怨自己对员工的帮助是"好心当了驴肝肺"，问题也是出在这里。

真正的好朋友绝对不是酒肉朋友，酒肉朋友是狐朋狗友，真正的朋友是能够公正地指出你缺点的那个人。管理者要想跟员工打成一片，成为真正的朋友，就要真诚地把公正的评价给到员工。我在面试员工的时候，会遇到很多并不适合的人。但是我不会像有些面试者那样，让他们回去等通知然后就不了了之。对不满意的人我会当面直截了当地把结果告诉他。但是我还会跟他讲，我会让你带点东西回去，我会把自己对他的公正的评价给他。也许有的人会觉得这是很得罪人的事，其实不是的，相反，他们对我很认同很感激，甚至很多后来跟我成为了好朋友。道理其实很简单：你难道想听到别人说假话吗？你难道想别人敷衍你吗？你难道想别人耽误你的时间吗？你不想知道别人对自己的公正评价吗？将心比心，答案自然一清二楚。

企业的管理者只有公正评价自己的下属，才能把真正优秀的人才打造出来并留下来，企业那种颠倒是非，打小报告，谣言满天飞等的群魔乱舞的现象才会得到有效的制止，同时企业的"公平公正"的文化才会真正形成，强有力的提升企业的竞争力。

第八节　人才打造"四字诀"

《天下无贼》中有一句名言："21世纪什么最贵？人才！"毋庸置疑，员工是企业最宝贵的财富，是企业一切物质财富和精神财富创造的源泉。但是，当今企业面临的问题是人才匮乏。所有的企业都有自己的难题，所谓"家家有本难念的经"，但有一本经是共同的——人才的匮乏。

人才的种类有很多，简单来说适合企业发展的都是企业需要的人才。现在市场上人才供应明显失衡，表现为人才的供应结构是橄榄型结构，即行业的顶尖人才（金领）和最底端的技术工人（黑领）相对匮乏，中间的管理者（白领）相对充裕。黑领崛起，白领衰落已然成为一个社会现实。我们跟很多制造业老板打交道，他们都面临相同的问题：几乎所有的老板都在为招工头疼，不仅是"一将难求"而且还是"一兵难求"。

俗话说："巧妇难做无米之炊。"但有米无巧妇也不成炊。企业所有的劳动成果都是员工创造出来的。很多老板一方面在慨叹是今非昔比人才难求，另一方面却不能用正确方式对待人才。其实，企业招工难的问题是表象，根本还是留人的问题。如果不解决留人的问题，招工难的问题永远存在。道理很简单，就好像一端在千方百计地输血，另一端却在源源不断地流血，结果可想而知，人才问题就成为堵不住的无底洞。并且，企业不断地招人，走人，再招人就会令企业陷入恶性循环，对企业也是一个很大的成本浪费。企业方应该转变思维，把心思和精力用在如何留人上，那么问题也就会迎刃而解。

关于如何留人问题，也是个系统问题。对此，正睿公司有自己的一套比较成熟的模式：从相人——留人——育人——用人——送人，每个环节都有很细致的工作要做。这方面的内容主要是与人力资源和企业文化有关。在这里先简要介绍一下有关"留人"这一环节。

首先，作为管理者应该明白一个道理：管理就是管人，管人就是管心，管心就是关心。这是我们正睿一直强调的管理真经。企业的留人问题就是围绕着"关心"展开的。关心，有两层含义：一是帮助别人；一是把别人的心关住。我们所讲的"关心"包含了这两层含义，第一种含义众所周之，第二种含义是把"关心"的"关"字理解成一个动词，强调动作以及结果。说到底，留人就是最终把别人的心"关住"，让他的心真正地交给企业，而不是身在曹营心在汉。

对新招回来的员工，一开始不能施加太大的压力，因为刚开始都是一个相互适应和相互打分的过程。企业在暗中给新员工打分，新员工也在心里给企业打分。所以，刚开始的三个月是适应期，是敏感期。对企业来讲，一般来说是亏损的；对员工而言，一般来说是存疑的。在这个时候，企业要想把人留住，只能采取"放羊政策"。企业这时对新员工要相对比较宽松和宽容，让他不要有太多的压力和顾忌。对职业经理人也是如此，如果老板一开始就想让一个新的职业经理人挑起大梁，最终一定会一拍两散。

一般这个阶段，少则一个月多则三个月，经受过"放羊政策"后，就进入了正常期，即让新员工担负起应有的工作责任。这个时候因为必然涉及到施压问题，所以员工的感觉会很明显，可能就会有反弹。同时，这个阶段最能检验一个员工的忠诚度和能力，一般来说要经过"三次考验，验明正身"。这个时候要通过细节来判断员工所处的位置，通过他说的、看的、做的等来试探他、观察他。注意力就是事实，他所关注的往往就是他的心系所在，并且通过他的言行很能看出他的能力以及问题所在。了解了他的基本情况后，就需要锤炼新人，真金不怕火炼，最终经受考验的才是企业真正需要的人才。

锤炼新人也是团队打造的一部分，人才的打造，我们概括为"四字诀"，即"敲、引、打、调"。

敲，就是要通过各种方式不断地敲打他，也就是所谓的旁敲侧击，从前面、后面、侧面等多个角度去激励他。其实，每个人都是有情绪的，人才的抵抗力在不停地提升才经得起考验。很多生活在农村的人都有这样的经验：农民买缸或锅都是先敲打几下凭借其发出的声音来判断物品的质量。人才也是如此，只有经受得住敲打的人才是人才，因为他们具备人才的忍耐力、忠诚度、学习能力等素质。同时，对于员工的错误批评要说到点上，甚至让他有伤口撒盐的切肤之痛，并且要有入木三分、有理有据的分析，只有这样他才会痛彻心扉才会有改变。总的来说就是要"狠狠地批，狠狠地奖，狠狠地罚"，最终把他残留的品性彻底洗掉，让他有觉悟上进之心，同时也完成了从敬到畏的过程。

引，就是引导。管理者结合自己成长拼搏的艰苦故事和案例，告诉员工做好事情对自己的价值，包括对自己的成长、待遇、能力、机遇以及人生意味着什么。这个过程一定是真诚的、推心置腹的过程。管理者把自己的真知灼见坦诚地告诉员工，员工也一定会坦诚相待，最终实现把员工做事和思考问题的思维、方式等引导到正确的道路上来。

打，简而言之就是当头一棒。这种情况一般有两种原因：一是员工屡教不改，在左敲右击的"敲"还是苦口婆心的"引"，作用都不大的情况下；一是触犯了公司或管理者能承受的底线。屡教不改的深层原因是因为员工没有谦卑的"空杯心态"。人的心就像一杯水一样，如果满了就什么也装不进了。所以，我们常说"谦受益，满招损"。有自满心态的人做任何事情就容易出问题，他是在凭借着自己过往的狭隘的、自以为是的经验做事，而听不进去别人的真诚意见和建议。当头棒喝的目的有三：一是让他知道公司或管理者的底线，让他明白哪些红线是绝对不能踩的，这样以后他做事就会规矩很多；二是把他从自满、自大的迷梦中打醒，告诉他这样下去的严重后果；三是把他的底牌摸出来，如果他很在乎这份工作就会迷途知返，从而有所改变，如果他是抱着混日子或离开的心思，也好早点让他原形毕露，早做决定，这样对彼此都好。

调，就是调教、调整。四字诀中最核心的就是"调"，所有的微妙也在"调"，这也是最关键的一步，也是持续时间最长的动作。用好一个人，先调整好一个人的心态。心态不好，这个人怎么用也用不了。很多管理者都深有体会，管理最难的就是带人，带人最难的是带人才。墨子曾讲过"良弓难张，然可以及高入深；良马难乘，然可以任重致远；良才难令，然可以致君见尊"。一般来说，越是人才越难带，因为人才都有自己的突出个性，往往具有自命不凡、桀骜不驯的特点。但正如良玉未璞，玉不琢，不成器，璞玉一旦琢磨成器定将大放异彩。"调"的原则是：缺盐补盐，缺油补油。能力是可以培养的，心态一定是要调教的。管理源于认同，认同源于接受，接受源于调整心态。通过反复的"调"，人才就逐步打造成型了。

总之，人才打造是异常艰辛的过程，有时甚至是呕心沥血。这就需要管理者付出极大的耐心和爱心去培养一个人。无疑，这个过程对管理者而言是很痛苦的，但是也充满着甜蜜。因为员工就是管理者的作品，当有一天看到自己亲身打造人才"出师"，就会很有成就感。并且，管理者自己的精神、意志等也通过打造的对象绵绵延伸了。

第九节　努力发现"千里马"

企业最贵的资产是人才，企业最稀缺的也是人才，企业发展壮大最重要的也是人才。没有人才，企业的很多工作就无法开展落实，谈发展壮大也是空话；有了人才，企业就可以把握机遇甚至可以转危为安。人才如此重要，如何发现人才？这是每一位管理者都必须面对的一个问题，管理者发掘的人才越多，就越容易开展工作，管理效果也就更明显。在我们看来，管理者发现人才要综合运用以下四种方法。

第一，察其言，观其行，知其事，闻其时，断其心。

察其言，就是仔细听一个人的话，既要注意听他讲话的内容、讲话的方式以及语音语调。听他话的内容是要听出他话背后的内容，很多时候话语表面的意思和实质的意思是截然相反的。一个人语言表达的方式和语音语调与其思维和性格有很大的关系。语言表达反映出一个人的思维对时间的指向有过去、现在和未来三种。一位沉浸在过往回忆的人生活在过去，保守有余冲劲不足；一位关注现在的人立足当下，比较务实；一位思维指向未来的人比较富有战略眼光，但也可能行动力不足。有的人说话如刀锋般犀利，有的人说话干净利落，有的人说话啰哩啰唆，有的人说话条理清晰，有的人说话答非所问……这些都很能反映一个人的素质。另外一点，如果你注意聆听的话会发现一个人的语音语调也是千差万别，大体上可以分为三类：一类人的声调是上扬的，这类人比较自信，充满激情等；一类人的声调是水平直线的，这种人谨慎、冷静、平和等；一类人说话的声调是下滑的，这类人比较自卑，胆怯、保守等。第一类人适合做营销、广告、设计等充满激情的工作，第二类人适合做分析、统计、调研等比较理性的工作，第三类人适合做保管、单纯执行或技术类等的工作。总之，语言里面包含着非常多的信息，深者见深，浅者见浅。

观其行，就是仔细观察一个人的行为，尤其是细节性的行为。因为一个人的行为往往透露着很多信息，只有眼睛锐利的人才看得明白。一个人可以掩盖自己的行为，但他很难掩饰自己的细节；一个人可以短时间内掩饰自己的细节，但是却很难长时间掩饰自己的细节。因为习惯和秉性的力量太强大了，它们通过行为无时无刻不展现出来。通过仔细观察一个人的行为，我们可以很好地把握一个人的内心世界。

知其事，就是掌握一个人的故事，他现在所做的事情以及有关他经历的所有信息。一般而言，我们掌握一个人的正确的信息越丰富，越容易做出正确的判断。每个人都有自己的思维模式和行为模式，这两个模式从某种程度上讲就是一个人思考和行事的规律，这个是很难改变的。了解了一个人所做的事情，把他研究透就可以找出他的思维模式和行为模式，从而能够很好地判断他的动向，预测他的未来。

闻其时，就是对别人时间的掌控和把握。所谓此一时彼一时，同一个人在不同的时间思想也会有很大的变化。所以，作为管理者要时刻关注员工的思想和行为动态，善于察言观色并且要有一颗非常敏感的心，甚至作为一名管理者每天去到公司就要能很敏锐的捕捉和感受到自己的员工此时处在什么位置，然后根据相应的位置及时做出相应的动作。

断其心，就是判断一个人的内心处在什么位置。任何人做任何事情都会有自己的动机，作为管理者要练就一双火眼金睛，透过事物的本身看清员工的目的，一个人目的也就反映了一个人的心之所在。管理者就是通过判断出员工内心所处的位置然后做出相应的调整，把员工的心态调整到合适的位置。

第二，考专业，看细节；考人品，看境界。

管理者无论是在面试员工还是在工作期间考察员工的专业能力，可以通过细节看出一个人的真实水平。一个人专业水平的高低程度主要是体现在细节上，对细节的掌握越深入越细致，反映一个人的专业水平越高。通过对细节的考察就能看出一个人专业能力的功底。对专业知识的了解大而空的人往往是缺乏经验或者不善思考或是糊弄人的人。考察一个人的人品，主要是看一个人的境界。做人的境界体现在"爱"上。爱，就是"舍"，就是牺牲、担当、奉献和服务等。

第三，德才并重，先德后才。

管理者对人才的选择和使用时必须把德放在第一位，把才放在第二位。德，最重要的一点就是忠诚，个人利益要完全服从企业利益；要遵循企业的文化和核心价值观；公正无私；对自己高标准要求，对同事要宽容；能吃苦等。才，就是专业能力，处理问题和解决问题的能力。如果德才不能兼备，德是首位的。因为有德无才，才还可以培训；有才无德，止于才。对专业技能的培养要远远比品德的培养要容易得多。品德是可以通过事情考验出来的，才能是可以通过做事考核出来的。

第四，赛马选秀。

在伯乐暮年之时，有一回秦国国君秦穆公召见他说："您的年纪也很大了啊！在您的后辈人中有谁能够接替您寻找呢?"伯乐回答道："对于一般的良马，它的特征很明显，是可以从其外表上、筋骨上观察得出来的。而那天下难得的千里马呀，看起来它与一般的好马差不多，论其特征，也是很难捉摸，好像是若有若无，若隐若现。不过，千里马奔跑起来，又轻又快，刹那间从你眼前一闪而过，不一会儿远驰得无影无踪，让人看不到飞扬的尘土，寻不着它奔跑的足蹄印儿。从此人们便知道千里马只有在群马奔驰中才能脱颖而出。"

由此可见，通过赛马可以识别出优秀的马，找出真正的"千里马"。光说不练，只是个假把式，也不能服众。只有在做事情的过程中才能看出一个人的品德和才华，一个真正的人才一定是经得住考察的。

第十节　妥善对待"千里马"

任何企业的发展都离不开人才，人才是企业发展的最宝贵财富。因此，如何辨别人才就成为很重要的问题。好的人才就好像"千里马"，可堪大用，能够帮助企业创造更多的物质财富和精神财富，但一将难求。平庸的人才就好像钝马，只能在基层岗位，但也不可或缺。管理就是要把合适的人才放到合适的岗位，所谓"人尽其才，物尽其用"，只有这样才能实现企业的良性循环。根据我们多年的管理实践经验得出一个结论：不要把一头驴当成千里马。妄想把驴培养成千里马带给管理者自己的只能是失望。要把合适的人放在合适的位置。人才培养非常关键，但是想把平庸的人培养成优秀的人往往事倍功半；管理者选择有较好管理基因的人加以培养则会事半功倍。

七年，入见。高宗谓岳飞曰："卿得良马否?"对曰："臣有二马。日啖刍豆数斗，饮泉一斛，然非精洁不受。介而驰，初不甚疾；比行百里，始奋迅。自午至酉，犹可百里。褫鞍甲而不息不汗，若无事然。此其受大而不苟，取力裕而不求逞，致远之材也。不幸相继以死。今所乘者，日不过数升，而秣不择粟，饮不择泉，揽辔，缰绳未安，踊跃疾驰，甫百里，力竭汗喘，殆欲毙然。此其寡取易盈，好逞易穷，驽钝之材也。"高宗称善。

——节选自《宋史·岳飞传》

现代文翻译：

宋高宗从容地问："你是否得到良马?"岳飞答复说："我本来有两匹良马。它们每天要吃洁净的小豆数斗，要喝清澈的泉水一斛。若不是干净良好的食料或饮料，它们宁可挨饿而不承受。装上鞍甲，骑着它起跑，初时并不是很快，等到跑上百里，才奔驰奋进。从中午跑到黄昏，还可以多跑两百里。此时卸下鞍甲，它既不喘气，也不出汗，展现一副若无其事的样子。这是因为它们度量大却不贪随便之食，精力充沛却不逞一时之勇。它们是跑远路的良驹啊！可是，不幸的是，它们在历次战役中已相继死了。目前我所骑的马就差多了。它每天吃的粮食只有数升，对食料从不挑剔，对饮用的水也不作选择。马鞍尚未套好，就要举蹄奔跑。刚跑完百里路，力气就用完了，汗水也湿透了，好像就要死去那样。这是因为它度量小，所以摄取的食物虽少却容易饱和，喜爱逞强但却外强而中干。它只是平庸低劣的马而已！"宋高宗听完岳飞的一番言论后道："说得很有道理！"

世有伯乐，然后有千里马。千里马常有，而伯乐不常有。故虽有名马，祗辱于奴隶人之手，骈死于槽枥之间，不以千里称也。

马之千里者，一食或尽粟一石。食马者不知其能千里而食也。是马也，虽有千里之能，食不饱，力不足，才美不外见，且欲与常马等不可得，安求其能千里也？

策之不以其道，食之不能尽其材，鸣之而不能通其意，执策而临之，曰："天下无马！"呜呼！其真无马邪？其真不知马也。

——选自《昌黎先生集·杂说》

现代文翻译：

世间有了伯乐，这样以后有了千里马。千里马经常有，可是伯乐却不常有。所以即使有了名贵的马，也只是在仆役的手下受到屈辱，（和普通的马）一同死在马厩之间，不以千里马著称。

能日行千里的马，有时一顿能吃下一石粮食。喂马的世有伯乐，然后有千里马。人不懂得要根据它能日行千里的本领去喂养它，所以这样的马，即使有日行千里的才能，却吃不饱，力气不足，它的才能和美德也就不能表现在外面，想要跟普通马一样尚且办不到，又怎么能要求它能够日行千里呢？

使用千里马，不按照使用千里马的正确方法；喂养它，又不能使它充分发挥自己的才能，听它嘶鸣，却不能通晓它的意思，反而拿着鞭子，面对着千里马说："天下没有千里马！"唉！难道真的没有千里马吗？确实是他们真不认识千里马啊！先有伯乐，后有千里马。

事业的发展需要"千里马"，没有"千里马"，就没有事业的真正发展。第一篇文章《良马对》的作者是著名的英雄岳飞，第二篇文章的作者是"唐宋八大家"之一韩愈。他们都是顶尖的高手，也是使用人才的高手。他们两人的人才观有颇多的相同之处，主要有以下两点。

一、对待"千里马"要更好

当然，世界上没有一件事是建立在不公平的基础上长期合作下去的，衡量标准只有一个：接受就可以。但我们对待人才也要尽可能的满足人才的物质和精神需求，企业管理者要给予他们足够的支持和宽容，让他们有展现自己能力的舞台。如果一个人食不饱、居无安，连基本的需求都不能满足，那他们的心思也就不能很好的全部运用到工作中去。

并且我们应该认识到：人参有人参的价值和价格，白菜有白菜的价值和价格，如果硬是把人参的价值和价格看做白菜的价值和价格，那么最终人参也就变成了白菜。这样管理者就永远不会吸引到好的人才。古往今来，凡成大业者都是使用人才的高手。力帆摩托的创始人尹明善的人才观是"八分人才，九分使用，十分待遇"，可见其对人才的用心之深。

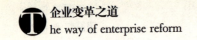
二、正确使用"千里马"

　　人才的使用这是一个永恒的管理问题。但总的说来，有一些大的原则是永远不会过时的。一是用人要用其所长。因为每个人都有自己的长板和短板，用一个人的短板就发挥不了一个人的优势和价值，人才本身也找不到成就感和乐趣，人才因为不能施展拳脚而抑郁难伸。用一个人的长处就会发挥它的最大价值，就会如激流勇下势如破竹。二是管理者要能最大程度的团结人。凝聚人心，鼓舞士气，这是对管理者永恒的要求。因为人才都会有强烈的个性存在，这个时候管理者就要正确处理，区分对待。比如著名的军事家吴起，其贪名好色，但是却百战百胜。有的人或好财，或好色，或好名，但是业务能力却很强。管理者的眼里要"容得下沙子"，有领导者的心胸和气量。领导者要实事求是地对待人才，包括三点：一是对人才的能力要实事求是；一是对人才的业绩要实事求是；一是对人才的赏罚要实事求是。即不能凭自己的好恶而论断人才，"不以一眚掩大德"，不因喜而滥赏赏不因怒而滥刑。

　　在调整员工心态上，我们正睿给企业管理者们提供了一系列的管理动作。我们管理者应该有一种人人都是人才的观念，这样关于人才打造的那几个动作才能发挥出更好的效果来；对那些表现特别突出者，我们管理者在待遇上的动作要快。这些动作是对普通管理者而言的。对于老板来说，要求就要更高了，也就是说老板必须学会布道，布道是老板调整员工心态的一把利器，布道是增强企业凝聚力的核心之举。

第八章
团队打造的关键在于领导

　　一个懂得布道的老板有两大标准：行动有感召力，语言有感染力。这也是老板不断修炼的过程，影响力不断塑造的过程。这种影响力是无形的，是企业的"魂"，懂得布道的老板是企业的"精神领袖"，他们可以振臂一呼应者云集。

第一节　布道的理论基础

老板集各种角色和能力于一身，不仅是企业家、管理者、经营者，也是教育家、思想家、哲学家、布道者、梦想家……所以，作为企业家老板实属不易，他们所从事的几乎是世界上最辛苦也是最富有挑战性的工作。在这个风起云涌的时代，企业家被抬到了很高的位置，这是时代之幸，民族之幸，国家之幸。企业家是出类拔萃的一批人，是时代商海的弄潮儿。他们为这个世界的文明和发展贡献了自己的力量，他们应该受到这个时代的尊重。

一个领导者跟普通人相比，最大的不同应该在于他不仅懂要得如何去分析现在、思考未来，而且还懂得如何用思考所获得的知识去"布道"和分享，教育身边的人。所谓"布道"，不要以为有多神秘，其实很多领导者在直接或间接地做着类似的事。但是，有更多的老板懂"道"不懂"布"。我们有一个观点，即所有成功的老板不是英雄也是枭雄。他们的成功是在市场中摸爬滚打千锤百炼的结果，他们的成功也绝对不是偶然的。在这艰辛的成功过程中，他们通过自身的实践和感悟，领悟到了很多的"道"。他们的文凭也许很低，他们的知识也许有限，但他们的智慧并不缺乏。可以这么说，懂"道"不懂"布"是老板中比较普遍的现象。以往打拼的成功史塑造了他们"重行不重言"和"要结果不要过程"，这种特点几乎表现在每一个老板身上。但是，"知难行易"。作为员工，他们并不缺行动力，缺的是正确的行动力。先解决"做正确的事"的问题，其次才是解决"正确地做事"的问题。对员工而言，无论是做到"做正确的事"还是做到"正确地做事"都实属不易，这就需要老板的不断"布道"，从而达到提高员工的战斗力的目的。老板必须认识到：行动的力量对人的影响是很大的，但是言语的力量更不容我们小觑。一个懂得布道的老板有两大标准：行动有感召力，语言有感染力。这也是老板不断修炼的过程，影响力不断塑造的过程。这种影响力是无形的，是企业的"魂"，懂得布道的老板是企业的"精神领袖"，他们可以振臂一呼应者云集。稻盛和夫曾经讲过"企业就是一个道场"，如果说企业就是一个道场的话，那么老板就是那布道者。老板通过不断地布道，来塑造企业独特的信仰。

某种程度上讲，布道有时就类似于"催眠"，催眠的基本原理就是运用语言的暗示力量改变个人的生理状况，甚至整个人格。通过催眠性的行为先是控制一个人的精神世界，进而达到控制他现实世界的目的。在这里有个关键词——"暗示"。语言的暗示会产生神奇魔幻的效果。积极的暗示会"造人于无形"，它对人产生的影响也极其巨大，有时一句积极的暗示甚至会改变一个人的一生。我们几乎每个人都有这样的经验：在自己人生的某个时刻，因为某个人说的一句话从而改变了自己的人生。

罗杰·罗尔斯是纽约历史上第一位黑人州长。他出生在纽约的大沙头贫民窟，这里的孩子成年后很少有人获得较体面的职业，罗杰·罗尔斯是个例外。在他就任州长的记者招待会上，罗尔斯对自己的奋斗史只字不提，他提起了一个大家非常陌生的名字——皮尔·保罗。

皮尔·保罗是罗尔斯的小学老师，他在 1961 年被聘为诺必塔小学的董事兼校长。当时正值美国嬉皮士流行的时代，皮尔·保罗走进大沙头诺必塔小学的时候，发现这儿的穷孩子比"迷惘的一代"还要无所事事：旷课、斗殴，甚至砸烂教室的黑板。当罗尔斯从窗台上跳下，伸着小手走向讲台时，皮尔·保罗对他说："我一看你修长的小拇指就知道，将来你是纽约州的州长。"罗尔斯大吃一惊，长这么大只有奶奶让他振奋过一次，说他可以成为 5 吨重的小船的船长。这一次，皮尔·保罗先生竟说他可以成为纽约州的州长！他记住了这句话，并且相信了它。从那天起，"成为纽约州的州长"成了他人生道路上的一面旗帜。他的衣服不再沾满泥土，说话不再夹杂污言秽语，他成了班长。在以后的 40 多年里，他没有一天不按州长的身份要求自己，51 岁那年，罗尔斯真的成了一名州长，而且是美国历史上第一位黑人州长。

由此可见，暗示对人的影响太大了。老板不断地通过积极的暗示从而

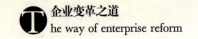

达到占领别人的思想阵地的显著效果。老板在企业内外不断地布道，就是要不断地在对员工以及社会人产生积极的持久的扩散的影响。这种影响就像是种子，他会在人的心里生根、发芽并茁壮成长。这影响有时又像是一颗石子投在湖中，会产生层层涟漪，扩散到他的生活以及周围的世界。伟大的企业家往往是通过"布道"来教育人、改造社会。

第二节　何为布道

布道者。何为"布"？何为"道"？布，简而言之就是言传身教；道，有内容和形式两个方面。从内容上讲简单来说就是真理，是自然之道，经营之道、正义之道、仁爱之道；从形式上讲是行动，包括言语和行为。从字形上来看，"道"字，一"首"一"辶"，"首"即为头脑，"辶"即为走，意思是，既要有头脑，也要有行动。得道，就是行在正确的道路上。但另一方面，知道不如行道，这也是道的题中之义。坐而论道可能会错失良机，让事情变得复杂，脱离实际。认识真理，只有在行动的过程中，才能不断地发现问题、解决问题，一步步地完善。唯有如此，才是正道。"通过实践而发现真理，又通过实践而证实真理和发展真理。""实践、认识、再实践、再认识，这种形式，循环往复以至无穷，而实践和认识之每一循环的内容，都比较地进到了高一级的程度。"对老板来讲，布道就是讲道和行道，在布道的过程中带领团队勇往直前，勇攀高峰。

老板布道，主要是布自然之道、经营之道、正义之道和仁爱之道，简称"四道"。布道的目的就是"三输出一整合"，最终结果是"四放大"，即通过布道向企业和社会输出产品、文化、品牌，整合社会资源；最终具备"放大镜"的效果，达到能量的放大、市场的放大、文化的放大和品牌的放大（如图8-1所示）。

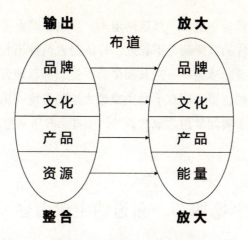

图 8-1　布道的目的和结果

　　前面讲到了"布"的两大标准，接下来讲述了"道"的两层含义，下面在对如何"布"进行具体的阐述之前，我们有必要具体讲解一下"道"是什么？

第三节　布道者的素质要求

　　"给我一个支点，我就能撬起整个地球。"领导者就是企业的支点，"布道"则是"撬起整个地球"最有力的杠杆。老板的布道不仅要求员工知道现在在哪里，更要让大家明白最终将走向何方。这同时也对老板提出了更高的要求，老板必须具备更高的视野，更大的胸怀，更高的境界……否则，老板布起道来也会有力不从心之感，甚至把企业带入歧途。在此需要强调的是，在经济全球化的今天，老板的标准要与世界接轨，要与世界行业的顶尖对标，要时刻关注这个瞬息万变的世界。作为老板，要想带领自己的企业走向国际舞台，就必须要过两道关：第一是语言关；第二是文化关。首先必须过语言关，然后才是文化关。不然老板始终是一个封闭的人，保守的人，狭隘的人，弱小的人……所以，一个企业家要想成就大事，必须攻克这两道堡垒。不过这两道关，你的眼睛就看不长远，你的耳朵就听不长远，你的双脚就走不长远，你的膀臂就伸不长远……老板必须始终不能忘怀企业的梦想——愿景和使命，矢志不移地带领企业的员工双脚踏上梦想之地的土壤，用双手触摸梦想之地的温度，用眼睛欣赏梦想之地的美丽，用鼻子嗅闻梦想之地的芬芳，用耳朵聆听梦想之地的声响……

第四节　布道的主要内容

老板布道的内容主要有四道：自然之道，经营之道，正义之道，仁爱之道。其实，这些是"道"四个方面的精神含义。

一、布自然之道

道，首先是自然之道，道法自然，自然就是规律。世界纷繁，有很多虚相、假相。人的观念之中充满很多谬误的认识，谬误的认识或是以偏概全或是黑白颠倒。错误的认识决定了我们的行为也一定是不完全的甚至是错误的。布道者，就是把颠倒了真相告诉大家，如果能够做到这点，这对人就是一种莫大的造就。实践出真知，企业家们因为自己的悟性和自己实践的深度和广度决定了他们对这个世界的认识更深刻更接近于真理。比如数学逻辑上的 $1+1=2$，不管在任何时间、地点、条件下都是 $1+1=2$，不以人的意志为转移，这就是真理。违背真理做事情就会事倍功半，搬起石头砸自己的脚。遵循事物的规律去做事，就是顺势而为，就会有事半功倍的效果。老板布自然之道就是告诉世人自己觉悟的真理，真理的力量是势不可挡的。在企业内部，员工的觉悟会带来生产效率的提升，生活和服务质量的提高，等等。在企业外部，通过布道让世人知道真理，就会让他们认识到老板的价值。老板的价值就在于能给人带来多大的价值，这些都有利于企业的成长和进步。

二、布经营之道

管理和经营是两个截然不同的概念。管理是经营的过程，经营是管理的结果。衡量管理的四大指标是成本、交期、品质和服务；衡量经营的两大指标是利润率和市场占有率。经营模式包括商业模式和盈利模式，管理包括理念、系统和方法。之所以提到管理和经营的差别，是想说明相对于管理者而言，老板更是经营者。老板的心思应该更多地放在经营的层面，而不是管理的层面。站在经营者的角度考虑问题，才能更高屋建瓴地思考资源、市场等一系列的问题。

经营之道，即企业是如何经营的？这个主要通过企业家不断地宣讲企业的愿景和使命来达成的。企业家是企业精神的引领者，把企业和员工带向一个丰饶富足之地。所以，我们会看到成功的企业家很会给员工做思想工作，通俗一点讲就是"画饼"。老板因为站在企业的前沿，他思考的问题以及角度和员工是很不一样的，老板的梦想装载着员工的梦想。员工可能只顾及眼前，但是老板不仅关注现在，更是活在未来。可以这么说，老板都立足当下，一眼望向背后，一眼展望未来。通过不停地布愿景和使命，最终把员工的积极性和潜能调动起来，身先士卒带领团队最终就会取得卓越非凡的成绩。最终的结果即便离当时的愿景还有相当一段距离，但蓦然回首就会发现，大家已经前进了很多。如果没有愿景和使命的感召，企业和员工就很容易满足并不思进取，就会看不到这个时代的巨变，最终仅有的一点成绩也会消失。

愿景和使命，这里面包含着企业的终极目标，也是一家企业长期奋斗的目标。终极目标都是长期的规划，距离人的感觉较远，对于普通员工以及社会人员而言，他们很可能感觉这个目标是虚无缥缈的，看不到摸不着；但对于老板而言，对这个目标一定是深信不疑并怀有坚定的信念。愿景和使命，这就在老板和普通员工及社会人员之间形成了一段"认识距离"。作为老板，就需要把"认识距离"尽可能的缩短。一个重要的手段就是通过不断地布道，把使命和愿景变得"视觉化"。所谓"视觉化"是形成精神意象的过程。它是"象"与"意"的完美结合，是思想情感与具体物象的完美结合。无庸置疑，物质是精神的的产物，精神对物质具有强大的能动性。老板要善于描绘公司的宏伟蓝图，老板把愿景和使命越是描绘得清晰、崇高、美丽、壮观，越是能够激发员工的斗志。当然，愿景和使命的设立也要有一定的现实感，并且在引领大家奔向宏伟蓝图的过程中，要让所有人都感觉到公司的变化，他们离愿景和使命的距离在逐渐靠近而不是远离。

老板要让愿景和使命的宏伟蓝图清晰明了、轮廓鲜明，通过不断地布道将它深植于每一位员工的内心深处，并要设计出可以让员工看得见摸得着的"可行路径"，让员工能确切地感受和认识到循着老板指出的路径，一定能最终到达理想之地。这样老板就顺理成章地成了企业的总策划师，企业的精神领袖，企业员工的导师，引领着员工一往无前。

三、布正义之道

正义之道，管理的最高境界就是一个"正"字，何为"正"？正就是公正、正确、正义、正直等，正就是不偏不倚、一视同仁、公正无私……人心失去了"正"字，人就会走上歪路。当许多员工失去"正"字，企业就会走上歪路。为人要正派，你的行为是别人来把关的，别人信不信任你，取决于你是怎么样的一个人，值不值得信任。谁都不信赖小人，谁都信赖君子。企业也要正派，企业的行为要消费者、上下产业链以及整个社会来把关。所以，老板必须心正、身正、言正、行正，从某种程度上讲，老板就是领头雁，领头雁飞往哪里，雁群就追随到哪里。很多老板不知道其中的重要性，很不注重自己的一言一行，结果就会在企业里造成不好的影响。有些老板，自己都做不好做不正，却要求员工做好做正，其结果只能是"上梁不正下梁歪，下梁不正倒下来"。我们正睿企业管理研究所一直非常注重一个"正"字，"正睿"二字就是来自"正见睿行"，来自我们对企业管理的深刻理解，来自我们对咨询行业的觉悟。并且，我们也以此来严格要求我们的咨询师，打造我们的"管理铁军"的团队。因为作为职业化的企业管理咨询师，给客户不仅要带来观念、知识、模式、流程、业绩的变化，更重要的是身体立行、以身作则，导入企业所缺乏的文化

——道德准则、行为规范。中国自古以来在管理上重道德胜于重能力。现在制造型企业的员工普遍素质偏低，一个合格的企业管理咨询师，往往集专家、老师、领导的身份于一体，责任重于泰山。所以，咨询师除了应该具备的专业知识外，模范作用也相当重要。不管咨询师是否愿意为人师表，也不管咨询师能否做到为人师表，企业的人需要咨询师做出表率。何谓范？德高身正为范。孔子云："其身正，不令而行；其身不正，虽令不从"、"子帅以正，孰敢不正？"为师之道与管理之道是同出一辙的。咨询师进入企业后能否顺利开展工作，首先取决于企业的人对咨询师人品的接受程度。假若咨询师的道德修养不够，人品被企业的人鄙视，工作就无法顺利开展，咨询师如果通过高压强令手段，蛮横不讲理，只会适得其反，得不偿失。

众所周知，谷歌的信条是"All of these things can be covered by just saying, Don't Be Evil"——一言以蔽之，就是"不作恶"。谷歌认为"不作恶"是企业底线。正是凭借着底线的坚守，谷歌才能为世界大众所接受，在国际市场如入无人之境，因为这是大家所欢迎和接受的，代表着一种正气。试想一下，如果谷歌的创始人在重大问题上都言行不一，那么谷歌还是今天的谷歌吗？

正义之道跟前面的自然之道以及后面的仁爱之道一样，都是颠扑不灭的真理。人性对公平正义的呼唤永恒存在，公道自在人心。改革开放走到今天，经济体制的改革已经遭遇瓶颈，社会体制和政治体制的改革明显滞后。对公民而言，对"公平正义"的呼唤从来没像今天这么强烈。公平是社会良性运转的法则，作为企业家应该以身作则，并且通过布正义之道在企业里形成一股正气。在任何企业里，不是"正风压倒邪风"就是"邪风压倒正风"，一家蕴含正气的工厂才会有良好的秩序和发展前景，这样出了问题大家会按规章制度办事。所以，老板必须通过布正义之道，不断地强化工厂的正义氛围，让大家堂堂正正做人，公公平平做事。

四、布仁爱之道

仁爱之道，我们都知道，管理之道的核心在于一个"爱"字。没有人会拒绝爱，也没有人会不需要爱。人是有感情的动物，离开了爱，那世界会是什么样子呢？爱是最有力量的，真实也是最有力量的。有多大的爱心就有多大的感召力和感染力，很多时候，员工追随老板并不在于现在能得到什么，更重要的是他从老板那里感受到了什么，还有他将来可以得到什么。人活着不仅是靠食物，还要有一个希望。如果老板能够把企业打造成一个"爱的场地"，可以想象那是怎样的一个景象！一个有爱流动的企业一定是一个生机勃勃的企业，一定是一个真正以人为本的企业，一定是一个充满创造力的企业，一定是一个很有前途的企业。

总之，只要心中有爱，用心体会爱，用爱心去对待身边的每一个人，我们的世界就会被爱所悄悄改变。我们生活在一个"仁爱极度匮乏"的时代，在这种情况下，更需要老板具有仁爱情怀，具备大爱之心。老板通过"仁爱之道"，把爱的能量释放、扩展、累积起来。对老板而言，这就是价值，功德，贡献，财富……

第五节　布道者的教育和分享

除了自然之道、经营之道、正义之道和仁爱之道，企业家要布的道还有很多，并且，老板不仅是对内布道，也要对外布道。对外布道的对象是社会，让社会的人认识企业的价值。有时老板也会通过布道来达到整合社会资源的目的，让企业更加强大。总的一个原则是：一切的布道都为了企业的成长和发展。我们认为管理的一大策略是"缺什么，树什么；树什么，得什么"，布道的策略是"缺什么，补什么；缺什么，布什么"。这是我们正睿十余年跟老板接触以及实践总结出来的。因此作为企业家，除了布"四道"外，应该根据企业的实际的具体情况进行布道。这就要求老板必须能够敏感而准确地把握到企业的脉搏，这样才能够对症下药。也只有这样的药才能有立竿见影的功效。当然，老板布道也不能"头痛医头，脚痛医脚"，企业管理的打造是系统工程，企业精神的打造也是系统工程。

补充一点，如果布道加上慈善行为，就会是力上加力。这点我们在下文会专门介绍。

亨利·基辛布格说："领袖的任务就是带领人们从所在之处到达他们从未到达之处。他做了一个远大的决策，树立了一个宏大的愿景，他还要把他的决策和愿景一一分享给他人，让他人了解到他所做的事业有多么伟大。因此，他选择了一条捷径，那就是通过'布道'和分享去教育他们。"有人说，老板都是疯子，都是偏执狂，都是实干家……这些说法都有一定的道理。企业家老板既是现实主义者，更是冒险家和理想主义者。老板的眼光投射之地一定是超越员工的眼见之地的，他布道的内容一定是立足现实但又远远超越现实的。

在现代经济社会当中，企业的领导者已经不仅仅是一个部门的领导或者一个企业的老板，时代更要他成为一名"布道者"。他要把所从事的领域、所领导的人群、所规划的愿景、所生产的产品、所提供的服务、所倡导的文化等，都一一"布道"给周围的人。他的下属、客户、消费者、供应商、合作者等都必须了解到他从事的是一项多么伟大的事业，这个过程离不开布道，离不开老板的分享。布道必然产生分享，有分享才会有共鸣，有共鸣才会有共赢。所以，要想成为一名优秀的领导者，一定要从现在开始就学会做一件事情——如何让自己成为一名"布道者"。老板可以不做其他任何具体的事，但老板必须要懂得布道。一个老板如果能够把布道运用自如，那么他的力量就会变得异常强大，它的能量通过布道传递给了周围的人从而放大。精神能量的放大反映在物质世界里就是巨大成就的获得。

如何把自己变成"布道者"呢？其实这根本不难，只要我们多想想如何教育同仁，而不是时时对同仁发号施令就行了。很多老板都有一个根深蒂固的错误观念，以为管理就是发号施令。但是，我们仔细观察就会发现：权力和权威并不是一回事，有些人有权力没权威，有些人没权力但很有权威。权力带有政治的色彩，权威是自然形成的。权力和权威能合二为一最佳不过，但是权威往往更有根基，维持得也更持久。老板应该淡化自己的权力强化自己的权威，通过不断地布道就可以达到这一点，最后老板就成了企业的"灵魂人物",企业真正的"精神领袖"。员工不是因为接到命令而工作,而是因为欢欢喜喜地从内心真正接受了才会努力工作,这两种情况下工作时所产生的动力是完全不一样的,进而所产生的结果也是完全不一样的。所以,领导者不要只是一味的宣布命令,这多少带有强迫、专制和压服的色彩,老板要多想着给同仁培训、分享、教育,与员工同志、同行、同成长。尤其是当老板能够把自己成功的经验和道理拿出来分享的时候,往往会产生意想不到的效果。还有一点,命令的特点是让员工只"知其然",这样在员工不理解的情况下往往会产生剧烈的反弹,影响员工执行的力度和质量。老板布道就是要让员工"知其所以然",让他们打心底里接受和理解,这样他们才会有真正的成长和进步,这样才会有较好的执行效果。命令只会产生抗拒,分享才会产生改变。"一个是抗拒,一个是改变",你愿意要哪一种?改变员工的行为首先要改变员工的观念和思想,伟大可以是通过后天的教育而来的,正如花草树木想要长得枝繁叶茂,一定得经过园丁的精心整理一样。人要想健康茁壮成长,需要经常被"修理"。头发不经常修理会凌乱,心灵不"修理"也会荒芜,因为人心有积极的也有消极的,有善心也有恶心,有正心也有歪心,这就要看领导者想调动他们的哪一部分。老板的不断布道就是对员工的调教,经过调教后的员工才会健康茁壮地成长,企业才会走上走上持续发展的康庄大道。

领导者的"布道"就是要把员工本身具有的那些积极的、宽容的、正面的等"正"的心态调动起来,这一点比起教育他们在技术上如何过硬来得更为重要。技术永远取代不了一个人的心,布道不是布技术,布道是布心,布心主要就是布十大心法,包括清净心、觉悟心、谦卑心、公正心、仁爱心、敬畏心、责任心、上进心、事业心、感恩心。掌握了这十大心法就把握了布道的灵魂,布道的最终理想结果就是造物化人。所以,从执行型领导变成一个布道型的领导,你准备好了吗?另外一种情况也是要不得的,那就是在一个企业当中,某件事情、某种技能只有领导者独有。如何看待这个问题呢?一方面,老板必须明确自身的定位,即老板只做员工无法替代的事情,如果某件事企业有人能做,老板就须授权或放手,这样才能真正实现效率最大化、价值最大化；另一方面，老板作为布道者，在布道的过程不仅是教会员工做什么以及怎样去做好，更重要是一个让员工明白无知的过程。如果每个员工在这个过程中，突破了无知，具备相应的知识和技能，那么整个组织便会产生一种原子弹爆发的效应，最终形成"质"的飞跃。那时，就不是老板拖着企业的一群人在跑，而是老板被企业的人拉着跑。有些老板管理企业会觉得很累，每天都有做不完的事以至于焦头烂额夜不成寐，问题也出在这里。

第六节　布道者要反复讲故事

布道，即讲道和行道。所以，一个善于布道的老板，其明显特点是善于讲故事。不仅是在企业的内部反复讲故事，在企业的外部亦是。为什么是故事？因为故事对人有与生俱来的吸引力，人天生对别人的新鲜的故事充满好奇。通俗的故事很容易被普通人接受，他们能从故事里收获到自己想收获的东西，同一个故事在不同人的眼里有不同的价值。西方有一句谚语"一千个读者就有一千个哈姆雷特"，中国有句俗话"仁者见仁，智者见智"，说的都是这个道理。说教很容易让人乏味，乏味就影响了对说话者内容的接受能力。所以，老板要想具备布道的能力就必须具备讲故事的能力。反观一下历史上伟大的宗教家、政治家等都很有讲故事的才能。并且一方面要尽可能通俗，另一方面要反复讲。反复讲并不是说要"老调重弹"，而是要"旧瓶装新酒"。对很多老板而言，讲故事是很简单的事情，但是讲好故事却不是很简单的事。这个讲好有三方面的含义，就是讲故事要在合适的时间、面向合适的人、讲合适的故事。这三方面的因素缺一不可。

开学第一天，古希腊大哲学家苏格拉底对学生们说："今天咱们只学一件最简单也是最容易做的事儿。每人把胳膊尽量往前甩，然后再尽量往后甩。"说着，苏格拉底示范做了一遍。"从今天开始，每天做300下。大

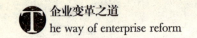
家能做到吗？"

学生们都笑了。这么简单的事，有什么做不到的？过了一个月，苏格拉底问学生们："每天甩手300下，哪些同学坚持了？"有90％的同学骄傲地举起了手。

又过了一个月，苏格拉底又问，这回，坚持下来的学生只剩下八成。

一年过后，苏格拉底再一次问大家："请告诉我，最简单的甩手运动，还有哪几位同学坚持了？"这时，整个教室里，只有一人举起了手。这个学生就是后来成为古希腊大哲学家的柏拉图。

世界上最难的事情就是坚持。说它容易，是因为只要愿意做，人人都能做到；说它难，是因为真正能做到的，终究只是少数人。成功在于坚持，这是一个并不神秘的秘诀。"水滴石穿、绳锯木断"的道理可能很多人都知道，但很多人都只知其一不知其二。"水滴石穿，绳锯木断"说明了行为的密度大于力度。密度包括了频繁和精准两层含义。企业家老板的布道必须持之以恒，频繁、精准地针对各种问题和现象。只有这样，才能为企业的发展持续不断地造血；只有这样，才能保持能量的持续积累和扩散。老板坚持布道，日积月累就会发现企业的巨变。我们一直有一个观点：正确的事情放弃就是错误的，错误的事情坚持就是对的。在我们看来，一件最简单的事情如果坚持下去都会有神奇的结果，何况布道呢？只要老板坚持布道，企业一定会走上腾飞之路。

第九章
企业信仰的形成

团队打造的关键在于领导，老板要通过这个方式尽力强化企业和员工之间的信任感。

第一节　清净心的培育

一、清净心的含义（心无旁骛，独尊企业是为清净心）

"清净心"，按字面来解释，是指让员工的心只围绕着我们的企业工作，他不能三心二意，还想着其他企业的工作平台。所以我们说培育员工的清净心就是去杂念存清净，就是要把员工还在东想西想的另谋他处的念头给消除掉。我们企业培育出的员工的清净心是指什么呢？一心想着企业，爱这个企业，生活中处处是企业的影子，所有的事情总是能和工作联系在一起。这就是我们企业要培育的清净心。清净心的奥秘就在这个"独尊"上，在这个"一"上；它的效果就在员工的"止"上。为了把清净心说清、说透，我们必须把"独尊"说清楚。

一提到"独尊"，我们很可能会想到"罢黜百家，独尊儒术"。我们可以通过这条文化政策的简要分析来理解独尊。这是汉武帝时期，汉朝实行的文化统治策略。这个政策的实施使得儒家成为主流意识形态，为大一统提供了思想根基。我们从这个政策的出台原因和效果可以分析出，独尊儒术的目的就是要建立起儒术的权威性，就是要让民众的思维与行为在儒术的框架内去活动。这样就可以消除民众因观念不一样而导致的行为各异所产生的矛盾。因为矛盾的减少，国家经济等领域的建设就能最大程度的步调一致，也有利于政治上的集权管控。事实上，"独尊儒术"的结果确实使得儒术成为了一种宗教。尽管很多学者不认可儒术是宗教，但是这个政策的实施最起码让儒术有了类似宗教的性质和作用。一旦儒术成为一种类似宗教的思想形态，它的权威性就毋庸置疑了。

权威是独尊所要达到的目的。我们企业要想培育员工的清净心，就必须在独尊和权威性上做文章。那么，我们企业让员工独尊什么呢？如何达到独尊呢？企业里员工独尊的应该是我们企业的愿景使命以及老板围绕着这个所不断布的道。前面，我们讲老板布道时候说到老板是一个多重身份的人，一个重要角色就是思想家。企业要获取持续驱动力，老板布道是关键。并且老板布出的道，员工们要认可，老板的道要在员工心里产生权威性。老板的道缘何会生权威性，因为我们企业主要是在按照它在运转，我们管理团队和员工是在按照它去行动的。如果我们的企业经营出现困局，我们管理团队和员工的行为受阻；这些都是在损伤它的权威性的，因为它没有产生行动价值。行动一旦有效果，员工就打心底里认可与敬畏。我们说培育员工的清净心，独尊是核心。这个话的原因就在这里：我们独尊的东西成为了我们解决问题的基本思路与框架。我们把这些东西一一点破，显然就对我们老板提出了更高的要求，我们老板在树立权威方面要有足够的功力。我们要员工独尊我们企业、独尊老板的道并不是在强迫员工，也不是让员工成为一个思维僵化者。老板的"道"毕竟是需要很多途径来完善的，不只是老板一个人的事情。

二、企业现状

1. 铁打的厂房，流水的员工

俗语说的好："铁打的营盘，流水的兵。"旧的不去，新的不来。人员的流动是再正常不过的"新陈代谢"了。但是，员工走的多，补上来的少，这就不正常了。现实是，员工流失率居高不下已经成为了影响我们企业正常运转的重要因素。我们连在企业里工作很多年的老员工都不能留住，问题肯定是出在企业方了，企业在留人措施上不到位或者没有这方面的思考。通过我们正睿做的咨询项目来看，我们发现，工厂在管理上存在的问题还是比较严重的，很多管理处于空白状态。当然，我们看到很多企业管理者很多时候哄着员工上班，哄着他们安心工作，甚至给员工日结、周结工资。但是这些措施还是没能留住员工的人。对此，我们就员工难管和流失总结出了六点：成长管理处于空白状态；管理团队跟不上员工进步的步伐；培训流于形式；90后等员工需求复杂多变；岗位工作管理处于空白状态；社会进步使得员工出现多重选择。这些现象的存在，我们还怎么去妄求员工在我们企业里安心工作呢？他们不想着逃离这里才怪呢。这就

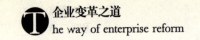

要求我们企业在留人上要下功夫。

2. 招工难，难于上青天

中国的制造业绝大多数是劳动密集型企业，大量廉价的劳动力曾经对中国成为"世界工场"贡献巨大，最近几年招工困难已成为制造业的常态。我们都很清楚：没有员工，企业连正常运转都谈不上；没有人才，企业发展更是奢谈。虽说人力成本上升了，但是我们企业并不是给不起这个钱。我们很多企业给的条件也不错，但是现实依然是"招工难，难于上青天"。为什么难？问题还是出在我们企业方。在我们的招聘条件和待遇里，员工看不到希望，看不到长期合作的影子，看不到真诚，产生不了踏实感。对此，我们正睿的经验是：招人要从留人开始，留人要留心，留心的第一步就是要打造一颗清净心。

三、全力以赴培育员工的清净心

1. 安居才能乐业

清净心需要我们老板画好精神上的饼，更重要的是我们老板还要为员工画好物质上的饼。在前面为什么这么说呢？我们先来看一个案例，这个案例可以从反面说明物质的重要性。

三国时期，刘备依靠诸葛亮、关羽、张飞等一批能干的文臣武将打下了江山，他死后将王位传给了儿子刘禅。临终前，刘备嘱咐诸葛亮辅佐刘禅治理蜀国。刘禅是一位非常无能的君主，什么也不懂，什么也不做，整天就知道吃喝玩乐，将政事都交给诸葛亮去处理。诸葛亮在世的时候，呕心沥血地使蜀国维持着与魏、吴鼎立的地位；诸葛亮去世后，由姜维辅佐刘禅，蜀国的国力迅速走向了下坡路。

一次，魏国大军侵入蜀国，一路势如破竹。姜维抵挡不住，终于失败。刘禅惊慌不已，一点继续战斗的信心和勇气都没有，为了保命，他赤着上身、反绑双臂，叫人捧着玉玺，出宫投降，做了魏国的俘虏。同时跟他一块儿做了俘虏的，还有一大批蜀国的臣子。

投降以后，魏王把刘禅他们接到魏国的京都去居住，还是使他和以前一样养尊处优，为了笼络人心，还封他为安乐公。司马昭虽然知道刘禅无能，但对他还是有点怀疑，怕他表面上装成很顺从，暗地里存着东山再起的野心，有意要试一试他。有一次，他请刘禅来喝酒，席间，叫人为刘禅表演蜀地乐舞。跟随刘禅的蜀国人看了都触景生情，难过得直掉眼泪。司马昭看看刘禅，见他正咧着嘴看得高兴，就故意问他："你想不想故乡呢？"刘禅随口说："这里很快乐，我并不想念蜀国。"

散席后，刘禅的近臣教他说："下次司马昭再这样问，主公应该痛哭流涕地说'蜀地是我的家乡，我没有一天不想念那里'。这样也许会感动司马昭，让他放我们回去呀！"果然不久，司马昭又问到这个问题，刘禅就装着悲痛的样子，照这话说了一遍，但又挤不出眼泪来，只好闭着眼睛。司马昭忍住笑问他："这话是人家教你的吧？"刘禅睁开眼睛，吃惊的说："是呀，正是人家教我的，你是怎么知道的？"司马昭明白刘禅确实是个胸无大志的人，就不再防备他了。

这是成语"乐不思蜀"的历史故事。我们看到：人心的强大有时候究竟敌不过肉体的软弱，更何况人心的软弱。我们的员工并不是神仙，可以风餐露宿。精神上的饼因为物质上的饼才有意义。

为什么我们企业要特别注重员工吃穿住这些方面？因为我们的一线员工是在生存线挣扎的一个群体，最容易受到外界五光十色的影响。要想让这个群体有一颗清净心，我们必须尽量让员工免于受外界的影响和诱惑。但是在企业里，我们不可能这么样做，也做不到。既然堵不住，那倒不如采取疏导的方式。我们在工厂里给员工尽量提供好的居住条件，尽量提供好的娱乐休闲设施。员工的这些需求都尽量在工厂里满足。其实，我们工厂的这些措施正是达到了一个很好的转化，我们把"外缘"转化成了"内缘"。这些"外缘"都烙着我们工厂的印记，我们员工在索取满足的时候眼里和心里都会看到企业的影子。人心是肉长的，员工的心安分了，感恩的心也会长出来。

格力的员工宿舍区设有足球场、篮球场、游泳池、超市、医院，这与20年前国有企业办社会的现象相似。但朱江洪说，二者有本质上的区别。"过去这样做，是因为社会没有，上级要求你这样做。"

"现在这样办，员工幸福指数非常高。我们只是想把队伍稳住。虽然走掉一个，马上有十个会进来，但是我们不想这样。因为他们都经过培训、带有一定技能，而且我们也为他们之前的错误交了学费。如果走了换，再走再换，对质量一定会有影响。打螺钉，多少力，都有讲究。一个螺钉虽然只有几角钱，但是弄不好就影响整台空调，一台空调可是几千元。"

"员工的幸福感与产品的质量成正比，幸福感越高，产品质量越稳定。"朱江洪心中有一本账，"员工投入增多，我从维修量降低赚回来；另外，员工稳定，工作熟练，生产效率提高，这方面我又赚回来。有投入，就有产出，这就是良性循环。"

为了给员工一个安定的后方，格力不但在珠海总部，而且在合肥、重庆、郑州、武汉基地同样建有员工宿舍。朱江洪说："你来我这里工作，百分百有地方给你住。如果你没有员工宿舍，招工更难，根本招不到。而且，员工自己找地方住，也容易出治安问题，这会影响工作。"

我们关心员工，不只是关心他们的生产活动范围，我们还要尽量让员工其他的活动范围也在工厂里。常言道：安居乐业。我们更应该明白的是：安居才能乐业。"给"员工一所好房子，让他留恋不舍。底层的人最渴望被尊重，你在住上拿他当人看，给他尊严。他会打心底里感动的。我们企业应该把这些基本的事情做到极致。这样，员工的心才会安定下来。

2. 学习计划、收入计划、成长地图和信任体系

清净心的培育绝非凭空而来，更不是任其自生自灭，而是需要企业的精心培育。在这里我们常用的工具主要有四个：学习计划、收入计划、成长地图和信任体系。企业如果在这四个方面做好了，员工的心就会"到此"为止。在这方面，我们正睿也是这么做的。每年回来开工之前，我会找每一个员工谈话，我最关心的是员工的三个问题：你今年的收入计划是多少？你今年的学习计划是什么？你今年的成长计划是什么？然后我会帮他一起分析帮他建立自己的成长地图，告诉他达成心愿的步骤以及"可行性路径"，并向他保证我们公司会竭力帮他达成心愿。我觉得如果把这三个问题抓住了，就是抓住了员工的心。很多员工听了我的话，当时就会感动得热泪盈眶。作为领导，我们应该时刻关心企业员工的思想动态和心理

需求。满足了他们的正当需求，就是对他们最大的帮助；满足了他们的正当需求，他们才会有较高的生产力。领导心中一定要有个大算盘，要装得下所有员工的需求和梦想，尽力去帮助他们达成心愿。一个企业的发展，一定是建立在每个员工个人发展的基础上的，员工个人的发展才会有企业的真正发展。在一年中对员工收入计划、学习计划和成长计划进行有步骤的实现，让他感觉到自己的生活在改变，自己的能力在提高，自己在公司有价值……一年下来如果有些方面没有达成，依然要帮他耐心分析，诚恳地告诉他问题出在哪。这样下来，员工和企业之间的信任体系就会逐步打造起来。那些进步较大，能力较高，忠诚度高的自然会在这过程中被筛选出来，企业和员工之间的信任体系也逐步被打造出来了。也许有的人会问，我们工厂人很多怎么办？这就需要人力资源去努力解决，建立员工个人的成长档案，把他的每年收入计划、成长地图、学习计划等都登录在册，最好了然于胸，这样才能更好地去发挥他们的长处，才能更好地去开展工作。并且作为中下层领导也一定要了解自己直接领导的员工这三方面的需求，其实员工的很多问题都是从这三方面而来，把这三方面做好就是做到了防患于未然。最重要的是，在这个看似简单实际并不简单的过程中，员工会有被重视的感觉，企业和员工的感情以及信任体系自然而然的也被建立起来了。

3. 给新员工一个好印象，帮老员工解决瓶颈

我经常说：新员工到我们企业前三个月是产生不了价值的，可以说是一个负资产。因为这三个月是适应期、熟悉期，还不是新员工产生价值的时期。这个时期老板切忌急功近利想要员工立马产生价值，帮助你去解决问题。我们企业方往往就犯这个急功近利的错。新员工刚来，他的心是毛毛躁躁的，还在想着其他的就业可能。我们企业一急，新员工就撒腿跑了。我把这个时期看做是企业和新员工双方互相打分的过程。我们企业在慢慢了解员工，看他究竟是否适合这个岗位和企业；员工也在考察企业，看这个企业是否值得留下来奋斗。双方都有选择权，并不只是我们企业方才有。这个阶段主要的目标就是让员工了解我们，熟悉我们，让他把心交给我们企业，让他的心静下来。给他一个好的印象，让他产生满意感，爱

上我们的企业。

老员工在企业工作时间长了，基本上都会碰到发展瓶颈的问题。我们企业对这个瓶颈重视不够，往往会让老员工离我们而去。对此，我们可以有以下措施来应对：一是，给老员工安排合适的系统培训，通过学习不断吸收新知识以此适应公司发展需要；二是，调整工作岗位，通过尝试新的工作让他们多一份责任心和热情；三是，对中高层和有成就的一线员工，我们可以安排他们去科研院所以及其他大型公司去学习进修和交流，有条件的话还可以派去国外学习和交流。我们这些措施的实施应该可以帮助大部分老员工解决瓶颈问题。

4. 老板的心清净了，员工的心才会清净

我们都有一个经验事实：我们都想着逃离我们所待的场所。这个经验事实也可以说成是"行走天涯，去往他乡"。每个阶段，每个场所，每个人似乎都在经历着这个事实。法国诗人兰波把这种现象称为"生活在别处"。我们普通人的命运境遇就是这样，因为我们在现实境遇里不满足，所以我们想要逃离出去，去到另一个可以满足我们需求的境遇。但是等到我们到了那个梦想的境遇时候，我们发现还是"生活在别处"，我们依然不满足。我把这个称为人心的游离。通常，这个游离是深深隐藏在内心里的，只有遇到特别情况才被激发出来。

人应该有一个最内在、最坚挺的东西，这个东西就是对永恒的坚定渴望。这个对永恒的追求和坚定信心是什么？它不是什么深奥诡秘的东西，它其实就是老板想要把企业当成安身立命的场所，更重要的是老板也想要让员工把企业当成安身立命的场所。我们换一种语言来说就是老板要有一个打造"百年老店"的信念。现在社会上，尤其是在中国这样一个特殊的商业环境里，打造"百年老店"的信念似乎成为奢侈品。我们的文化骨子里有一种比起任何其他文化都要强烈很多的实用主义思想，这种功利主义投放在现代社会就是养成了大家投机的心理与行为非常盛行。更要命的是这种心理还延伸到了修身养性上，我们看到太多的人就连修行都想着走捷径。我们中国的商业文明要想真正建立起来，我们必须要把这个急功近利的种子从我们心里拔掉。为了能够把商业文明真正在中国大地建立起来，

我们企业家群体的责任和作用是主要的。我们就必须有把企业打造成一个"百年老店"的坚定信念。一个个"百年老店"出来了，就是商业文明强大的最好证明，就是一个国家强大的最好证明。有了这样的信念，我们老板的一举一动也就不是那么得急功近利了。老板投机的心理是会在自己一举一动上呈现出来的，它会像空气那样在企业里到处弥漫。这样的老板，这样的企业，这样的企业氛围，你还怎么要求员工有一颗清净心呢？老板布道布的就是一个永恒，你要让员工真切的感受到这个永恒。员工能够在心里觉得来到企业是长期合作荣辱与共的，而不是短期雇佣，大难临头各自飞的。老板布道就是要把员工的人心游离给消除掉，就是要让员工觉得我们的企业是承载他梦想的最佳场所，是他的终生伴侣。总之，我们企业培育员工清净心在老板布道这里必须注意一点：老板的道要有成就"百年老店"的永恒信念。这个信念有了，老板的道才会有权威性。员工的心才会踏踏实实的，不至于游离。

5. 与人为善的老板才能成就员工的清净心

在企业里，很多员工很喜欢揣摩老板和上司的心理，以便工作进展顺利。员工的精力很大一部分都耗费在了这些上面，还怎么专心安心去做工作的事情呢？对此，我的经验是：心底无私天地宽，与人为善，以不变应万变。这其实是对老板提出的要求。要成一个好老板和管理者，我们不能善变，我们还要心胸宽广。老板和管理者善变，弄得员工"伴君如伴虎"，弄得员工天天猜你的心理。如此，你还怎么敢去奢求员工要有一颗清净心去安心工作？我们老板要有颗清净心，就必须要包容。要装着员工的好，而且只能装着员工的好。不是对员工的缺点和错误视而不见，而是要有一种这些缺点和错误必能纠正的信念。如果我们的老板和管理者总是怀有一种与人为敌的心理，如果我们老板和管理者容不下一粒沙子，可想这样的老板和管理者是一副什么面孔。你一副狂躁不安的面容还要去谈培育员工的清净心，这真是太可笑了。这些听起来很简单，做起来可能很难。但是不做，对于培育员工的清净心，我们就是奢求。因此，要想成功培育十颗心，要想成功打造一支优秀团队，我们不能输在起跑线上，不能输在我们老板自己身上。

第二节　企业信仰的打造

我们已经知道，管理的最高境界是实现员工的自我经营。综观历史与现实，那些能够自我经营的人都是有某种信仰的人。也就是说一个人只有在精神上有了为之奋斗的某种信念，这个人才最有可能实现自我经营。我们管理上之所以采取王道的措施（这些团队打造的措施），目的就是要让企业做大做强成为每位员工内心为之奋斗的信念，就是要让我们的企业成为员工甘心奉献的平台。我们前面说到团队打造的关键在领导布道，原因就是老板要通过这个方式尽力强化企业和员工之间的信任感。可以说，老板布道的最高境界是通过布道打造起企业的信仰。我们都知道，信仰的力量是最伟大最神奇的。信仰可以引领人为了到达梦想之地而跋山涉水，翻山越岭，历经千难万险却终不悔。企业信仰的达成非一日之功，需要老板长年累月苦心经营的结果。企业信仰一旦达成，就为企业建立了最稳固的磐石。这时企业里的员工关注的不仅是现实的层面，想象更多的是充满希望的未来；关注的不仅是物质的层面，关注更多的是精神层面。企业信仰一日不达成，那么企业就不是建立在稳固的磐石上，而是建立在沙滩上经不起风雨飘摇。IBM 管理大师小托马斯·沃森说："分析任何一家存在了多年的大企业，我相信你都会发现它的适应性不是归功于组织形式或管理技巧，而是归功于我们称之于信仰的力量以及它们所产生的对员工的巨大凝聚力。"经营大师松下幸之助也曾断言："真正激励人们百分百投入的动力，不是金钱等组织提供的外部条件，使人们忘记痛苦不断前行的，是其内在的组织信仰。"那么现在我们来看看世界一流的企业家是如何通过布道来打造企业信仰的呢？

杰克·韦尔奇是全世界企业仰慕的"世界第一企业家"，他成功地经营着爱迪生创办的"百年老店"，使之成为全球高山仰止的企业管理圣殿。GE 是否也是靠企业信仰发展起来的呢？回答是肯定的。但大家不可否认的是，韦尔奇的布道起了决定性的作用。

有一天，记者采访 GE 一位员工："你们靠什么成为美国以至全世界都仰慕的企业？"那位员工对记者说："我们依靠的是全体员工对企业的信仰，对企业领导韦尔奇的信仰。打个比方，如果明天早晨上班的时候，韦尔奇头朝地倒立进公司大门，你必将看到后面所有员工都会倒立进入公司大门！"

韦尔奇是如何实现企业、领导人神圣化的呢？据介绍，韦尔奇看似领导 GE 十万多员工的庞大队伍，实际上他只抓住他直属的 42 个战略经营单位不到 500 位领导人，认真当好他们的"老师"，坚持定期在培训基地上课，讲述自己的主张，并反复讲，直到他们有了自觉行动，并获得事业成功为止。正像他在自传中说的："为了实现上下统一的意志，共同的战略目标，我执着地在理性和感情两方面做好工作！尤其在核心生产、技术开发和客户服务的三大业务上，必须通过不断沟通交流这个民主的过程，达到追求上的充分一致。"接着，这 500 位领导再寻求与下级的充分一致，以此类推。总之，领导必须都是老师。这大致可看到 GE 以企业信仰为中心的企业文化的主要着力点。在打造企业信仰的过程中，韦尔奇所做的工作就是布道。企业信仰是老板长期布道的结果，布道是老板打造企业信仰的外显形式。韦尔奇通过反复的布道，让企业里从高层到基层都变成一个"钢铁巨人"，这个时候千千万万的员工就成了一个力量无穷的整体，战斗力可想而知。

日本唯一一位把街道夫妻店经营成著名跨国公司的"经营之神"松下幸之助，他一生打造了两家世界五百强公司。他不仅寿命长——94 岁，而且当总经理时间也长——60 多年。这是很多企业家的梦寐追求。他如何做到的？有这么个故事。

1932 年，当时松下只有 37 岁，一向对宗教不屑一顾的他，经朋友规劝来到庙堂。他看到庙堂里有挤不动的人，都在顶礼膜拜，真诚至极。这种常见现象却引起他的深思：宗教靠什么驾驭如此众多的人心？又靠什么让人保持如此平和而无私的心态？我们做企业的为什么做不到像宗教一样让员工忠于企业、信仰企业呢？如何也让员工成为企业的信徒？后来，松下做了三件事：一是不断提出能够征服人心的理念，建立自己企业的信仰体系；二是有严密可行的有效组织；三是有个身体力行的领袖，及其鼓舞人去执行的魅力。核心问题是如何让理论与领袖在人们心中神圣化。这是一个企业事业成功的过程，也是使人心理念不断统一的必然结果。松下正是想到这点，于是成立了 P（Peace 和平）H（Happiness 幸福）P（Prosperity 繁荣）研究所（也是出版社）。他把人类共同的理念作为松下公司永远追求的理念和信仰，并坚持把这一追求通过研究、宣讲、出版、培训等多种形式，灌输到每位员工心里。

支撑企业信仰的核心就是前面讲到的"四道"，无论中外著名企业信仰的打造都摆脱不了这四点。对这"四道"的领悟和深耕的程度不同决定了最终的结果不同。我们正睿提倡的是："在一公分的宽度做出一公里的深度。"企业信仰的打造亦是如此，围绕这"四道"大做文章，然后"缺油补油，缺盐补盐"。

附录一

文化营销——一流企业做文化

企业到底在卖什么？对于这个问题，企业的老板必须搞清楚。很多企业老板尤其是中小企业老板认为企业就是在卖产品。其实，企业不只是在卖产品，产品之外还有很多东西的价值必须挖掘出来。产品只是价值的一个载体，看得见的价值是产品，产品之外看不见的价值有更多。作为企业的管理经营者，必须把价值的挖掘最大化。只有这样，才能找到真正的卖点在哪里？企业卖的是什么？

举个例子，肯德基、麦当劳卖的只是炸鸡、汉堡包等食品吗？显然不是，我们看一看它的广告就会明白，它们诠释的是一种青年人激情、阳光、奔放、时尚的心态。如果你再到他们的店里走一走，你会发现它们卖的是气氛、快乐、关怀的气氛。如果认真观察一下世界知名企业，你就会发现他们卖的绝对不只是产品，产品的背后很有更多的东西。并且，这些产品的定价也一定不是按成本来定价，而是按价值来定价，这价值里面包含更多的就是产品背后的价值。所以有人说，三流企业卖产品，二流企业卖品牌，一流企业卖文化。文化在这里就是包含了满足人的精神需求的诸多元素。

卖同样的产品，卖点可能也会大不一样，卖点就是价值所在。卖产品，卖的是什么呢？无非是原料、制造、工艺、质量、劳力、时间、技术等这些实实在在的东西，这些东西因为通俗、普遍、廉价等比较大众化，所以注定产品的价值也是非常有限的。卖文化，卖的是什么呢？卖的是思想、文化、场景、状态、符号、样式、创意、历史甚至贩卖灵魂等，这些元素因为稀少、幽深、贵重显得更加个性化。在这里强调一下，有人以为卖文化可以做到贩卖灵魂是匪夷所思的事情，其实这个不难理解，一些伟大的艺术作品包括著作、音乐、绘画等某种程度上做的就是这个工作，一件好的艺术作品可以洗涤人的灵魂，一流的产品一定是一流的艺术品，产品如果真能够贩卖人的灵魂那它一定是大有市场的。正因为产品包含的价值元素的不同，所以单纯卖产品是物美价廉，卖文化却是优质优价。

看不见的东西永远比看得见的东西更有价值。最有价值的东西一定是你看不见但你能感觉得到东西，就像是你看到某件商品，当你看到它第一眼的时候，你就会觉得冥冥之中就是它了，你会不由自主地多看它几眼，你会毫不犹豫地拿起它，你会情不自禁地想拥有它。至于为什么，可能你还是"只可意会不可言传"。企业卖产品，一定要把产品的价值研究透，把影响产品价值的最深层的东西挖掘出来。比如说是做服装行业，材料之外是形态，形态之外是个性，个性以上是精神，精神以上是什么？可能你就回答不出来了，但是你必须要回答得出来。如果你能够把满足消费者的最深刻的因素给找出来，那么你制造出的产品一定不愁销售的问题。做房地产也是如此，如果你设计的房子该有的都有，没有的也挖掘出来给到客户，把建筑、形态、自然、风水、历史、品味、地位、人文等都渗透进去，那么客户第一眼看到它的时候就会爱上它，价值在那里了，价格也就是不是问题的问题了。别人卖出的房子可能只是 50 万，你做出来的同样面积的房子可以卖到 5000 万甚至更多。所以，你如果能够让消费者的价值需求通过你的产品得到淋漓尽致的满足，甚至这种价值需求都是消费者自己内心深处想要但是自己说不出来的，那么你的产品一定是有核心竞争力的，一定是有高附加值的，一定是会受到消费者的认同和追捧。近几年苹果手机疯狂热销全球，令世人一见钟情爱不释手，一年的利润就超越十几年积累的微软的真正原因也在于此。

一流企业做文化，一流企业销售的也是文化的元素。文化是根，是源。至于产品的这种文化的元素具体是什么，需要企业的经营管理者去深挖。对人类的这种文化属性的满足越充分越完整，企业的产品就越有竞争力越有市场。著名心理学家荣格认为："集体无意识"是人类心理的一部分，它不像个体意识那样依赖个体经验而存在，它是由遗传保留的无数同类型经验在心理最深层积淀的人类普遍性精神。"集体无意识"与人类最深层的文化有内在的联系，它作为一种典型的群体心理和文化现象几乎无处不在，深刻的影响着我们的社会和生活。你可能意识不到它，但你不能摆脱它如影随形般的影响。我们挖掘产品的文化属性和价值，某种程度上就是为了满足人类的这种深层次的文化心理和需求，对产品的设计、传播等就是要唤醒人们内心古老的文化记忆，而且人类的这种久远的文化记忆一定是情感性的。根据现代心理学的研究，每个人都有两个大脑在较量，一个是情感大脑，一个是理性大脑。情感大脑自从人类出现就已经在积累了，它遵循快乐的原则；理性大脑是从近代工业革命才开始出现，它遵循的是理性原则。但是人类几百年的理性大脑怎么能够跟几亿年的情感大脑较量呢？所以，人往往会出现情感大脑做出决定的情景。在消费上的其中一个表现就是从理性的角度讲，你可能不需要这个产品，但从情感的角度讲，你可能接受了它，也就是我们常说的"冲动型消费"。如果我们仔细研究世界顶尖品牌，都是在满足人类保留久远的文化因素，包括情感的因子，比如，快乐，刺激，惊险，冒险，激情，征服……

随着中国市场经济的不断推进，人们的消费需求也在不断的变化。如果说以前人们注重的是物质需求的满足的话，那么现在更加注重精神和情感需求的满足。单纯的产品是没有情感的，文化的渗入才会让产品有情感，有持久的生命力。同时企业的价值观和价格的观念也发生了革命性的变化。企业销售出去的产品不是纯粹对人需求的满足，更是对人背后的文化的需求。谁对消费者的需求把脉更准确，谁的产品更受消费者的欢迎。并且，中国的企业要想创建自己的品牌，走向全世界，再也不能充当"世界工厂"的角色了。企业在创建知名品牌的过程中，对价值的挖掘开采越深入，越能抢占行业产业链的中上端，这是企业需要遵循的市场规律。

企业在做文化营销的过程中，一定是以"人"的价值需求和满足为中心。企业卖的是什么，消费者消费的就是什么。企业卖的是文化，消费者消费的是文化。企业要想卖文化，必须要回答三个问题：一是我们在卖什么？为什么？二是人们需求什么？为什么？三是做这样事情能够满足他们的是什么？为什么？只有根据这三个问题，不断地追问，进行卖点深挖，价值深挖，需求深挖，进行寻根究底地挖掘，企业才能够真正的进行文化创造，真正地解决文化营销的的问题。

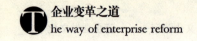
附录二

企业变革的核心思想

管理失败真相

（1）企业面临的最大问题是组织出了问题。组织能力就是企业的生产能力，组织是企业群体的代名词。

（2）企业的一切问题都是老板的问题，只要老板不改变，一切别想改变。

（3）很多人把管理理解成做事的层面，而不是把管理理解成是管理思想。

（4）中国职业经理人市场普遍是不成熟的，老板的误区是把职业经理人当成自己游戏的执行者，而非游戏的制定者。职业经理人大部分是把自己定位成游戏的制定者而非执行者，从而两不相让、两虎相争，不欢而散就成为必然。

（5）一个企业家不但是一个思想家更要成为一个教育家，然后才是一个企业家。管理是管思想，我们很多的企业家招了能人之后，要求能人按自己的方法做，而不是用他的思想，他的创新能力，而只是把他当作执行者来用，不是用他的脑，而是用他的手，这也是中国职业经理人市场不成熟的主要原因。用高素质人才是用思想，用高素质人才不是加班不加班的事情，是有没有用心去做的事情。

（6）人们都喜欢自己是游戏规则的制定者，只要求别人怎么做，自己可以不执行游戏规则。

（7）现在管理最核心的问题是很多人不具备管理者的基因，企业天天在把驴当千里马。

（8）人才市场招不到人，源自于精英人才的不流动。既然是精英不流动，伯乐为他排队还来不及，又何必去市场上呢？

（9）现在很多企业被市场摧残得对管理的理解有些扭曲，企业效益不好了就强化管理，企业运作正常了就对管理不重视。要求几天甚至几十天之内就能给他带来规范化，带来起死回生的灵丹妙药。现在的企业对管理追求的是短期效益，追求的是立杆见影的效果，真有一点临时抱佛脚的味道。别忽略了，企业管理是一个不断完善、精进的过程。

企业经营之道

（1）一生只做一件事，把生命中有限的时间聚焦到一点爆发，实现生命价值的最大化。聚焦，就是一公分的宽度，做出一公里深的事业。

（2）你的价值取决于给别人带来多大价值，一个公司经营得好坏，取决于给消费者带来多大价值。一个公司的价值取决于给社会带来多大价值。

（3）现在民营企业要改变思维，从私人企业过渡到社会型企业，企业来源于社会，应回归于社会，企业才能解决基业长青的问题。

（4）积累期的企业做的是加法，资源有限、困难重重，坚持就是胜利，活着就有机会。发展期的企业做的是乘法，资源裂变、组织运营，管理的好坏是企业的关健。

（5）万事万物都在运转与改变，作为一个经营者和管理者，对待任何的事情和任何的人，都需用变化的眼光看待未来的事情。今天是缺点，明天是优点；今天是风险，明天是机会；今天是风光，明天是落魄。一切在变，成败不是今天，是明天。

（6）企业先做加法，再做乘法。以得失为标准，不以对错为标准。

（7）对的事情放弃就是错的，错的事情坚持就是对的。

（8）"道生一、一生二、二生三，三生万物。"一是所有事情的开始，成功的关健是第一步。

（9）什么是竞争力？人无我有，人有我强。

（10）什么叫企业核心竞争力？绝无仅有就是核心竞争力。办企业办出自己的个性，产品做出自己的优势，相同中总会做出不同，差异中突出特色。切忌单纯的模仿，失去了自己的个性，从而迷失了自己。谨记，这个世界上只有第一，没有第二，市场法则就是优胜劣汰，市场上消失的一定是没有竞争力、没有个性的企业。

（11）每个企业存在的理由一定是市场决定的，如何打造核心竞争力一定取决于企业的定位。不能具备整体优势，但局部一定要有优势，一定要有一块是他的核心竞争力。要么是价格优势，要么是品质优势，要么是售后，要么是交期，要么是服务。企业对人才的吸引力也是一样，要么是学习、要么是利益、要么是环境。竞争力就是始终打出企业做到卓越的那张牌。

（12）企业是商业模式、资本模式、管理模式的结合。商业模式是整合社会资源价值，资本模式是让企业资源产生最大价值，管理模式是让商业模式与资本模式产生最大价值。

（13）企业管理模式的好坏决定着组织的效率和团队战斗力。

（14）管理之道即自然之道，顺应人道、国道、天道，周而复始、生生不息。

（15）大道至简，企业的管理问题源于复杂，管理就是把复杂的事情变成简单，简单到人人都可以做，因为效率来源于简单。

（16）好管理，就是能够很好的坚持原则，坚持原则就是最简单的管理，简单到以不变应万变。

（17）"两高一低法则"即最高效率、最高价值，最低成本。此乃经营与管理的决策之道。

（18）管理是做加法，营销是做乘法。

（19）管理的目的是使组织利用最低的成本，实现最高效率、最高价值，把管理变成简单，让组织成为一台收放自如的机器自动化运作。

（20）企业是团队的作品，乐在其中。

企业文化构建

（1）人是习惯的奴隶。

（2）学管理从了解人性开始，着重在于心理学和行为学。

（3）管理主要分为被动管理和自我管理，管理最好的方法是实现团队的自我管理，自我管理是要培养正确的思维体系，打造群体的工作氛围与环境，才能产生正确的自我管理行为。

（4）行为是由思维和习惯决定的，思维和习惯是由环境决定的，什么样的环境培养出什么样的人，就如同什么样的土壤生长出什么样的作物。企业文化是什么？就是企业管理的环境。相由心生，心由境转，企业文化构建就是环境改造。

（5）企业文化即精神文化、道德文化、行为文化。企业文化的形成在于大家有一个共同的价值取向，共同的行为习惯，共同的东西就要有一个共同的标准。企业文化构建的核心是用标准去同化，企业文化的标准是要坚持，变来变去的标准就失去了同化的力量，更谈不上企业文化的传承，也谈不上健康文化的打造。

（6）企业文化主要的是"道德文化"。

（7）文化打造的成功与否，传播渠道是关健。

（8）人分两控：一是自控，二是外控。道德文化解决的是自控，行为文化解决的是外控。

（9）改造人从改造人际关系开始。

（10）提升员工责任感首先要提升身份感。

（11）凝聚力源于员工的归属感，归属感源于依赖感，依赖感源于需求感，抓住一个人的需求，就能管好一个人。

（12）管理源于认同，认同源于接受，接受源于调整心态，调整心态源于改变环境，改变环境源于树立榜样。树什么，得什么，缺什么，树什么。

企业团队打造

（1）一个企业的发展，带团队是关健，一个不能带团队的领导者所管理的企业，一定没有什么发展。

（2）企业的发展源自于专业分工，老板只做团队无人替代的事情。专业分工来源于团队的成熟，团队的成熟来源于老板带团队的能力，一个企业能做多大取决于老板带团队的能力有多大。

（3）专业的人做专业的事，合适的人放在合适的位置，好管理不是因人设岗，而是因岗设人，效率来源于专业。

（4）团队要有不同的人来组合，实干家、理论家都不可或缺，虚实结合才是完美的团队。

（5）要吸收不同的团队成员到企业，引进不同元素，培育好的理念与原有的团队进行思想上的交流，这是导入团队思想成熟的最好方法。

（6）谁也逃脱不了基因说，"精心选择比精心培育更重要"，材料决定宴席的丰盛，驴是无论如何也成不了千里马，高效团队打造在于慧眼识珍珠。

（7）什么是企业人才？把自已的工作干得很出色就是人才。大浪淘沙，是沙自流，是金自存，留下来的就是人才。

（8）团队精神就是合作精神，合作精神的本质是牺牲精神。

（9）帮助别人，成就自己。

（10）我们向日本人学习的是"职业素养"，我们向美国人学习的是"创新精神"，我们向自己学习的是"勤劳朴实"。

（11）一个人的敬业精神源于对其所做事情的热爱。

（12）所有的英雄都要舞台，所有的企业都要有平台。舞台是英雄成就之始，平台是企业的生存之本。

（13）大家不要怕能力被埋没，大树的根埋没得越深，枝繁叶茂、岁数越大。大海为什么能够海纳百川，因为它低调。

（14）做管理要学会做思想工作，要定期与下属谈心，要时刻关注到下属的心理动态，要学会引导下属思想进步、纠偏，让下属没有思想包袱。

（15）用不好职业经理人，是没有调整好其心态。刚招回来的人是公司负资产，因为心态没有调整好，对企业没有归属感，就承受不了压力，只要急着给压力分道扬镳是必然。从而导致企业循环付出昂贵的招聘、试用成本，反复循环，老板恨市场没人才，人才恨老板急功近利。切记，压力只能给得了愿意承受压力的人，用人首先要解决别人自愿接受压力。

（16）凡是太计较利益的员工一定不是好员工，凡是太计较利益的管理者一定不是好的管理者。从心里面都没有认为与企业是一个整体，哪来的荣辱与共呢？

（17）我们要提这样的口号："没有不可能"、"没有困难"。所谓的困难，只是还没有找到解决问题的方法，那么，我们就要想方设法去解决困难。

（18）海纳百川的境界当可赞扬，但也要为脏污混水准备一个净水器。

（19）一个箱子里有一个烂苹果，如果不清理出来，就会一箱子苹果都腐烂了，不多久一屋子的苹果都烂掉了，打造团队最怕烂苹果。

（20）不要领导骂你就受不了，你应做到让领导无法骂你。做每一件事情都要有研究的心态，用心琢磨，用心去做，给自己定一个高标准，结果就是美好的。

（21）你给企业带来多大的价值你就会得到多少的回报，再愚蠢的老板也懂得留住能给企业带来价值的员工。

（22）管理重在管人，管人就是管心，管心就是关心。关心才能交心，交心才能真心，真心才能用心。管人就是要把人的心关住。交人交心，浇树浇根。

（23）对任何事情都必须有自己的独立见解，见解就是理解。

（24）专业化是做事的方法，精细化是做事的过程，职业化是做事的态度，市场化是做事的结果。

（25）一次性把事情做对是降低成本的最好保障。

管理用人之道

（1）所有的管理理念与方法出自于对人性善恶的理解。东方管理思想偏重于以性善为中心，西方管理思想偏重于以性恶为中心。东方管理思想主要是以儒、释、道为基础，西方的管理思想主要是宗教与管理科学为基础。万法归一，管理的主要对象是人。

（2）人的本性无所谓善恶，管理介于对人性的认识，无欲则善，欲来则恶。

（3）管理就要把人性看明白，抑制人性中恶的一面，激发人性中善的一面。教育的本质就是弃恶从善的过程，好教育就是最好的管理。

（4）管理的最高境界是把人的能量、激情发挥到极致，关健在于激发员工的自信心，消除自卑感，让员工享受工作的快乐而不是痛苦。

（5）管理最大的误区是把人当机器，人的价值最宝贵的是思想而不是手脚，管理过程是人与人之间思想互动的过程，用人的最高境界是用其思想，管其思想，让人创造最大的价值，这是用最低成本产生最高价值的用人模式。

（6）人在这个世界上，不是一个独立的个体，人是复杂的高级动物，不同的时间，不同的对象，不同的环境产生不同的行为。

（7）管个体，靠沟通；管群体，靠运动。

（8）我们不能迷信经验，因为经验有时会成为创新的障碍，无知有时会成为一种创新的力量。

（9）让人接受新的方式，就要让人去掉旧的方式，不破不立，这是千古不变的定律。

（10）管理不看别人怎么说，只看别人怎么做，口是心非的人处处都是，只有行为才能说明一切。关注人重在细节，所有的表情、动作、着装、状态、思维等都是语言，只有细节才能说明行为的内心世界。

（11）想管人，先帮人。

管理自修之道

（1）成大事者要过两道关：其一"财富观"，财富只是一个流量而已，再多的钱也只是一个流动的过程罢了，人民币是人民的；其二"困难观"，这个世界上没有一件事是没有困难的，为什么有的人成功，有的人失败，关健在于是否养成成功的习惯，还是遇难而退的坏习惯。

（2）做大事者，都有一个伟大的梦想，还有一个坚定的信念。什么叫信念？坚守一个念头、坚信一个结果、坚持一个动作、坚定一个目标。

（3）一个人成功的大与小，取决于解决问题的多与少。

（4）成一件事需要的是综合能力，不成功就说明自身能力有短板。做成第一件事很重要，你成功了，自身的能力和信心随之倍增。处理其他同类问题也就游刃有余。道生一，一生二，二生三，三生万物，成功一件事，后面就如风行水上，成功接踵而至。

（5）一个企业家不但是一个思想家更要成为一个教育家，然后才能成为一个好的企业家，一个好的企业家一定是个好的管理专家。

（6）正确的决策一定来源于对事实真相的了解。

（7）管理是实践，而不是在办公室里坐而论道，符合逻辑的事情不一定符合现实。管理不是懂与不懂，知与不知的事情，管理是如何产生效益的问题。任何的管理理论只能是从实践中来，又回到实践中去。

（8）领导要注重打造自己独特的人格魅力，也就是影响力。管理的本质就是能否影响别人，放弃他人的想法，首先是对你的认同与接受。

（9）管理者，公平是第一位，世界上没有一件事是建立在不公平的基础上可以长期合作下去，共赢是合作的前提。

（10）"政者，正也。子帅以正，孰敢不正?"正人先正己，管理者要严格要求自己。

（11）一切果，皆有因；一切因，皆为我。

（12）改变别人容易，改变自己困难。管好自己比管理别人更重要。

（13）改变别人先从改变自己开始，行有不得，反求诸己。孟子曰："爱人不亲，反其仁；治人不治，反其智；礼人不答，反其敬——行有不得者，皆反求诸己，其身正而天下归之。诗云：'永言配命，自求多福。'"

（14）一个人所做的每件事都代表他的形象，都是个人品牌输出的过程。你所做的每一件事都是在给自己加分或减分。正所谓作品即人品。

（15）为人要正派，你的行为是别人来把关的，别人信不信任你，取决于你是怎么样的一个人，值不值得信任。谁都不信赖小人，谁都信赖君子。

（16）中西方最大文化差异是：西方人以爱己为行事准则，中国人以爱人为最大的爱己。什么是善？自利而利他就是善。

（17）人最大的痛苦就是"我"，有我就有欲望，善恶之分也不过欲望二字，无欲则善，有欲则恶。"无我"方才了解事物本相，人本来是天地万物的一部分，本来就没有你，这才是最原始的"我"。

（18）所有人的起心动念，都是自私自利。

（19）人有了"拥有"，就有痛苦；无所求，也就是无所缺；无我，无私，才是真人。

（20）道是行，不是说。大家总是坐而论道而缺乏实际行动。

（21）不断地增加"知见"，你的心蒙上了灰尘，这样就更加不容易有"真见"。

（22）修行先修心，修心的秘诀在于：发羞耻心；发敬畏心；发勇猛心。

管理模式打造

（1）管理的精进过程分为五个阶段：人情化管理、制度化管理、数据化管理、精细化管理和战略化管理。企业管理的核心又分五个方面：文化、模式、专业、供应商和客户。文化解决组织问题，模式解决机制问题，专业解决人的问题，供应商解决资源的问题，客户解决市场的问题。

（2）人是复杂的个体，企业是复杂的多个个体组成的群体，这是企业之所以管理难的原因。制度化管理是明确规定群体行为的对错标准，就是让管理变得简单。切记，统一了行为就统一了思想，统一了行为就得到了统一的结果。

（3）复杂地考虑问题，简单地处理问题。

（4）科学家论证，这个世界上哪怕是相同的生物，它的内置结构都是不一样的。同理，每个企业是由不同的人，不同的产品、不同的经营模式构成……随之所有企业高效组织的管理模式也不同。切记，每个企业的管理模式均需量身定做，无法复制与模仿。

（5）管理模式源自于经营模式，经营模式源自于投资模式，管理中的每个流程制度、表单，都是经营模式的体现，管理模式的设计最忌讳盲人摸象。

（6）正规军与游击队的区别：游击队打小规模战争有优势，灵活；正规军打大规模战争有优势，部队之间的高效配合协调，组织优势突显。企业亦如此，规模小、人数不多的时候，采取游击队的管理方式，效率高。但是，到一定规模的时候还是用游击队管理方法就不管用了。一个10岁小孩子穿20岁人的衣服是不合身的，反之，一个20岁的年轻人穿着一个10岁小孩子的衣服也是不可能的。管理亦如此，企业规模决定了管理模式的精细化程度，不要盲目的追求精细化管理。

（7）设计一个好的流程制度的标准是：

横向到边，纵向到底。

数据量化，动作细分。

时间明确，责任唯一。

相互纠错，方法统一。

（8）流程制度是大家要遵守的，既然是大家要遵守的那就由大家一起来参与制订，法治社会还是民主的合理。

（9）流程建立在负责任的人身上才有用，建立在一个不负责任的人身上是没有任何作用的，反而起坏作用。流程是预防问题，不是解决问题。很多管理者以为流程就是万能，出了问题反而拿流程来解决自己的问题，做自己问题的挡箭牌。

（10）流程制度的制订者往往也是破坏者，制订者是个人，流程制度是组织，先要弄清楚是组织大于个人，还是个人大于组织。

（11）不懂管理的人把指令当制度，把会议决议当流程。会管理的人

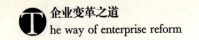

让指令和决议服从流程。

（12）现在的企业来一帮人换一套流程制度，制度多，执行的少，管理变得没有了章法。章法是什么？是规则。规则文化的传承，那就是变人不变法。

（13）管理工作分为两类：一是日常性工作，二是建设性工作。日常性工作贵在解决问题，建设性工作贵在预防问题。

（14）管理是要从根本上找原因，不然问题永远在那里。

（15）当一个人身体不好的时候，我们才去锻炼几次，能好吗？别忽略了，企业管理是一个不断完善、天天精进的过程。

企业营销管理

（1）最好的营销是看不见的营销，让客户在活动策划中融入文化，在合作中体现价值。

（2）一个人唱不了一台戏，说相声还要两个人，任何一部好的电影，都不能只有主角，都需要太多的配角来突出主角，没有配角的戏也就没了主角，营销重在团队作战，有了鲜花更需要绿叶。

（3）每一笔生意都有一个精彩的故事，你是这个故事演讲者，也是这个故事的作者。为每个客户制订一个成功的成交策略。

（4）要让客户重视你，只有客户对你有了重视，才会发觉你的价值，才会关心你的产品，重视才是生意成交的关健。

（5）故事是否精彩，在于前三分钟。每一笔生意是否成交，在于开局。

（6）每一次与客户的接触，不是加分就是减分，每一次成交都是加分的必然结果。

（7）谈生意的过程就是解决问题的过程，解决的不是全部问题，是客户最关心的问题。生意的成功与失败取决能否解决客户关心的问题。

（8）客户购买欲望就在一刹之间，转瞬即逝，就在那一分钟或几秒钟决定生意成功与失败。你抓住了，就是成交；抓不住，就是失败，你想再热身，调动起客户购买欲望，难上加难。

（9）客户是市场的资源，谁拿下就是谁的资源。

（10）营销就是把资源变现，变现的过程是先把熟的果子摘下来。

（11）资源是在开采过程中不断增值，客户是在合作中产生价值。谁是谁的客户？在于你给别人带来的价值，拥有了价值就是客户。

（12）每个人都可以成为优秀的销售人员，但必须有自己鲜明的个性，因客户的喜好各异，一物对一物而已。

（13）乔·吉拉德是怎么推销自己的？是把名片撒出去，一万张名片有一个成交就值得。销售没有技巧，其实就是勤奋中寻找概率。

（14）做业务，苦在前、乐在中、收在后。

管理咨询服务

（1）管理咨询行业的未来目标是要成为政府的拐杖、企业的指南针。

（2）培训界和咨询界都是为企业服务。培训界的特点是时间短，能够吸引客户，有市场穿透力，但不落地。咨询界的特点是时间较长，从实际中出发，实战中解决问题。现有的培训界是只"教"不练，咨询界是只"练"不说。培训界是教育家，咨询界是专家。我们要做什么？"教"、"练"式咨询，即结合培训界和咨询界做出自己的咨询特色。

（3）当今企业最缺三个软实力：其一是不专业（产品的不专业，人才的不专业）；其二是管理模式不系统；其三是企业文化不科学。这也是管理咨询研究重点，专业决定能力，模式决定效率，文化决定未来竞争力。

（4）衡量咨询师的唯一标准就是客户的满意度。

（5）咨询师的价值是给企业带来改变，改变别人从改变自己开始。

（6）咨询师是一个需要良心的职业，要有真诚的帮人之心，帮助别人就是帮助自己。咨询师要有仁者之心，要以身作则、严于律己。咨询师要有无私奉献精神。"师者，传道、授业、解惑也。"

（7）管理升级为企业打造高效组织，实现企业"两高一低法则"运营，即最高效率、最高价值、最低成本。"两高一低法则"的工作核心有三，即组织再造、文化再造、流程再造。

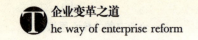

后　记

这是一本用以指导企业如何进行变革及文化与团队打造的书籍。它集中了正睿企业管理研究所十几年来 300 多家企业、几百名咨询师管理升级的宝贵经验，是正睿集体智慧的思想结晶。

企业变革是每一家企业都要面对的重大课题，而企业文化构建和团队打造又是企业变革的重中之重。

首先，对于企业文化构建而言，我相信每一位企业老板和职业经理人都会对自己公司的企业文化有过困惑和思考，也在进行着自己的探索和努力。在这个努力的过程中，有的企业最终构建了自己健康的良性的企业文化，更多的企业还存在着这样那样的问题。企业里的每个人都知道企业文化的重要性，但对企业文化的构建可能并不得其法。打个也许并不恰当的比方，企业文化就像人身体中的水分一样，企业文化渗透在企业的每个角落，关乎到每个人的切身情感、利益，它就像空气一样，看似"廉价无用"，实际上必不可少。

既然企业文化如此重要，那么我们如何构建自己的企业文化呢？企业文化构建的法门在哪里？如何让员工对企业更有认同感、凝聚力？所有这些问题在本书的第一篇都有详细的剖析和介绍。

其次，对企业团队打造而言，我相信企业的每一位管理者和经营者也都会有自己很深刻的感受。一家企业的成功一定是团队的成功，绝不是某个人的成功。"人心齐，泰山移。"好的团队的力量可以改天换地，但是团队的打造却不是容易的事情，特别是核心团队的打造更是一个呕心沥血的过程。

当今社会，招工困难是一方面，但另一方面企业培养不出人才留不住人才的情况更应该引起大家的重视。一个企业培养人才的能力直接决定了这家企业能走多远。我评价一名管理者的好坏，就是看他带团队的能力。只有企业里的团队成长起来了，企业才会有更大的发展。

企业如何进行变革，我带领我们的专家团队们一起进行了长达十几年的思考、探索、研究和实践，有了比较成熟的理论体系，尤其是在文化打造和团队打造方面。在这本书中整理出来贡献给大家，希望每一位读者都能从此书中获益。无论是对咨询行业还是其他任何行业的企业的变革而言，文化打造与团队打造都是重中之重。企业的发展纵有千难万险，只要有文化就有生机，只要有人才就充满希望。企业最宝贵的是文化和人才，文化打造就是为企业的长治久安奠定优秀的"文化基因"，传承广大；团队打造就是为企业的发展壮大培养优秀的"人才宝库"，源源不断。可以毫不夸张地说，谁掌握了文化打造之法，谁就拥有了基业"长青术"；谁掌握团队打造之法，谁就拥有了人才"炼金术"。

最后，我要感谢我的助理魏成刚先生，我走到哪里，他就把电脑、笔记本、录音笔、摄影机、照相机等带到哪里，忠实地记录我讲过的话，跟我反复交谈探讨，反复揣摩酝酿，然后加班加点写出每一篇文章，事后的整理和编辑工作非常辛苦，他为此投入了大量的心血。

在这里我还要感谢正睿的每一位老师，没有他们在咨询一线的辛勤付出，就没有这本书中思想的碰撞和诞生。非常感谢他们！他们的名字是：黄奇、赵波、蒋华盛、吴永春、庞金森、黄亮华、黄贵进、刘义群、叶飞、熊毛、简湘晖、宾钢华、杜宜晋、石卫红、万小军、李春蕾、赵国天、吴才坤、马江涛、赵方勇、刘淼斌、张运银、尤兴坤、田立平、欧阳跃军、冯军、冯学金、肖枫、段成斌、刘亿、王成远、涂亚清、刘红松、曹煜、陈宏建、丁帮琴、吴文亚、胡娜、盛爱军、许宗前、张亚飞、袁洪五等。同时也感谢办公室的陶敏，她认真地校对了该书的稿件。

最后，我谨向曾经或目前正在咨询行业与我一起并肩作战在一线近1200名咨询师们致敬！同时也向曾经支持我们帮助我们信任我们的客户们致敬！有了你们的支持，才坚定了我们不断探索、研究、前进的动力。同时也向像我们一样具有民族使命感为咨询行业的发展而奋斗为中国企业的转型而奋斗为中国经济的提升而奋斗的同行们致敬！向所有自强不息热爱祖国的中国企业家们致敬！

2013 年 12 月 22 日于广州

选择正睿的九大优势

（1）一个项目就是一个研究课题——正睿研究、培训和咨询"三位一体"，每个项目自合同签订后，公司纳入管理研究所做专题案例研究与管理，正睿做到每个项目都是公司整体团队智慧的结晶！

（2）短期发展与长远规划相结合——通过关键性管理升级动作的导入解决企业当下盈利的问题；通过科学化模式、机制的导入解决企业未来持续盈利的能力，正睿给企业带来迅速提升业绩的"一剂良方"，并为企业装入一台持续盈利的"发动机"！

（3）系统布局与分步实施相结合——"头痛医头，脚痛医脚"永远不能真正解决企业的问题，正睿根据调研结果量身定做企业的系统解决方案，系统布局，并根据企业的实际情况分步实施，最终达到从根本上解决企业的问题！

（4）责任量化与价值体现相结合——正睿咨询通过量化企业里每一个人的责任和价值，做到"责任唯一化"和"利益个体化"，打造企业"共创、共赢、共享"的共同体，使企业里的每一个人都具备企业老板的思维和行为，正睿帮助企业最终实现"自我管理"和"自我经营"。

（5）正确观念与行为的"双改变"——观念的改变并没有改变事实本身，改变的只是对事实的认识，只有行为的改变才能带来事实的改变。正睿以现场培训和贴身服务实现企业观念和行为的"双改变"。

（6）导入数据化管理用数据说话——一方面咨询师在企业导入数据化管理，让企业养成用数据说话、用数据评价人、评价业绩的好习惯，使企业真正完成从原始、粗放、感性的经验型管理向精细、现代的科学化管理的转型；另一方面咨询师所有的管理改善动作、指标等均以数据呈现，以企业统计的真实数据评估管理升级的效果，正睿以"效果"推动管理升级。

（7）经验总结与标准固化相结合——经验总结出来成为标准才可以复制，复制之后才可带来规模，有了规模之后才带来规模经济。制造型企业规模经济的核心在于标准化。正睿重在企业标准化的建设！

（8）案例教学与持续改善相结合——通过案例教学让企业的员工得到培训和辅导，追根究底找出问题发生的原因，正睿通过改善机制和模式的导入从根本上杜绝问题的发生。

（9）项目管控与目标达成相结合——公司总部对咨询师实施全方位的项目管控，严格把控项目目标的达成。咨询师与企业一同讨论制定月计划，月总结由企业总经理签字确认，并经过管理研究所专家老师们的集体评审。正睿有专门的稽核部门负责稽核所有咨询师的考勤、月周日计划与总结等，细化到每一天每一个动作的实施，严格把控管理升级中的每一个关键点！